AF748316

सम्पूर्ण क्रान्ति
वेबसाइट मार्गदर्शन विवरणिका

www.64inch.com

notionpress
.com

सम्पूर्ण क्रान्ति
वेबसाइट मार्गदर्शन विवरणिका

www.64inch.com

लव कुश सिंह "विश्वमानव"

सत्यकाशी पीठ
पांचवां और अन्तिम शंकराचार्य पीठ

Notion Press

Old No. 38, New No. 6
McNichols Road, Chetpet
Chennai - 600 031

First Published by Notion Press 2020

Copyright © Lava Kush Singh "Vishwmanav" 2020
All Rights Reserved.

ISBN 978-16-36062-80-8

This book has been published with all reasonable efforts taken to make the material error-free after the consent of the author. No part of this book shall be used, reproduced in any manner whatsoever without written permission from the author, except in the case of brief quotations embodied in critical articles and reviews.

The Author of this book is solely responsible and liable for its content including but not limited to the views, representations, descriptions, statements, information, opinions and references ["Content"]. The Content of this book shall not constitute or be construed or deemed to reflect the opinion or expression of the Publisher or Editor. Neither the Publisher nor Editor endorse or approve the Content of this book or guarantee the reliability, accuracy or completeness of the Content published herein and do not make any representations or warranties of any kind, express or implied, including but not limited to the implied warranties of merchantability, fitness for a particular purpose. The Publisher and Editor shall not be liable whatsoever for any errors, omissions, whether such errors or omissions result from negligence, accident, or any other cause or claims for loss or damages of any kind, including without limitation, indirect or consequential loss or damage arising out of use, inability to use, or about the reliability, accuracy or sufficiency of the information contained in this book.

भारतीय संविधान के धारा-51 (ए)

नागरिक का मौलिक कर्तव्य के अनुसार

01. संविधान के प्रति प्रतिबद्धता, इसके आदर्शों, धाराओं, राष्ट्रीय ध्वज व राष्ट्रीय गान का आदर करना।
02. स्वतंत्रता के लिए संघर्ष हेतु प्रेरित करने वाले सुआदर्शों का अनुकरण करना व उन्हें चिरस्थायी बनाना।
03. भारत की सर्वोच्चता, एकता और अखण्डता की रक्षा करना तथा समर्थन करना।
04. जब भी आवश्यकता पड़े देश की रक्षा करना व राष्ट्रीय सेवाओं हेतु समर्पित होना।
05. समाज में भाई-चारें की भावना का विस्तार करना, मातृत्व भाव, धार्मिक, भाषायिक, क्षेत्रीय विभिन्नताओं में एकता कायम करना तथा नारी सम्मान आदि का ध्यान देना।
06. अपने मिश्रित संस्कृति का मूल्यांकन करना उसको स्थायित्व देना और इसकी परम्परा को कायम रखना।
07. प्राकृतिक सम्पदा की रक्षा करना जिसमें जलवायु, जंगल, झील, नदियां, जंगली जीवों व समस्त जीवों के प्रति दया का भाव सम्मिलित है।
08. वैज्ञानिक भावना को प्रोत्साहित करना, मानवीय भावनाओं के स्वरूप की परख करते रहना।
09. जन सम्पत्ति की सुरक्षा करना और हिंसा आदि का परित्याग करना।
10. व्यक्तिगत, सामूहिक गतिविधियों के प्रत्येक क्षेत्र में सर्वोच्चता हासिल करना, जिससे राष्ट्र शतत उत्थान, प्रयत्न व प्राप्ति की ओर अग्रसर होता रहे।
11. जो कि माता-पिता या अभिभावक हो, वे अपने 6 साल से 14 साल के बच्चों को शिक्षा या अन्य ऐसे सुअवसरों का लाभ उन्हें मुहैया करावें।

मूल जीवन मंत्र

"हे प्रभु, तेरे प्यार में बस दो ही बातें है। एक तो अपना कल्याण करूँ, दूसरा तुझ जैसा बन सबका कल्याण करूँ"

हमारे प्रेरक
विश्व-राष्ट्र पुत्र स्वामी विवेकानन्द

"भाईयों! हिन्दुओं के धार्मिक विचारों की यहीं संक्षिप्त रूपरेखा है। हो सकता है कि हिन्दू अपनी सभी योजनाओं को कार्यान्वित करने में असफल रहा हो, पर यदि कभी कोई सार्वभौमिक धर्म हो सकता है, तो वह ऐसा ही होगा, जो देश या काल से मर्यादित न हो, जो उस अनन्त भगवान के समान ही अनन्त हो, जिस भगवान के सम्बन्ध में वह उपदेश देता है, जिसकी ज्योति श्रीकृष्ण के भक्तों पर और ईसा के प्रेमियों पर, सन्तों पर और पापियों पर समान रूप से प्रकाशित होती हो, जो न तो ब्राह्मणों का हो, न बौद्धों का, न ईसाइयों का और न मुसलमानों का, वरन् इन सभी धर्मों का समष्टिस्वरूप होते हुये भी जिसमें उन्नति का अनन्त पथ खुला रहे, जो इतना व्यापक हो कि अपनी असंख्य प्रसारित बाहुओं द्वारा सृष्टि के प्रत्येक मनुष्य का प्रेमपूर्वक आलिंगन करें।... वह विश्वधर्म ऐसा होगा कि उसमें किसी के प्रति विद्वेष अथवा अत्याचार के लिए स्थान न रहेगा, वह प्रत्येक स्त्री और पुरूष के ईश्वरीय स्वरूप को स्वीकार करेगा और सम्पूर्ण बल मनुष्यमात्र को अपनी सच्ची, ईश्वरीय प्रकृति का साक्षात्कार करने के लिए सहायता देने में ही केन्द्रित रहेगा।" *(शिकागो वकृतता, 19 सितम्बर, 1893)*

"जीवन में मेरी सर्वोच्च अभिलाषा यह है कि ऐसा चक्र प्रर्वतन कर दूँ जो कि उच्च एवम् श्रेष्ठ विचारों को सब के द्वार-द्वार पर पहुँचा दे। फिर स्त्री-पुरूष को अपने भाग्य का निर्माण स्वंय करने दो। हमारे पूर्वजों ने तथा अन्य देशों ने जीवन के महत्वपूर्ण प्रश्नों पर क्या विचार किया है यह सर्वसाधारण को जानने दो। विशेषकर उन्हें देखने दो कि और लोग क्या कर रहे हैं। फिर उन्हें अपना निर्णय करने दो। रासायनिक द्रव्य इकट्ठे कर दो और प्रकृति के नियमानुसार वे किसी विशेष आकार धारण कर लेंगे-परिश्रम करो, अटल रहो। **"धर्म को बिना हानि पहुँचाये जनता की उन्नति"**-इसे अपना आदर्श वाक्य बना लो।"

(विवेकानन्द राष्ट्र को आह्वान, राम कृष्ण मिशन, पृष्ठ-66)

"उसी मूल सत्य की फिर से शिक्षा ग्रहण करनी होगी, जो केवल यहीं से, हमारी इसी मातृभूमि से प्रचारित हुआ था। फिर एक बार भारत को संसार में इसी मूल तत्व का-इसी सत्य का प्रचार करना होगा। ऐसा क्यों है? इसलिए नहीं कि यह सत्य हमारे शास्त्रों में लिखा है वरन् हमारे राष्ट्रीय साहित्य का प्रत्येक विभाग और हमारा राष्ट्रीय जीवन उससे पूर्णतः ओत-प्रोत है। इस धार्मिक सहिष्णुता की तथा इस सहानुभूति की, मातृभाव की महान शिक्षा प्रत्येक बालक, स्त्री, पुरुष, शिक्षित, अशिक्षित सब जाति और वर्ण वाले सीख सकते हैं। तुमको अनेक नामों से पुकारा जाता है, पर तुम एक हो।"

(जितने मत उतने पथ, राम कृष्ण मिशन, पृष्ठ-39)

-स्वामी विवेकानन्द

विषय- सूची

मुख पृष्ठ की व्याख्या

यह मुख पृष्ठ *"संपूर्ण क्रांति - वेबसाइट मार्गदर्शन विवरणिका"* के सार और उद्देश्य को अत्यंत आधुनिक, डिजिटल तथा आध्यात्मिक संयोजन में प्रस्तुत करता है। पृष्ठभूमि में गहरे नीले से सुनहरे हरे तक का ग्रेडिएंट रंग एक ऐसी ऊर्जा का आभास देता है जो परिवर्तन और नवोन्मेष-दोनों को एक साथ धारण करती है।

मुख पृष्ठ के केंद्र में खुली हुई एक पुस्तक का चमकता हुआ चित्र है, जिसके पन्नों से डिजिटल सर्किट की रेखाएँ ऊपर उठ रही हैं-यह संकेत है कि ज्ञान अब केवल शब्दों में नहीं, बल्कि तकनीक, नेटवर्क और वैश्विक कनेक्टिविटी में भी प्रवाहित होता है।

पुस्तक के ऊपर नेटवर्क-रेखाओं से बना एक वृक्ष उभरता है, जिसकी शाखाओं से मानव-आकृतियाँ और प्रतीक उठते दिखाई देते हैं। यह मनुष्य-केन्द्रित तकनीक, सामूहिक चेतना और डिजिटल क्रांति का प्रतीक है। पुस्तक से ऊपर उठती स्वर्णिम रोशनी इस बात का संकेत है कि ज्ञान ही सम्पूर्ण परिवर्तन की जड़ है।

बीच में लाल रंग में अंकित **"www.64inch.com"** कवर को एक स्पष्ट डिजिटल पहचान देता है-यह बताता है कि यह मात्र एक पुस्तक नहीं, बल्कि एक जीवंत ऑनलाइन आंदोलन का विस्तार है।

शीर्ष पर बड़े, स्पष्ट और प्रभावशाली अक्षरों में लिखा शीर्षक *"संपूर्ण क्रांति - वेबसाइट मार्गदर्शन विवरणिका"* यह दर्शाता है कि यह केवल तकनीकी मार्गदर्शिका नहीं, बल्कि समाज, व्यवस्था और व्यक्ति-तीनों के व्यापक परिवर्तन की रूपरेखा है।

नीचे "सत्यकाशी पीठ - पाँचवां और अन्तिम शंकराचार्य पीठ" का उल्लेख कवर को आध्यात्मिक आधार प्रदान करता है, जो संकेत करता है कि क्रांति केवल सामाजिक या डिजिटल नहीं, बल्कि चेतना-आधारित भी है।

कुल मिलाकर, यह मुख पृष्ठ **ज्ञान, तकनीक, मानव-केन्द्रित नवोन्मेष और आध्यात्मिक दिशा-इन चारों का अद्भुत संगम** दर्शाता है, जो सम्पूर्ण क्रांति के वास्तविक स्वरूप को पूरी तरह अभिव्यक्त करता है।

भूमिका

आज की डिजिटल सभ्यता में मनुष्य का जीवन ज्ञान, तकनीक, नेटवर्क और अर्थव्यवस्था-इन चारों स्तम्भों के आधार पर तेज़ गति से आगे बढ़ रहा है। ऐसे समय में *"सम्पूर्ण क्रान्ति"* केवल सामाजिक या राजनीतिक परिवर्तन का विचार नहीं है, बल्कि एक **बहुआयामी डिजिटल-सामाजिक क्रांति** है जो व्यक्ति को आर्थिक, बौद्धिक, सामाजिक और तकनीकी रूप से सक्षम बनाने की संपूर्ण रूपरेखा प्रस्तुत करती है। यह *विवरणिका* उसी क्रांतिकारी विचार का व्यावहारिक मार्गदर्शन है।

वेबसाइट **www.64inch.com** और **App – 64INCH–SHIVA** को इस दृष्टिकोण से विकसित किया गया है कि हर नागरिक अपने स्तर पर आर्थिक रूप से स्वतंत्र हो सके, नेटवर्क बना सके, अपने लेन-देन को सुरक्षित रूप से संचालित कर सके और बिना जोखिम के लाभ कमा सके। यह प्रणाली किसी कंपनी की तरह संचालित नहीं होती, बल्कि केवल एक *सॉफ़्टवेयर आधारित प्रबंधन प्रणाली* है जहाँ सभी लेन-देन नागरिकों के बीच, उनके PIN CODE Leader और Network के माध्यम से होते हैं।

इस प्रणाली का मूल सिद्धांत स्पष्ट है-

"खेल नहीं, जोखिम नहीं-केवल क्रमबद्ध लाभ।"

इसलिए यह प्रणाली उन सभी डिजिटल ऐप्स से भिन्न है जो अनिश्चितताओं और हार–जीत पर आधारित होते हैं। यहाँ व्यक्ति अपने समूह-Group-का निर्माण करता है, उनसे दैनिक Vote लेन-देन कराता है और 1% तक अतिरिक्त लाभ अर्जित करता है। यह नेटवर्क-आधारित आर्थिक मॉडल व्यक्ति को केवल कमाने का अवसर नहीं देता, बल्कि **डिजिटल नेतृत्व** विकसित करता है, कौशल और प्रबंधन क्षमता को भी बढ़ाता है।

यह विवरणिका केवल वेबसाइट संचालन का मार्गदर्शन नहीं, बल्कि एक **डिजिटल सामाजिक संरचना** की भी व्याख्या करती है जिसमें-

- डिजिटल विश्वमानक मानव नेटवर्क,
- डिजिटल नेतृत्व नेटवर्क,
- डिजिटल शिक्षक, पत्रकार, लेखक, और संस्थान नेटवर्क,
- डिजिटल व्यापार, होटल, खेल, और पुस्तक विक्रेता नेटवर्क
  जैसी अनेक उप-श्रृंखलाएँ शामिल हैं।
  इन नेटवर्कों का उद्देश्य है-हर नागरिक को उसकी क्षमता और रुचि के अनुसार एक ऐसी भूमिका देना जो उसे स्वावलम्बन, प्रतिष्ठा और सतत आय प्रदान करे।

इस सम्पूर्ण प्रणाली का आध्यात्मिक आधार **सत्यकाशी पीठ-पाँचवाँ और अंतिम शंकराचार्य पीठ** है, जो यह मानता है कि सच्चा परिवर्तन केवल बाहरी ढाँचों के बदलने से नहीं आता, बल्कि मनुष्य की चेतना, दृष्टि और कर्म के सत्य होने से आता है। इसलिए यह विवरणिका आर्थिक तकनीक के साथ-साथ **सत्य मानक शिक्षा**, विश्व-मानक मानव विकास, और समग्र कौशल निर्माण की भी नींव प्रस्तुत करती है।

इस पुस्तक का केंद्रीय संदेश है-
“डिजिटल युग में सम्पूर्ण क्रांति वही है, जहाँ ज्ञान, तकनीक और सत्य-तीनों एक साथ मिलकर व्यक्ति को आत्मनिर्भर बनाते हैं।”

इस प्रकार, यह मार्गदर्शन विवरणिका हर उस नागरिक के लिए उपयोगी है जो-

- डिजिटल अर्थव्यवस्था को समझकर उसमें भाग लेना चाहता है,
- अपना नेटवर्क बनाकर निरंतर आय अर्जित करना चाहता है,
- बिना जोखिम के पारदर्शी और सुरक्षित प्रणाली का हिस्सा बनना चाहता है,
- और आधुनिक भारत के आर्थिक–सामाजिक परिवर्तन में सक्रिय भूमिका निभाना चाहता है।

यह पुस्तक केवल निर्देश नहीं देती-
यह एक नया रास्ता दिखाती है।
एक ऐसा रास्ता जहाँ **सामान्य व्यक्ति डिजिटल नागरिक बनकर नेतृत्व करता है, और नेतृत्व मिलकर सम्पूर्ण क्रांति की दिशा तय करता है।**

✍ ***लव कुश सिंह “विश्वमानव”***

एक शोधक, चिंतक और मार्गदर्शक, जिन्होंने अपना जीवन *मानवता, आत्मा और नव-सृष्टि* के अध्ययन एवं लेखन को समर्पित किया है।

- प्रमुख ग्रंथ: *विश्वशास्त्र*
- दृष्टि: *नव-मनुष्य और नव-संसार का निर्माण*

सफलता

सफलता का पैमाना

"सफलता", एक ऐसा शब्द, जिसके लिए प्रत्येक मनुष्य संघर्ष करता है। यह अलग-अलग व्यक्ति के लिए अलग-अलग होता है या एक ही। यह यह एक विचारणीय प्रश्न है। और यदि यह अलग-अलग है तो किसे सफल माना जाये? इसका निर्धारण तो तभी हो सकता है जब उसका कोई पैमाना हो। ठोस, द्रव, गैस इत्यादि का तो हमें पैमाना प्राप्त है जिससे हम यह कह देते हैं कि ये वस्तु इतनी है परन्तु ये कैसे निर्धारित हो कि कोई व्यक्ति अपने जीवन में कितना सफल हुआ या सबसे अधिक सफल कौन हुआ?

प्रतियोगिता से भरे वर्तमान समय में व्यक्ति का व्यक्ति से मूल्यांकन करने में इस सफलता शब्द का प्रयोग बहुत होने लगा है और उसके मूल्यांकन का आधार मुख्य रूप से धन अर्जित करना के अर्थों में ही लिया जाता है। क्या सभी मनुष्यों का लक्ष्य धन अर्जित करना ही होता है? यदि कोई व्यक्ति ऐसा सोच रखता है तो शायद उस व्यक्ति का ज्ञान संकुचित ही हो क्योंकि वे उन व्यक्तियों को नहीं जान पाये जो धन को मात्र साधन रूप में ही प्रयोग किये, धन को कभी अपना अन्तिम लक्ष्य नहीं बनाया। सीधे रूप में अगर इस प्रकार समझा जाये कि ऐसे व्यक्ति जिनका लक्ष्य धन रहा था वे अपने धन के बल पर अपनी मूर्ति अपने घर पर ही लगा सकते हैं परन्तु जिनका लक्ष्य धन नहीं था, उनका समाज ने उन्हें, उनके रहते या उनके जाने के बाद अनेकों प्रकार से सम्मान दिया है ये सार्वजनिक प्रमाणित है।

"सफलता" का क्या अर्थ है? सामान्यतः व्यक्ति के इच्छा युक्त मन के लक्ष्य की प्राप्ति ही सफलता है। इस प्रकार किसी बच्चे का लक्ष्य मिठाई प्राप्त करना हो और वह उसे प्राप्त करे ले तो उसे सफल माना जायेगा। अब अगर दो बच्चों की तुलना की जाये जिनका लक्ष्य मिठाई ही प्राप्त करना हो। यदि दोनों प्राप्त करते हैं तो दोनों सफल। यदि एक ही प्राप्त करता है तो एक सफल और दूसरा असफल। लेकिन दोनों के यदि लक्ष्य अलग-अलग हों और दोनों प्राप्त करें तो दोनों सफल। यदि एक ही प्राप्त करता है तो एक सफल और दूसरा असफल। लेकिन यहाँ एक बात और आती है कि यदि दोनों का लक्ष्य अलग-अलग हैं तो दोनों में कोई प्रतियोगिता नहीं हो सकती और दोनों के सफल होने में समय सीमा भी अलग-अलग होंगी।

सभी व्यक्ति का सफल होने का लक्ष्य एक ही होता है या अलग होते हैं या उम्र के साथ लक्ष्य सदैव बदलते रहते हैं, इस पर भी विचार करना आवश्यक है। बचपन से लेकर मरने तक जब उम्र के साथ इच्छायें बदलती रहती हैं तब लक्ष्य एक कैसे हो सकता है इस प्रकार यह भी सिद्ध है कि अनेक इच्छाओं में मनुष्य सफल भी होता है और असफल भी। वह मनुष्य सदैव अपने जीवन को भ्रम में ही रखता है जो अपनी किसी लक्ष्य के सफल हो जाने पर अपने को संसार का सबसे सफल व्यक्ति मानने लगे और ऐसे व्यक्ति से भी अपनी तुलना करने लगे जो उसके लक्ष्य के विषय से सम्बन्धित भी नहीं था।

उदाहरण स्वरूप, किसी युवा का लक्ष्य एक लड़की को पाना हो सकता है। और उसे पा ले तो अपने को संसार का सबसे सफल व्यक्ति समझने लगता है। ऐसे उदाहरण भी मिलते हैं कि लक्ष्य न प्राप्त करने पर आत्महत्या तक हुयी है। जबकि भगवान श्री कृष्ण तक ने भी शारीरिक प्रेम को जीवन में साथ उतारने को अन्तिम लक्ष्य नहीं माना। मनुष्य की छोटी-छोटी इच्छाएँ बनती रहती है और उसको प्राप्त करने में सफलता और असफलता होती रहती हैं। परन्तु जो मनुष्य दूरदर्शी होते हैं वे अपने पूरे वर्तमान जीवन का एक लक्ष्य निर्धारित करते हैं। और उस एक लक्ष्य के सामने कोई भी लक्ष्य नहीं होता न ही कोई इच्छा।

सफल होने के बाद क्या होता है? यह भी जानने योग्य है। इस स्थिति का अनुभव लेने के लिए यह जानना जरूरी है कि पहाड़ के सबसे ऊँचे स्थान पर पहुँचने के बाद क्या हो सकता है? व्यक्ति वहीं रहे या वहीं से गिर कर घायल हो जाये या मर जाये या नीचे उतर कर निष्क्रिय सामान्य जीवन जीये या नीचे उतर कर उस अंहकार या घमण्ड में जीवन भर रहे कि वह वहाँ तक पहुँच चुका है और वह सबसे सफल है क्योंकि उस लक्ष्य रूपी ऊँचाई के बाद अब कोई लक्ष्य नहीं होता।

क्या मनुष्य का व्यक्तिगत लक्ष्य के अलावा कोई सामूहिक लक्ष्य भी होता है? इस पर भी विचार करना आवश्यक है। सनातन और पुनर्जन्म सिद्धान्त से इस संसार की सभी गति तंरगाकार होते हुए भी एक चक्र में चल रहा है। इस प्रकार उस चक्र में मनुष्य का क्षणिक जीवन एक कड़ी मात्र है। ये शरीर जो दिख रहा है उसे स्थूल शरीर कहा जाता है और मृत्यु के उपरान्त इच्छा युक्त मन को सूक्ष्म शरीर तथा इच्छा मुक्त मन को आत्मीय शरीर कहते हैं। आत्मीय शरीर केन्द्र है और सूक्ष्म व स्थूल उसके चक्र हैं। मनुष्य योनि का विकास उध्र्व गति की ओर हुआ है अर्थात् जल से थल, थल से शरीर, फिर संसाधन/अर्थ, फिर मानसिक, और पूर्ण और अन्तिम में आध्यात्मिक केन्द्रित मन। यही वह पैमाना है जिससे स्वयं की तुलनाकर जाना जा सकता है कि मैं कितना सफल हुँ? ये वह मार्ग है जिसे तय करने का सार्वभौम नियम है चाहे मनुष्य को इसका ज्ञान हो या न हो। जो जितना इस मार्ग में बढ़ता है वह उतना ही सफल है और जो नीचे गिरता है वह उतना ही असफल होता है। सफल होने से ही अच्छे समाज का विकास और असफल होने से खराब समाज का विकास होता है क्योंकि पुनर्जन्म तो सूक्ष्म शरीर का ही होता है। शरीर पालना और पीढ़ी आगे बढ़ाना तो सभी जीवों का काम है। फिर उनमें और मनुष्य में क्या अन्तर? अगर ऐसी बात नहीं तो **पं0 दीनदयाल उपाध्याय जी के इस विचार-"मनुष्य पशु नहीं है केवल पेट भर जाने से वह सुखी और संतुष्ट हो जायेगा। उसकी जीवन यात्रा "पेट" से आगे "परमात्मा" तक जाती है। उसके मन उसकी बुद्धि और उसकी आत्मा का भी कुछ तकाजा है।"** का क्या अर्थ होगा?

सफलता का नाम विशेषज्ञता (Specialist) नहीं, बल्कि ज्ञता (Generalized) है।

जब दुनिया बीसवीं सदी के समाप्ति के समीप थी तब वर्ष 1995 ई0 में कोपेनहेगन में सामाजिक विकास का विश्व शिखर सम्मेलन हुआ था। इस शिखर सम्मेलन में यह माना गया कि- "आर्थिक विकास अपने आप में महत्वपूर्ण विषय नहीं है, उसे समाजिक विकास के हित में काम करना चाहिए। यह कहा गया कि पिछले वर्षों में आर्थिक विकास तो हुआ, पर सभी देश सामाजिक विकास की दृष्टि से पिछड़े ही रहे। जिसमें मुख्यतः तीन बिन्दुओं-बढ़ती बेरोजगारी, भीषण गरीबी और सामाजिक विघटन पर चिन्ता व्यक्त की गई। यह स्वीकार किया गया कि सामाजिक विकास की समस्या सार्वभौमिक है। यह सर्वत्र है, लेकिन इस घोर समस्या का समाधान प्रत्येक संस्कृति के सन्दर्भ में खोजना चाहिए।" इसका सीधा सा अर्थ यह है कि व्यक्ति हो या देश, आर्थिक विकास तभी सफल होगा जब बौद्धिक विकास के साथ मनुष्य के गुणवत्ता में भी विकास हो।

इस सम्बन्ध में पं0 दीनदयाल उपाध्याय जी के विचार

कम्युनिस्टों के नारे "कमाने वाला खायेगा"-यह नारा यद्यपि कम्युनिस्ट लगाते है। किन्तु पूंजीवादी भी इस नारे के मूल में निहित सिद्वान्त से असहमत नहीं हैं। यदि दोनों में झगड़ा है तो केवल इस बात का कि कौन कितना कमाता है, कौन कितना कमा सकता है। पूंजीवादी साहस और पूंजी को महत्व देते हैं तो कम्युनिस्ट श्रम को। पूंजीवादी स्वयं के लिए अधिक हिस्सा माँगते हैं और कम्युनिस्ट अपने लिए। यह नारा अनुचित, अन्यायपूर्ण और समाजघाती है। हमारा नारा होना चाहिए- "कमाने वाला खिलायेगा और जो जन्मा है वह खायेगा।" खाने का अधिकार जन्म से प्राप्त होता है कमाने की पात्रता शिक्षा से आती है। यदि केवल कमाने वाला ही खायेगा तो बच्चों, बूढ़ों, रोगियों और अपाहिजों का क्या होगा? "कमाने वाला खायेगा" का दृष्टिकोण आसुरी और "कमाने वाला खिलायेगा" का विचार मानवीय है। समाजिकता और संस्कृति का मापदण्ड समाज में कमाने वाला द्वारा अपने कर्तव्य के निर्वाह की तत्परता है। अर्थव्यवस्था का कार्य इस कर्तव्य के निर्वाह की क्षमता पैदा करना है। मात्र धन कमाने के साधन तथा तरीके बताना-पढ़ाना ही अर्थव्यवस्था का कार्य नहीं है। यह मानवता बढ़ाना भी उसका काम है कि कर्तव्य भावना के साथ कमाने वाला खिलाये भी। यहाँ यह स्पष्ट समझ लिया जाना चाहिए कि वह कार्य दायित्व की भावना से करें न कि दान देने या चंदा देने की भावना से। पूंजीवादी व्यवस्था ने केवल अर्थपरायण मानव का विचार किया तथा अन्य क्षेत्रों से उसे स्वतन्त्र छोड़ दिया तो समाजवादी व्यवस्था केवल "जाति वाचक मानव" का ही विचार करती है। उसमें व्यक्ति की रूचि, प्रकृति गुणों की विविधता और उसके आधार पर विकास करने के लिए कोई स्थान नहीं है इन दोनों अवस्थाओं-व्यवस्थाओं में मनुष्य के सत्य और उसकी पूर्णता को नहीं समझा गया। एक व्यवस्था उसे स्वार्थी, अर्थपरायण, संघर्षशील, प्रतिस्पर्धी, प्रतिद्वन्दी और मात्स्यन्याय प्रवण प्राणी मानती है तो दूसरी उसे व्यवस्थाओं और परिस्थितियों का दास बेचारा और नास्तिक-अनास्थामय प्राणी। शाक्तियों का केन्द्रिकरण दोनों व्यवस्थाओं में अभिप्रेत है। अतएव पूंजीवादी एवं समाजवादी दोनों ही अमानवीय व्यवस्थाएँ हैं। धन का अभाव मनुष्य को निष्करूण और क्रूर बना देता है। तो धन का प्रभाव उसे शोषक सामाजिक दायित्व निरपेक्ष, दम्भी और दमनकारी। भारत और विश्व की समस्याओं का समाधान और प्रश्नों का उत्तर विदेशी राजनीतिक नारों या वादों (समाजवादी, पूंजीवादी आदि) में नहीं अपितु स्वयं भारत के सनातन विचार परम्परा में

से उपजे हिन्दूत्व अर्थात् भारतीय जीवन दर्शन में है। केवल यही एक ऐसा जीवन दर्शन है जो मनुष्य जीवन का विचार करते समय उसे टुकड़ों में नही बाँटता उसके सम्पूर्ण जीवन को इकाई मानकर उसका विचार करता है। यह समझना भारी भूल होगी कि हिन्दूत्व वर्तमान वैज्ञानिक उन्नति का विरोधी है। आधुनिक विज्ञान और प्रौद्योगिक का प्रयोग इस पद्धति से होना चाहिए कि वे हमारे सामाजिक और सांस्कृतिक जीवन पद्धति के प्रतिकूल नहीं, अनुकूल हो। हमारा राष्ट्रीय लक्ष्य धर्मराज्य, जिसे गाँधी जी रामराज्य कहा करते थे, लोकतन्त्र, सामाजिक समरसता और राजनीतिक आर्थिक शक्तियों के विकेन्द्रियकरण का होना चाहिए। आप इसे हिन्दूत्ववाद, मानवता अथवा अन्य कोई भी नया "वाद" या किसी भी नाम से पुकारें किन्तु केवल यही ही भारत की आत्मा के अनुकूल होगा। यही देशवासियों में नवीन उत्साह संचारित कर सकेगा। विनाश और विभ्रन्ति के चौराहे पर खड़े विश्व के लिए भी यह मार्गदर्शक का काम करेगा।

-पं0 दीनदयाल उपाध्याय

कुल मिलाकर जो व्यक्ति या देश केवल आर्थिक उन्नति को ही सर्वस्व मानता है वह व्यक्ति या देश एक पशुवत् जीवन निर्वाह के मार्ग पर है-जीना और पीढ़ी बढ़ाना। दूसरे रूप में इसे ऐसे समझा जा सकता है कि ऐसे व्यक्ति जिनका लक्ष्य धन रहा था वे अपने धन के बल पर अपनी मूर्ति अपने घर पर ही लगा सकते हैं परन्तु जिनका लक्ष्य धन नहीं था, उनका समाज ने उन्हें, उनके रहते या उनके जाने के बाद अनेकों प्रकार से सम्मान दिया है और ये सार्वजनिक रूप से सभी के सामने प्रमाणित है। पूर्णत्व की प्राप्ति का मार्ग शारीरिक-आर्थिक उत्थान के साथ-साथ मानसिक-बौद्धिक उत्थान होना चाहिए और यही है ही। इस प्रकार भारत यदि पूर्णता व विश्व गुरूता की ओर बढ़ना चाहता है तब उसे मात्र कौशल विकास ही नहीं बल्कि राष्ट्रीय बौद्धिक विकास की ओर भी बढ़ना होगा। बौद्धिक विकास, व्यक्ति व राष्ट्र का इस ब्रह्माण्ड के प्रति दायित्व है और उसका लक्ष्य है। सफलता का नाम विशेषज्ञता (Specialist) नहीं, बल्कि ज्ञता (Generalized) है, ये ज्ञता (Generalized) ही राष्ट्रीय बौद्धिक विकास है।

जो व्यक्ति या देश केवल आर्थिक उन्नति को ही सर्वस्व मानता है वह व्यक्ति या देश एक पशुवत् जीवन निर्वाह के मार्ग पर है-जीना और पीढ़ी बढ़ाना। दूसरे रूप में इसे ऐसे समझा जा सकता है कि ऐसे व्यक्ति जिनका लक्ष्य धन रहा था वे अपने धन के बल पर अपनी मूर्ति अपने घर पर ही लगा सकते हैं परन्तु जिनका लक्ष्य धन नहीं था, उनका समाज ने उन्हें, उनके रहते या उनके जाने के बाद अनेकों प्रकार से सम्मान दिया है और ये सार्वजनिक रूप से सभी के सामने प्रमाणित है। पूर्णत्व की प्राप्ति का मार्ग शारीरिक-आर्थिक उत्थान के साथ-साथ मानसिक-बौद्धिक उत्थान होना चाहिए और यही है ही। इस प्रकार भारत यदि पूर्णता व विश्व गुरूता की ओर बढ़ना चाहता है तब उसे मात्र कौशल विकास ही नहीं बल्कि राष्ट्रीय बौद्धिक विकास की ओर भी बढ़ना होगा। बौद्धिक विकास, व्यक्ति व राष्ट्र का इस ब्रह्माण्ड के प्रति दायित्व है और उसका लक्ष्य है।

राष्ट्र के पूर्णत्व के लिए पूर्ण शिक्षा निम्नलिखित शिक्षा का संयुक्त रूप है-

अ-सामान्यीकरण (Generalisation) शिक्षा - ज्ञान के लिए- यह शिक्षा व्यक्ति और राष्ट्र का बौद्धिक विकास कराती है जिससे व्यक्ति व राष्ट्रीय सुख में वृद्धि होती है।

ब-विशेषीकरण (Specialisation) शिक्षा - कौशल के लिए- यह शिक्षा व्यक्ति और राष्ट्र का कौशल विकास कराती है जिससे व्यक्ति व राष्ट्रीय उत्पादकता में वृद्धि होती है।

स-सत्य नेटवर्क (REAL NETWORK) - समाज में प्रकाशित होने के लिए - क्योंकि कोई भी क्यों न हो उसे स्वयं अपना परिचय (BIO-DATA) देना पड़ता है तभी उसके अनुसार समाज उसका उपयोग करता है।

वर्तमान समय में विशेषीकरण की शिक्षा, भारत में चल ही रहा है और वह कोई बहुत बड़ी समस्या भी नहीं है। समस्या है सामान्यीकरण शिक्षा की। व्यक्तियों के विचार से सदैव व्यक्त होता रहा है कि-मैकाले शिक्षा पद्धति बदलनी चाहिए, राष्ट्रीय शिक्षा नीति व पाठ्यक्रम बनना चाहिए। ये तो विचार हैं। पाठ्यक्रम बनेगा कैसे?, कौन बनायेगा? पाठ्यक्रम में पढ़ायेंगे क्या? ये समस्या थी। और वह हल की जा चुकी है। जो भारत सरकार के सामने सरकारी-निजी योजनाओं जैसे ट्रांसपोर्ट, डाक, बैंक, बीमा की तरह निजी शिक्षा के रूप में "पुनर्निर्माण-सत्य शिक्षा का राष्ट्रीय तीव्र मार्ग" द्वारा पहली बार इसके आविष्कारक द्वारा प्रस्तुत है। जो राष्ट्र निर्माण का व्यापार है।

व्यापार का आधार

प्रत्येक मनुष्य के लिए 24 घंटे का दिन और उस पर आधारित समय का निर्धारण है और यह पूर्णतः मनुष्य पर ही निर्भर है कि वह इस समय का उपयोग किस गति से करता है। उसके समक्ष तीन बढ़ते महत्व के स्तर है -शरीर, धन/अर्थ और ज्ञान। इन तीनों के विकास की अपनी सीमा, शक्ति, गति व लाभ है। जिसे यहाँ स्पष्ट करना आवश्यक समझता हूँ-

01. **शरीर आधारित व्यापार-** यह व्यापार की प्रथम व मूल प्रणाली है जिसमें शरीर के प्रत्यक्ष प्रयोग द्वारा व्यापार होता है। इससे सबसे कम व सबसे अधिक धन कमाया जा सकता है। परन्तु यह कम धन कमाने के लिए अधिक लोगों को अवसर तथा अधिक धन कमाने के लिए कम लोगों को अवसर प्रदान करता है। अर्थात् शरीर का प्रत्यक्ष प्रयोग कर अधिक धन कमाने का अवसर कम ही लोगों को प्राप्त होता है। यह प्रकृति द्वारा प्राप्त गुणों पर अधिक आधारित होती है। जो एक अवधि तक ही प्रयोग में लायी जा सकती है। क्योंकि शरीर की भी एक सीमा होती है। उदाहरण स्वरुप-किसान, मजदूर, कलाकार, खिलाड़ी, गायक, वादक, पहलवान इत्यादि। जिसमें अधिकतम संख्या कम कमाने वालों की तथा न्यूनतम संख्या अधिक कमाने वालों की है। शरीर आधारित व्यापारी हमेशा धन व ज्ञान आधारित व्यापारियों पर निर्भर रहते हैं। इस व्यापार में शरीर की उपयोगिता अधिक तथा धन व ज्ञान की उपयोगिता कम होती है।

02. **धन/अर्थ आधारित व्यापार-** यह व्यापार की दूसरी व मध्यम प्रणाली है जिसमें धन के प्रत्यक्ष प्रयोग द्वारा व्यापार होता है। इससे अधिक धन कमाया जा सकता है और उन सभी को अवसर प्रदान करता है जिनके पास धन होता है। उदाहरण स्वरुप-दुकानदार, उद्योगपति, व्यापारी इत्यादि। धन आधारित व्यापारी हमेशा शरीर व ज्ञान आधारित व्यापारियों पर निर्भर रहते हैं। इस व्यापार में धन की उपयोगिता अधिक तथा शरीर व ज्ञान की उपयोगिता कम होती है।

03. **ज्ञान आधारित व्यापार-** यह व्यापार की अन्तिम व मूल प्रणाली है जिसमें ज्ञान के प्रत्यक्ष प्रयोग द्वारा व्यापार होता है। इससे सबसे अधिक धन कमाया जा सकता है और उन सभी को अवसर प्रदान करता है जिनके पास ज्ञान होता है। उदाहरण स्वरुप-विद्यालय, महाविद्यालय, विश्वविद्यालय एवं अन्य शिक्षा व विद्या अध्ययन संस्थान, शेयर कारोबारी, बीमा व्यवसाय, प्रणाली व्यवसाय, कन्सल्टेन्ट, ज्ञान-भक्ति-आस्था आधारित ट्रस्ट-मठ इत्यादि। ज्ञान आधारित व्यापारी हमेशा शरीर व धन आधारित व्यापारियों पर निर्भर रहते हैं। इस व्यापार में ज्ञान की उपयोगिता अधिक तथा शरीर व धन की उपयोगिता कम होती है।

शरीर के विकास के उपरान्त मनुष्य को धन के विकास की ओर, धन के विकास के उपरान्त मनुष्य को ज्ञान के विकास की ओर बढ़ना चाहिए अन्यथा वह अपने से उच्च स्तर वाले का गुलाम हो जाता है। बावजूद उपरोक्त सहित इस शास्त्र से अलग विचारधारा में होकर भी मनुष्य जीने के लिए स्वतन्त्र है। परन्तु अन्ततः वह जिस अटलनीय नियम-सिद्धान्त से हार जाता है उसी सार्वभौम सत्य-सिद्धान्त को ईश्वर कहते हैं और इसके अंश या पूर्ण रूप को प्रत्यक्ष या प्रेरक विधि का प्रयोग कर समाज में स्थापित करने वाले शरीर को अवतार कहते हैं। तथा इसकी व्याख्या कर इसे व्यक्ति में स्थापित करने वाले शरीर को गुरू कहते हैं। मनुष्य केवल प्रकृति के अदृश्य नियमों को दृश्य में परिवर्तन करने का माध्यम मात्र है। इसलिए मनुष्य चाहे जिस भी विचार में हो वह ईश्वर में ही शरीर धारण करता है और ईश्वर में ही शरीर त्याग देता है, इसे मानने या न मानने से ईश्वर पर कोई प्रभाव नहीं पड़ता। यह उसी प्रकार है जैसे कोई किसी देश में रहे और वह यह न मानने पर अड़ा रहे कि वह उस देश का नहीं है या कोई स्वयं को यह समझ बैठे कि मेरे जैसा कोई ज्ञानी नहीं और यदि हो भी तो मैं नहीं मानता।

उदाहरण, ये जान लेना कि ये सब ट्रेन दिल्ली जाती है, "ज्ञान" है और यदि दिल्ली जाना है तो उस पर बैठना "कर्मज्ञान" है। दिल्ली जाना भी है और नहीं बैठना है इसके जिम्मेदार स्वयं हो, कोई दूसरा नहीं। हाँ, दिल्ली जाने वालों को ट्रेन की जानकारी देने वाला व्यपार कर सकते हो।

"व्यापार" और "शिक्षा का व्यापार"

जहाँ भी, कुछ भी आदान-प्रदान हो रहा हो, वह सब व्यापार के ही अधीन है। व्यक्ति का जितना बड़ा ज्ञान क्षेत्र होता है ठीक उतना ही बड़ा उसका संसार होता है। फलस्वरूप उस ज्ञान क्षेत्र पर आधारित व्यापार का संचालन करता है इसलिए ही ज्ञान क्षेत्र के विस्तार के लिए सदैव प्रयत्नशील रहना चाहिए। प्रत्येक व्यक्ति ही व्यापारी है और वही दूसरे के लिए ग्राहक भी है। यदि व्यक्ति आपस में आदान-प्रदान कर व्यापार कर रहें हैं तो इस संसार-ब्रह्माण्ड में ईश्वर का व्यापार चल रहा है और सभी वस्तुएँ उनके उत्पाद है। उन सब वस्तुओं का आदान-प्रदान हो रहा है जिसके व्यापारी स्वयं ईश्वर है, ये सार्वभौम सत्य-सिद्धान्त है।

शिक्षा क्षेत्र का यह दुर्भाग्य है कि जीवन से जुड़ा इतना महत्वपूर्ण विषय "व्यापार", को हम एक अनिवार्य विषय के रूप में पाठ्यक्रम में शामिल नहीं कर सकें। इसकी कमी का अनुभव उस समय होता है जब कोई विद्यार्थी 10वीं या 12वीं तक की शिक्षा के उपरान्त किसी कारणवश, आगे की शिक्षा ग्रहण नहीं कर पाता। फिर उस विद्यार्थी द्वारा पढ़े गये विज्ञान व गणित के वे कठिन सूत्र उसके जीवन में अनुपयोगी लगने लगते हैं। यदि वहीं वह व्यापार के ज्ञान से युक्त होता तो शायद वह जीवकोपार्जन का कोई मार्ग सुगमता से खोजने में सक्षम होता।

प्रत्येक व्यापार के जन्म होने का कारण एक विचार होता है। पहले विचार की उत्पत्ति होती है फिर उस पर आधारित व्यापार का विकास होता है। किसी विचार पर आधारित होकर आदान-प्रदान का नेतृत्वकर्ता व्यापारी और आदान-प्रदान में शामिल होने वाला ग्राहक होता है। "रामायण" ,"महाभारत" ,"रामचरितमानस" इत्यादि किसी विचार पर आधारित होकर ही लिखी गई है। यह वाल्मिीकि, महर्षि व्यास और गोस्वामी तुलसीदास का त्याग है तो अन्य के लिए यह व्यापार का अवसर बना।

ज्ञान के वर्तमान और उसी ओर बढ़ते युग में व्यापार के तरीके भी बदल रहें हैं। ऐसी स्थिति में स्वयं को भी बदलते हुये अपने ज्ञान को बढ़ाना होगा अन्यथा प्रतियोगिता भरे जीवन के संघर्ष में पिछे रह जाने के सिवा कोई रास्ता नहीं होगा। वर्तमान समय में गाँवों तक भी कम्प्यूटर व इन्टरनेट की पहुँच तेजी से बढ़ रही है। कम्प्यूटर व इन्टरनेट केवल चला लेना ही ज्ञान नहीं है। चलाना तो कला है। कला को व्यापार में बदल देना ही सत्य में ज्ञान-बुद्धि है। हम कम्प्यूटर व इन्टरनेट से किस प्रकार व्यापार कर सकते हैं, इस पर अध्ययन-चिंतन-मनन करना आवश्यक है। इस सम्बन्ध में भारत रत्न एवं पूर्व राष्ट्रपति श्री ए.पी.जे.अब्दुल कलाम का कथन पूर्ण सत्य है कि- **"नवीनता के द्वारा ही ज्ञान को धन में बदला जा सकता है।"**

प्रत्येक मनुष्य के लिए 24 घंटे का दिन और उस पर आधारित समय का निर्धारण है और यह पूर्णतः मनुष्य पर ही निर्भर है कि वह इस समय का उपयोग किस गति से करता है। उसके समक्ष तीन बढ़ते महत्व के व्यापार के स्तर हैं- 1. शरीर आधारित व्यापार, 2. धन/अर्थ आधारित व्यापार और 3. ज्ञान आधारित व्यापार। इन तीनों के विकास की अपनी सीमा, शक्ति, गति व लाभ है। शरीर के विकास के उपरान्त मनुष्य को धन के विकास की ओर, धन के विकास के उपरान्त मनुष्य को ज्ञान के विकास की ओर बढ़ना चाहिए अन्यथा वह अपने से उच्च स्तर वाले का गुलाम हो जाता है।

दुनिया बहुत तेज (फास्ट) हो गई है। मनुष्य की व्यस्तता बढ़ती जा रही है। सभी को कम समय में बहुत कुछ चाहिए। तो ऐसी शिक्षा की भी जरूरत है जो कम समय में पूर्ण शिक्षित बना दे। एक व्यक्ति सामान्यतः यदि स्नातक (ग्रेजुएशन) तक पढ़ता है तो वह कितने पृष्ठ पढ़ता होगा और क्या पाता है? विचारणीय है। एक व्यक्ति इंजिनियर व डाक्टर बनने तक कितना पृष्ठ पढ़ता है? यह तो होती है कैरियर की पढ़ाई इसके अलावा कहानी, कविता, उपन्यास, फिल्म इत्यादि के पीछे भी मनुष्य अपना समय मनोरंजन के लिए व्यतीत करता है। और सभी एक चमत्कार के आगे नतमस्तक हो जाते हैं तो पूर्ण मानसिक स्वतन्त्रता और पूर्णता कहाँ है? विचारणीय विषय है। ऐसे व्यक्ति जिनका धनोपार्जन व्यवस्थित चल रहा है वे ज्ञान की आवश्यकता या उसके प्राप्ति की आवश्यकता के प्रति रूचि नहीं लेते परन्तु वे भूल जाते हैं कि ज्ञान की आवश्यकता तो उन्हें ज्यादा है जिनके सामने भविष्य पड़ा है और उन्हें आवश्यकता है जो देश-समाज-विश्व के नीति का निर्माण करते हैं। ऐसे आधार की आवश्यकता है जिससे आने वाली पीढ़ी और विश्व निर्माण के चिन्तक दोनों को एक दिशा प्राप्त हो सके। वे जो मशीनवत् लग गये हैं वे जहाँ लगे हैं सिर्फ वहीं लगे रहें, आखिर में वे भी तो संसार के विकास में ही लगे हैं उन्हें न सही उनके बच्चों को तो ज्ञान की जरूरत होगी। जिसके लिए वे एक लम्बा समय और धन उनपर खर्च करते हैं। गरीबी, बेरोजगारी इत्यादि का बहुत कुछ कारण ज्ञान, ध्यान, चेतना जैसे विषयों का मनुष्य के अन्दर अभाव होने से ही होता है। मनुष्य जीवन पर्यन्त रोजी-रोटी, धनार्जन इत्यादि के लिए भागता रहता है परन्तु यदि मात्र 6 महीने वह ज्ञान, ध्यान, चेतना जैसे विषयों पर पहले ही प्रयत्न कर ले तो उसके सामने विकास के अनन्त मार्ग खुल जाते हैं। ज्ञान, ध्यान, चेतना की यही उपयोगीता है जिसे लोग निरर्थक समझते हैं। बचपन से अनेक वर्षों तक माता-पिता-अभिभावक अपने बच्चों के विद्यालय में धन भेजते हैं, बच्चा वहाँ से कौन सा सामान लाता है, विचारणीय विषय है? बच्चा वहाँ से जो लाता है उस सामान का नाम है-"शिक्षा" और वह जहाँ से लाता है, वह है-"शिक्षा का व्यापार केन्द्र"। इस प्रकार अलग-अलग शिक्षा और विद्या के व्यापार केन्द्र, आज के और आने वाले समय में विकास की ओर अग्रसर ज्ञानयुग में चल और खुल रहे हैं। बहुत से विद्यार्थी अलग-अलग व्यापार के साथ "पढ़ो और पढ़ाओ" वाले व्यापार में भी जाते हैं जो मनुष्य के धरती पर रहने तक चलता रहेगा। इस क्रम में जब तक परीक्षा में नकल होते रहेंगे तब तक शिक्षा व्यापार तेजी से विकास करता रहेगा और साथ ही जब तक सेवानिवृत्ति की उम्र बढ़ाते रहेंगे, सरकार पर बेरोजगारी का बोझ बढ़ता रहेगा और सरकार रिक्त पदों की भर्ती वाला व्यापार करती रहेगी।

मजदूरी, वेतन, भत्ते और मानदेय, प्रोत्साहन, सौदागर, अभिकर्ता, विशेषाधिकार, दलाली का अर्थ

मजदूरी (Wages)

घंटे या अन्य इकाई के लिए अलग-अलग किया जाने वाला भुगतान मजदूरी कहलाता है। कारोबार में यदि कार्य स्थायी न हो या वह कार्य बार-बार न करना हो तो मजदूर रखे जाते हैं जिन्हें कार्य सम्पन्न होने के बाद पारिश्रमिक दे कर मुक्त कर दिया जाता है। फिर कभी आवश्यकता पड़ने पर मजदूर रख लिया जाता है।

वेतन (Salary)

वेतन, किसी नियोक्ता से किसी कर्मचारी को मिलने वाले आवधिक भुगतान का एक स्वरूप है जो एक नियोजन संबंधी अनुबंध में निर्देशित किया गया हो सकता है। यह टुकड़ों में मिलने वाली मजदूरी के विपरीत है जहाँ आवधिक आधार पर भुगतान किये जाने की बजाय प्रत्येक काम, घंटे या अन्य इकाई का अलग-अलग भुगतान किया जाता है। एक कारोबार के दृष्टिकोण से वेतन को अपनी गतिविधियाँ संचालित करने के लिए मानव संसाधनों की प्राप्ति की लागत के रूप में भी देखा जा सकता है और उसके बाद इसे कार्मिक खर्च या वेतन खर्च का नाम दिया जा सकता है। लेखांकन में वेतनों को भुगतान संबंधी (पेरोल) खातों में दर्ज किया जाता है।

भत्ते (Allowance)

भत्ता, किसी नियोक्ता द्वारा अपने कर्मचारी को दिया जाने वाला वह अतिरिक्त राशि है जिससे कर्मचारी को नियोक्ता के कार्य को सम्पन्न करने में उसके अपने वेतन से खर्च न हो।

मानदेय (Honoraria)

मानदेय, किसी नियोक्ता से संविदा/अनुबंध के आधार पर नियुक्त किसी कर्मचारी को मिलने वाले आवधिक भुगतान का एक स्वरूप है जो एक नियोजन संबंधी अनुबंध में निर्देशित किया गया हो सकता है।

प्रोत्साहन (Incentive)

प्रोत्साहन किसी नियोक्ता से किसी कर्मचारी को मिलने वाला वह भुगतान का एक वह स्वरूप है जो कर्मचारी द्वारा अपने लक्ष्य से अधिक कार्य करने पर दिया जाता है। जो एक नियोजन संबंधी अनुबंध में निर्देशित किया गया हो सकता है।

सौदागर (Dealer)

डीलर, एक व्यावसायिक फर्म के लिए एक व्यक्ति या कंपनी जो उस व्यावसायिक फर्म के उत्पाद को बेचने के लिए एक निश्चित क्षेत्र के लिए नियुक्त होता है और उसके बदले फर्म के नियमानुसार लाभ प्राप्त होता है।

अभिकर्ता (Agent)

एजेंट, एक व्यावसायिक फर्म के लिए एक व्यक्ति या कंपनी जो उस व्यावसायिक फर्म के उत्पाद को बेचने के लिए स्वतन्त्र क्षेत्र के लिए नियुक्त होता है और उसके बदले फर्म के नियमानुसार लाभ प्राप्त होता है।

विशेषाधिकार (Franchise)

फ्रैंचाइजी, समय के एक निर्धारित अवधि के लिए एक फर्म के सफल व्यापार माडल और ब्रांड का उपयोग करने के अधिकार के लिए काम पर रखने की प्रथा है। फ्रैंचाइजर के लिए, मताधिकार "चेन स्टोर के निर्माण के लिए एक विकल्प है"। फ्रेंचाइजर की सफलता फ्रेंचाइजी की सफलता पर निर्भर करता है। फ्रेंचाइजी वह या वह व्यापार में एक प्रत्यक्ष हिस्सेदारी है क्योंकि एक प्रत्यक्ष कर्मचारी की तुलना में अनिवार्य रूप से एक फ्रैंचाइजी अधिक से अधिक प्रोत्साहन और वितरण के लिए है।

दलाल (Broker)

दलाल, एक खरीददार और विक्रेता के बीच लेन-देन की व्यवस्था करता है जो एक व्यक्ति या पार्टी (ब्रोकरेज फर्म) है। सौदा सम्पन्न होने पर दलाल एक निश्चित कमीशन प्राप्त करता है। दलाल भी एक विक्रेता के रूप में या एक खरीदार के रूप में कार्य करता है जो दलाल सौदा करने के लिए एक प्रमुख पार्टी बन जाता है।

रायल्टी (Royalties)

मनुष्य समाज व सरकार में व्यापार के प्रणाली से रायल्टी शब्द का जन्म हुआ है जो किसी व्यक्ति/संस्था के मौलिक खोज/कृति इत्यादि के प्रति उसकी रक्षा व व्यापारीकरण के लिए उसे धनराशि के रूप में भुगतान का अधिकार देता है। रायल्टी संपत्ति, पेटेंट, कापीराइट किए गए कार्य या मताधिकार (फ्रैन्चाइजी) के कानूनी मालिक को उनके द्वारा भुगतान किया जाता है जो इसका उपयोग करना चाहते हैं। ज्यादातर मामलों में, रायल्टी संपत्ति के उपयोग के लिए मालिक की भरपाई करने के लिए दिया जाता हैं, जो कानूनी तौर पर बाध्यकारी हैं।

रायल्टी के प्रकार (Types of royalties)

01. गैर अक्षय स्रोत रायल्टी (Non-renewable resource royalties)
02. पेटेंट रायल्टी (Patent royalties)
03. ट्रेड मार्क रायल्टी-(Trade mark royalties-Franchises)
04. कापीराइट (Copyright)
05. पुस्तक प्रकाशन रायल्टी (Book publishing royalties)
06. संगीत रायल्टी (Music royalties)
    - 6.1 प्रिंट अधिकार (Print rights)
    - 6.2 प्रिंट रायल्टी (संगीत) (Print royalties (music))
    - 6.3 विदेश प्रकाशन (Foreign publishing)
    - 6.4 यांत्रिक रायल्टी (Mechanical royalties)
    - 6.5 प्रदर्शन रायल्टी (Performance royalties)
    - 6.6 डिजीटल वितरण रायल्टी (Royalties in digital distribution)
    - 6.7 तुल्यकालन रायल्टी (Synchronization royalties)
07. कला रायल्टी (Art royalties)
    - 7.1 पुनर्विक्रय रायल्टी (Resale royalties)
    - 7.2 कलाकृति रायल्टी (Artwork royalties)
08. सॉफ्टवेयर रायल्टी (Software royalties)

09. अन्य रायल्टी व्यवस्था-गठबंधन और भागीदारी प्रौद्योगिकी हस्तांतरण में तकनीकी सहायता और सेवा रायल्टी की दर से (Other royalty arrangements-Alliances and partnerships, Technical assistance and service in technology transfer)

10. प्रयास (Approaches)

10.1 बौद्धिक संपदा (Intellectual property)

10.2 दर निर्धारण और निदर्शी रायल्टी-लागत दृष्टिकोण, तुलनीय बाजार दृष्टिकोण, आय दृष्टिकोण (Rate determination and illustrative royalties-Cost approach, Comparable market approach, Income approach)

क्या आपको वस्तु खरीदने पर कम्पनी रायल्टी देती है जबकि कम्पनी आपके कारण हैं?

मनुष्य समाज व सरकार में व्यापार के प्रणाली से रायल्टी शब्द का जन्म हुआ है जो किसी व्यक्ति/संस्था के मौलिक खोज/कृति इत्यादि के प्रति उसकी रक्षा व व्यापारीकरण के लिए उसे धनराशि के रूप में भुगतान का अधिकार देता है। रायल्टी संपत्ति, पेटेंट, कापीराइट किए गए कार्य या मताधिकार (फ्रेन्चाइजी) के कानूनी मालिक को उनके द्वारा भुगतान किया जाता है जो इसका उपयोग करना चाहते हैं। ज्यादातर मामलों में, रायल्टी संपत्ति के उपयोग के लिए मालिक की भरपाई करने के लिए दिया जाता हैं, जो कानूनी तौर पर बाध्यकारी हैं।

इस संसार में प्रत्येक जीव का अपना मौलिक कर्म-इच्छा है और वह उसी अनुसार कर्म कर रहा है। ईश्वर और पुनर्जन्म के सार्वभौम सत्य-सिद्धान्त के अनुसार हम यह पाते हैं कि हम जो भी कर्म-इच्छा करते हैं वह हमें उस अनुसार जन्म-जन्मान्तर तक कर्म-इच्छा के परिणाम/फल के रूप में प्राप्त होता रहता है।

इस ब्रह्माण्ड में जिस प्रकार उत्प्रेरक सार्वभौम आत्मा की उपस्थिति में समस्त क्रिया का संचालन चल रहा है उसी प्रकार मानव समाज में उत्प्रेरक मुद्रा की उपस्थिति में मानव के समस्त व्यापार चल रहे हैं।

जिस प्रकार हमारे सभी कर्म-इच्छा का परिणाम/फल रायल्टी के रूप में सार्वभौम आत्मा द्वारा प्रदान किये जा रहे हैं। उसी प्रकार मानव समाज के वस्तुओं से सम्बन्धित व्यापार में भी उसके साथ किये गये कर्म के भी परिणाम/फल रायल्टी के रूप में प्राप्त होनी चाहिए। मौलिक खोज/आविष्कार के साथ रायल्टी का प्राविधान बढ़ते बौद्धिक विकास के साथ तो है ही परन्तु यदि किसी कम्पनी के उत्पाद का प्रयोग हम करते हैं तो ये उस कम्पनी के साथ किया गया हमारा कर्म भी रायल्टी के श्रेणी में आता है क्योंकि हम ही उस कम्पनी के विकास में योगदान देने वाले हैं। रायल्टी का सीधा सा अर्थ है-हमारे कर्मों का परिणाम/फल हमें मिलना चाहिए। जिस प्रकार ईश्वर हमें जन्म-जन्मान्तर तक परिणाम/फल देता है, उसी प्रकार मनुष्य निर्मित व्यापारिक संस्थान द्वारा भी हमें उसका परिणाम/फल मिलना चाहिए।

वर्तमान समय में स्थिति यह है कि भले ही कच्चा माल (रा मैटिरियल) ईश्वर द्वारा दी गई है लेकिन उसके उपयोग का रूप मनुष्य निर्मित ही है और हम उससे किसी भी तरह बच नहीं सकते। जिधर देखो उधर मनुष्य निर्मित उत्पाद से हम घिरे हुए हैं। हमारे जीवन में बहुत सी दैनिक उपयोग की ऐसी वस्तुएँ हैं जिनके उपयोग के बिना हम बच नहीं सकते। बहुत सी ऐसी निर्माता कम्पनी भी है जिनके उत्पाद का उपयोग हम वर्षों से करते आ रहे हैं लेकिन उनका और हमारा सम्बन्ध केवल निर्माता और उपभोक्ता का ही है जबकि हमारी वजह से ही ये कम्पनी लाभ प्राप्त कर आज तक बनी हुयी हैं, और हमें उनके साथ इतना कर्म करने के बावजूद भी हम सब को रायल्टी के रूप में कुछ भी प्राप्त नहीं होता। जबकि स्थायी ग्राहक बनाने के लिए रायल्टी देना कम्पनी के स्थायित्व को सुनिश्चित भी करता है।

जबकि होना यह चाहिए कि कम्पनी द्वारा ग्राहक के खरीद के अलग-अलग लक्ष्य के अनुसार छूट (डिस्काउन्ट) का अलग-अलग निर्धारित प्रतिशत हो। और एक निर्धारित खरीद लक्ष्य को प्राप्त कर लेने के बाद कम्पनी द्वारा उस ग्राहक को पीढ़ी दर पीढ़ी के लिए रायल्टी देनी चाहिए।

और ऐसा नहीं है लेकिन कुछ कम्पनी ऐसी हैं जो ऐसा कर रहीं है और अनेक देशों में उनका व्यापार कम समय में तेजी से बढ़ा हैं, वहीं उनके उत्पाद भी वैश्विक गुणवत्ता स्तर के भी हैं।

अपने जीवकोपार्जन के लिए शारीरिक गुलामी से चला आर्थिक स्वतन्त्रता का सफर अभी पेंशन तक ही पहुँचा है। जब हम रायल्टी तक पहुँच जायेंगे तब हम सभी सत्य आर्थिक स्वतन्त्रता के अन्तिम लक्ष्य को प्राप्त कर लेंगे।

विपणन प्रणाली (Marketing System)

एक बाजार केंद्रित या उपभोक्ता केंद्रित संगठन पहले यह तय करता है की उसका संभावित ग्राहक चाहता क्या है और तब उत्पाद (Product) या सेवा की रचना की जाती है। जब ग्राहक किसी उत्पाद या सेवा को जरूरत होने पर इस्तेमाल करता है या उसे कोई कथित लाभ हासिल होता है, तो विपणन सिद्धांत और व्यवहार न्यायोचित माना जाता है।

विपणन के दो प्रमुख घटक हैं-नए ग्राहकों को शामिल करना (अधिग्रहण) तथा मौजूदा ग्राहकों को बनाए एवं उनके साथ संबंधों का विस्तार करना (आधार प्रबंधन)। एक बार जब विक्रेता (Marketer) आने वाले खरीदार को अपना ग्राहक बना लेता है तो आधार प्रबंधन शुरू हो जाता है। आधार प्रबंधन के तहत जो प्रक्रिया आरम्भ होती है उसमें विक्रेता अपने ग्राहक के साथ रिश्ते विकसित करता है, संबंधों को पोषण देता है, दिए जा रहे फायदों में ईजाफा करता है और अपने उत्पाद/सेवा को निरंतर बेहतर बनाता है ताकि उसका व्यापार प्रतिस्पर्धियों से सुरक्षित रहे।

सारांश में किसी भी मार्केटिंग कम्पनी द्वारा उत्पाद को उपभोक्ता तक पहुँचाने और उसके विक्रय को सफलता पूर्वक सम्पन्न करने की प्रणाली विपणन प्रणाली कहलाती है। जिसके मुख्य रूप से निम्नलिखित रूप हैं-

पारम्परिक विपणन प्रणाली (Traditional Marketing System)

इस प्रणाली में विपणन क्षेत्र को छोटे-छोटे विपणन क्षेत्र में विभाजित कर बड़े क्षेत्र से नीचे के छोटे क्षेत्र की ओर उत्पाद पहुँचाते हुए उपभोक्ता तक पहुँचाया जाता है। इस प्रणाली में ग्राहक का विक्रेता से सम्बन्ध सीधा सा क्रेता और विक्रेता का होता है अर्थात् ग्राहक सिर्फ ग्राहक ही रहता है और विक्रेता सिर्फ विक्रेता ही रहता है। इसमें उत्पाद विक्रय से लाभ केवल डिलर को ही होता है। इस प्रकार की प्रणाली को पारम्परिक विपणन प्रणाली कहते हैं। उदाहरण के लिए-

आटोमोबाइल (टू व्हीलर, फोर व्हीलर इत्यादि) के विपणन प्रणाली में निर्माता/विपणन कम्पनी द्वारा राज्य क्षेत्र (कैरी एण्ड फारवर्ड-सी.एन.एफ), फिर जिला क्षेत्र (डिलर), फिर जिला क्षेत्र मे अनेक सब डिलर व आथोराइज्ड सर्विस सेन्टर (ए.एस.सी) के माध्यम से उपभोक्ता तक आटोमोबाइल उत्पाद पहुँचाया जाता है।

प्रत्यक्ष विपणन प्रणाली (Direct Marketing System)

इस प्रणाली में विपणन क्षेत्र कों छोटे-छोटे विपणन क्षेत्र में विभाजित कर बड़े क्षेत्र से नीचे के छोटे क्षेत्र की ओर उत्पाद पहुँचाते हुए उपभोक्ता तक पहुँचाया जाता है। इस प्रणाली में ग्राहक का विक्रेता से सम्बन्ध सिर्फ क्रेता और विक्रेता का ही नहीं होता है बल्कि प्रत्येक ग्राहक अपने आप में एक डिलर/डिस्ट्रीब्यूटर बनता जाता है और उसके लिए कार्यक्षेत्र एक निश्चित क्षेत्र नहीं बल्कि उत्पाद का सम्पूर्ण विक्रय क्षेत्र होता है। इसमें उत्पाद विक्रय से लाभ प्रत्येक डिलर/डिस्ट्रीब्यूटर को होता है। जो जितना अधिक डिलर/डिस्ट्रीब्यूटर बनाता है उसे उतना अधिक लाभ प्राप्त होता है। इस प्रकार की प्रणाली को प्रत्यक्ष विपणन प्रणाली कहते हैं। उदाहरण के लिए- अनेक मल्टीलेवेल मार्केटिंग कम्पनीयाँ जैसे-एमवे, आर.सी.एम, टीयान्सी इत्यादि।

मल्टी लेवेल मार्केटिंग (MLM)

जिस प्रकार वर्तमान व्यावसायिक-समाजिक-धार्मिक इत्यादि मानवीय संगठन में विभिन्न पद जैसे प्रबन्ध निदेशक, प्रबन्धक, शाखा प्रबन्धक, कर्मचारी, मजदूर इत्यादि होते हैं और ये सब उस मानवीय संगठन के एक विचार जिसके लिए वह संचालित होता है, के अनुसार अपने-अपने स्तर पर कार्य करते हैं और वे उसके जिम्मेदार भी होते हैं। उसी प्रकार यह सम्पूर्ण ब्रह्माण्ड एक ईश्वरीय संगठन है जिसमें सभी अपने-अपने स्तर व पद पर होकर जाने-अनजाने कार्य कर रहें हैं। यदि मानवीय संगठन का कोई कर्मचारी दुर्घटनाग्रस्त होता है तो उसका जिम्मेदार उस मानवीय संगठन का वह विचार नहीं होता बल्कि वह कर्मचारी स्वयं होता है। इसी प्रकार ईश्वरीय संगठन में भी प्रत्येक व्यक्ति की अपनी बुद्धि-ज्ञान-चेतना-ध्यान इत्यादि गुण ही उसके कार्य का फल देती है जिसका जिम्मेदार वह व्यक्ति स्वयं होता है न कि ईश्वरीय संगठन का वह सार्वभौम सत्य-सिद्धान्त। मानवीय संगठन का विचार हो या ईश्वरीय संगठन का सार्वभौम सत्य-सिद्धान्त यह दोनों ही कर्मचारी के लिए मार्गदर्शक नियम है। जिस प्रकार कोई मानवीय संगठन आपके पूरे जीवन का जिम्मेदार हो सकता है उसी प्रकार ईश्वरीय संगठन भी आपके पूरे जीवन का जिम्मेदार हो सकता है। जिसका निर्णय आपके पूरे जीवन के उपरान्त ही हो सकता है परन्तु आपके अपनी स्थिति के जिम्मेदार आप स्वयं है। जिस प्रकार मानवीय संगठन में कर्मचारी समर्पित मोहरे की भाँति कार्य करते हैं उसी प्रकार ईश्वरीय संगठन में व्यक्ति सहित मानवीय संगठन भी समर्पित मोहरे की भाँति कार्य करते हैं, चाहे

उसका ज्ञान उन्हें हो या न हो। और ऐसा भाव हमें यह अनुभव कराता है कि हम सब जाने-अनजाने उसी ईश्वर के लिए ही कार्य कर रहें है जिसका लक्ष्य है-ईश्वरीय मानव समाज का निर्माण जिसमें जो हो सत्य हो, शिव हो, सुन्दर हो और इसी ओर विकास की गति हो।

यह सम्पूर्ण ब्रह्माण्ड एक ईश्वरीय संगठन है जो मल्टी लेवेल पर आधारित है। इस ब्रह्माण्ड में सब एक दूसरे पर निर्भर, एक दूसरे से प्रभावित और एक दूसरे से लाभ-हानि प्राप्त कर रहे हैं। मल्टी लेवेल मार्केटिंग का विचार ऐसे ही मनुष्य मस्तिष्क की उत्पत्ति है जो इस ब्रह्माण्ड के सांगठनिक स्वरूप को समझ सके हैं और उसका प्रयोग मार्केटिंग प्रणाली में किये हैं इस समझ को भी मार्केटिंग में प्रयोग अनेक प्रकार से किया गया है परन्तु सिद्धान्त वही एक है। इस प्रयोग को मूलतः निम्न तीन भागो में विभक्त कर सकते हैं-

1. पूर्ण कार्यशील (वर्किंग) व्यक्ति आधारित

इस मल्टी लेवेल मार्केटिंग प्रणाली में सिर्फ वही व्यक्ति लाभ प्राप्त कर पाते हैं जो व्यक्ति कार्य करते हैं अर्थात् जो अधिक से अधिक व्यक्ति को निर्देश (रेफर) करते हैं। इस प्रणाली में अ-कार्यशील (नान-वर्किंग) व्यक्ति को कोई लाभ प्राप्त नहीं हो पाता। सिर्फ वे उत्पाद लेकर ही उसका उपयोग कर सकते हैं। इस प्रणाली का प्रयोग मल्टी लेवेल मार्केटिंग में बहुत हुआ। यह बहुत अधिक पसन्द नहीं किया गया क्योंकि जो व्यक्ति कार्य नहीं कर सके उन्हें लाभ नहीं मिला और वे इस प्रणाली से दूर भाग गये।

2. आशिंक कार्यशील (वर्किंग) व्यक्ति सहित आशिंक अ-कार्यशील (नान-वर्किंग) व्यक्ति आधारित

इस मल्टी लेवेल मार्केटिंग प्रणाली में कार्यशील (वर्किंग) व्यक्ति सहित अ-कार्यशील (नान-वर्किंग) व्यक्ति भी लाभ प्राप्त करते हैं जो व्यक्ति कार्य करते हैं अर्थात् जो अधिक से अधिक व्यक्ति को निर्देश (रेफर) करते हैं उन्हें अधिक लाभ तथा जो अ-कार्यशील (नान-वर्किंग) व्यक्ति होते हैं उन्हें कम लाभ प्राप्त होता है। इस प्रणाली का प्रयोग मल्टी लेवेल मार्केटिंग में हुआ। यह पसन्द तो किया गया लेकिन अ-कार्यशील (नान-वर्किंग) व्यक्ति को लाभ प्राप्त होने की धीमी गति होने के कारण वे इस प्रणाली से दूर भाग गये।

3. पूर्ण कार्यशील (वर्किंग) व्यक्ति सहित पूर्ण अ-कार्यशील (नान-वर्किंग) व्यक्ति आधारित

इस मल्टी लेवेल मार्केटिंग प्रणाली में कार्यशील (वर्किंग) व्यक्ति सहित अ-कार्यशील (नान-वर्किंग) व्यक्ति दोनों को लाभ प्राप्त करने का समान अवसर देता है। सिर्फ जो व्यक्ति कार्य करते हैं अर्थात् जो अधिक से अधिक व्यक्ति को निर्देश (रेफर) करते हैं उन्हें अधिक लाभ होता है। व्यक्ति को लाभ प्राप्त करने की तेज गति होने के कारण यह मल्टी लेवेल मार्केटिंग प्रणाली की सबसे अधिक पसन्द की जाने वाली प्रणाली है।

ईश्वरीय/ब्रह्माण्डिय सिद्धान्त है-आदान-प्रदान या परिवर्तन या जन्म-मृत्यु-जन्म। केवल जन्म और मृत्यु तक सोचना भौतिकवादी प्रणाली है। अभी तक मल्टी लेवेल मार्केटिंग प्रणाली में यही प्रयोग हुआ है। जन्म और मृत्यु, और फिर जन्म यह सोचना आध्यात्मवादी प्रणाली है। अब मल्टी लेवेल मार्केटिंग प्रणाली में इसके प्रयोग का समय आ गया है। पूर्ण कार्यशील (वर्किंग) व्यक्ति सहित पूर्ण अ-कार्यशील (नान-वर्किंग) व्यक्ति आधारित मल्टी लेवेल मार्केटिंग प्रणाली यही प्रणाली है।

कम्पनी बल (COMPANY FORCE), टीम बल (TEAM FORCE) और मानवीय बल (MAN FORCE)

कम्पनी बल (COMPANY FORCE) में कम्पनी की प्राथमिकता प्रणाली को आगे बढ़ाने में होती है। टीम बल (TEAM FORCE) में टीम की प्राथमिकता प्रणाली को आगे बढ़ाने में होती है। जबकि मानवीय बल (MAN FORCE) में व्यक्ति की आवश्यकता ही प्रणाली को आगे बढ़ाने में स्वतः होती है। FACEBOOK, TWITTER, WHATSAPP, TELEGRAM इत्यादि मानवीय बल (MAN FORCE) के उदाहरण हैं। इन सोशल वेबसाइट पर व्यक्ति स्वयं अपनी आवश्यकता के लिए पंजीकृत होते हैं। कम्पनी / संगठन इस पर पंजीकरण करने के लिए कोई सेमिनार या दबाव नहीं डालती क्योंकि ये सब आपके स्वयं के विकास के लिए संसाधन होते हैं।

ये प्रणाली जो मानवीय आवश्यकता की मूल आवश्यकता की प्रणाली है इसलिए इसे मानवीय बल (MAN FORCE) आधारित प्रणाली भी कहते हैं। ये प्रणाली न तो कोई कम्पनी है और ना ही कोई संगठन/पार्टी या दल, यह केवल एक उद्देश्य है जो नागरिक को केवल एक विकेन्द्रीकृत प्रणाली उपलब्ध कराते हुये विकास की मुख्यधारा को दिखा रहा है। साथ ही प्रत्येक नागरिक को उसके स्वयं के विकास के लिए मार्ग दे रहा है।

सार्वभौम आर्थिक प्रणाली (UNIVERSAL ECONOMIC SYSTEM)

ब्रह्माण्ड की समस्त गति तरंगाकार (उपर-नीचे) होते हुये भी गोलाकार की ओर गतिशील है। ब्रह्माण्ड की समस्त स्वतन्त्र वस्तुऐं गोलाकार और सार्वभौम सत्य-सिद्धान्त आदान-प्रदान/परिवर्तन/$e=mc^2$ के अन्तर्गत है। गीता में कहा गया है – "यह संसार उल्टे वृक्ष के समान है जिसका जड़ (मूल) उपर तथा शाखाऐं संसार की ओर हैं।" यह जड़ (मूल) ही सार्वभौम सत्य-सिद्धान्त (समष्टि विचार) तथा शाखाऐं ही विभिन्न मत-मतान्तर (व्यष्टि विचार) हैं। वृक्ष, जड़ (मूल) से शक्ति पाता है इसलिए ज्ञान के लिए जड़ (मूल) को ही समझना चाहिए।

ब्रह्माण्डीय प्रणाली में सम्पूर्ण ब्रह्माण्ड एक विशाल वट वृक्ष (Big Banyan Tree) के समान है अर्थात एक मुख्य जड़ होते हुये भी अनेक जड़ें स्थान-स्थान पर अपने स्वायत्तशासी वृक्ष के रूप में है। स्वायत्तशासी होते हुये भी अपने से बड़े स्वायत्तशासी के उपर निर्भर रहना, यही ब्रह्माण्डीय प्रबन्ध प्रणाली है। स्वायत्तशासी ही विकेन्द्रीत है और सभी को एक पर ही निर्भर कर देना केन्द्रीत करना है।

आर्थिक प्रणाली में प्रत्येक व्यक्ति ही एक स्वायत्तशासी विकेन्द्रीत प्रणाली है और आर्थिक वृक्ष का जड़ (मूल) है। इस व्यक्ति के कारण ही समस्त आर्थिक प्रणाली चल रहा होता है इसलिए इसके खरीद क्षमता को बनाये रखना ही सार्वभौम आर्थिक प्रणाली है। यही आत्मनिर्भर आर्थिक प्रणाली है।

इस ब्रह्माण्ड में जिस प्रकार उत्प्रेरक सार्वभौम आत्मा की उपस्थिति में समस्त क्रिया का संचालन चल रहा है उसी प्रकार मानव समाज में उत्प्रेरक मुद्रा की उपस्थिति में मानव के समस्त व्यापार चल रहे हैं। पैसे (मुद्रा) पेड़ पर नहीं उगते बल्कि वह किसी विचार के आधार पर आदान-प्रदान होने से बढ़ते और शामिल व्यक्ति को संतुष्ट करते हैं। यह विचार शेयर बाजार, क्रिप्टो करेंसी, वस्तु खरीद, शिक्षा, आस्था, सलाह सेवा, खेल, मनोरंजन इत्यादि हो सकते हैं।

भारत में कोई भी कम्पनी पंजीकृत हो जाने मात्र से उसमें निवेश किये गये धन के जिम्मेदारी की गारन्टी नहीं हो जाती, सरकारी बैंकों में भी आपका धन चाहे जितना जमा हो सरकार केवल रूपये 5 लाख तक का ही जिम्मेदारी लेती है।

3-एफ (3-F: Fuel-Fire-Fuel) विपणन प्रणाली

(आविष्कारक द्वारा कापीराइट के अन्तर्गत)

कुल मिलाकर उपभोक्ता जो कहीं किसी और माध्यम से धन अर्जित करता है उसके उस धन को लेने के लिए किये गये सारे प्रपंच विपणन के अन्तर्गत आते हैं। यदि उपभोक्ता के पास धन नहीं तो ये सारे प्रपंच बेकार सिद्ध हो जाते हैं उसके लिए फाइनेन्स (आसान किस्तों में धन चुकाने की व्यवस्था), खरीदे और दूसरे को खरीद करायें वाली प्रणाली भी विपणन के प्रपंच में से ही है।

विश्व में शायद किसी भी देश में सरकार द्वारा निश्चित की गई विपणन प्रणाली लागू नहीं हैं। सरकार को केवल विभिन्न प्रकार के करों (Taxes) से मतलब होता है। निर्माता अपने उत्पाद को चाहे जिस विधि/प्रणाली से बेचे। बस मल्टीलेवेल मार्केटिंग के लिए कुछ दिशा निर्देश भारत में समय-समय पर निर्धारित होते रहते हैं। इस संसार में प्रत्येक जीव का अपना मौलिक कर्म-इच्छा है और वह उसी अनुसार कर्म कर रहा है। ईश्वर और पुनर्जन्म के सार्वभौम सत्य-सिद्धान्त के अनुसार हम यह पाते हैं कि हम जो भी कर्म-इच्छा करते हैं वह हमें उस अनुसार जन्म-जन्मान्तर तक कर्म-इच्छा के परिणाम/फल के रूप में प्राप्त होता रहता है।

जिस प्रकार हमारे सभी कर्म-इच्छा का परिणाम/फल रायल्टी के रूप में सार्वभौम आत्मा द्वारा प्रदान किये जा रहे हैं। उसी प्रकार मानव समाज के वस्तुओं से सम्बन्धित व्यापार में भी उसके साथ किये गये कर्म के भी परिणाम/फल रायल्टी के रूप में प्राप्त होनी चाहिए। मौलिक खोज/आविष्कार के साथ रायल्टी का प्राविधान बढ़ते बौद्धिक विकास के साथ तो है ही परन्तु यदि किसी कम्पनी के उत्पाद का प्रयोग हम करते हैं तो ये उस कम्पनी के साथ किया गया हमारा कर्म भी रायल्टी के श्रेणी में आता है क्योंकि हम ही उस कम्पनी के विकास में योगदान देने वाले हैं। रायल्टी का सीधा सा अर्थ है-हमारे कर्मों का परिणाम/फल हमें मिलना चाहिए। जिस प्रकार ईश्वर हमें जन्म-जन्मान्तर तक परिणाम/फल देता है, उसी प्रकार मनुष्य निर्मित व्यापारिक संस्थान द्वारा भी हमें उसका परिणाम/फल मिलना चाहिए।

वर्तमान समय में स्थिति यह है कि भले ही कच्चा माल (रा मैटिरियल) ईश्वर द्वारा दी गई है लेकिन उसके उपयोग का रूप मनुष्य निर्मित ही है और हम उससे किसी भी तरह बच नहीं सकते। जिधर देखो उधर मनुष्य निर्मित उत्पाद से हम

घिरे हुए हैं। हमारे जीवन में बहुत सी दैनिक उपयोग की ऐसी वस्तुएँ हैं जिनके उपयोग के बिना हम बच नहीं सकते। बहुत सी ऐसी निर्माता कम्पनी भी है जिनके उत्पाद का उपयोग हम वर्षों से करते आ रहे हैं लेकिन उनका और हमारा सम्बन्ध केवल निर्माता और उपभोक्ता का ही है जबकि हमारी वजह से ही ये कम्पनी लाभ प्राप्त कर आज तक बनी हुयी हैं, और हमें उनके साथ इतना कर्म करने के बावजूद भी हम सब को रायल्टी के रूप में कुछ भी प्राप्त नहीं होता। जबकि स्थायी ग्राहक बनाने के लिए रायल्टी देना कम्पनी के स्थायित्व को सुनिश्चित भी करता है।

3-एफ (3-F: Fuel-Fire-Fuel) विपणन प्रणाली, चूँकि भारतीय आध्यात्म एवं दर्शन आधारित स्वदेशी विपणन प्रणाली और एक सत्य मानक विपणन प्रणाली है इसलिए भारत के जो भी नेतृत्वकर्ता ये चाहते हों कि भारत को सोने की चिड़िया बनायेंगे और आध्यात्मिक और दार्शनिक विरासत के आधार पर एक भारत - श्रेष्ठ भारत का निर्माण करेंगे, उन्हें उत्पाद के ऐसे क्षेत्र में जो मनुष्य के लिए उपयोग करना मजबूरी हो, उस क्षेत्र के विपणन कम्पनी/संगठन को इस प्रणाली का संचालन अनिवार्य कर देना चाहिए और अन्य क्षेत्र में विपणन स्वैच्छिक रूप से चलते रहने देना चाहिए। अनिवार्य करने के क्षेत्र ये हो सकते हैं जैसे - शिक्षा क्षेत्र, दैनिक उपभोग के वस्तु क्षेत्र।

लोकल – वोकल (LOCAL - VOCAL) का अर्थ

सम्पूर्ण ब्रह्माण्ड की व्यवस्था, एक स्वायत्तशासी स्वतन्त्र इकाई होते हुये भी अपने से बड़े स्वायत्तशासी स्वतन्त्र इकाई के अधीन रहकर है। शरीर की एक कोशिका से लेकर शरीर तक की यही व्यवस्था है। दूसरे रूप में पहले छोटी इकाई अपनी पूर्ति करती है फिर अधिक होने पर अपने से बड़ी स्वायत्तशासी स्वतन्त्र इकाई को वह स्थानान्तरित करती है। इस प्रकार पहले सबसे छोटे स्थानीय चक्र से विस्तार करते हुये अन्ततः वह सर्वोच्च और अन्तिम ब्रह्माण्डीय विस्तार के अन्तिम चक्र में समाहित होता है। यही विकेन्द्रीकृत प्रणाली है, यही सार्वभौम आत्मा का सार्वभौम सत्य-सिद्धान्त है और इस पर निर्भर प्रणाली ही आत्मनिर्भर का सत्य रूप है। यही स्वदेशी है और इसको व्यवहार में लाने की प्रेरणा ही लोकल-वोकल अर्थात स्थानीय के लिए आवाज उठाना है। यही "वैश्विक सोच - स्थानीय कार्यवाही (THINK GLOBAL-ACT LOCAL)" है।

उपरोक्त सूत्र विचार नहीं, सार्वभौम सत्य-सिद्धान्त है जो कभी बदला नहीं जा सकता, और सम्पूर्ण ब्रह्माण्ड पर प्रभावी है। इस अनुसार ही मानवीय प्रणाली विकसित करने पर व्यवस्थाएँ संतुलन युक्त विकास की ओर विकसित होती है। इसके कुछ उदाहरण इस प्रकार हो सकते हैं-

1. सिंचाई के लिए छोटे-छोटे बाँध से प्रारम्भ होकर बड़े बाँध की ओर गति।
2. आर्थिक प्रणाली में जिला सतर पर जमा किये जाने वाले स्थानीय निवासी के कुल धन में से अधिकतम का निवेश जिला स्तर पर उसके उपरान्त प्रदेश और देश तथा विश्व की ओर गति।
3. खाद्यान्न भण्डारण में पंचायत स्तर पर भण्डारण की व्यवस्था और आपूर्ति के उपरान्त बड़े क्षेत्र के स्तर की ओर गति।
4. जिला स्तर पर उत्पादित वस्तुओं का प्राथमिकता से प्रयोग उसके उपरान्त बड़े क्षेत्र के द्वारा उत्पादित वस्तु का प्रयोग।

किसी भी देश के लिए उपरोक्त प्रणाली स्वैच्छिक न होकर बाध्यकारी नीति के आधार पर होनी चाहिए तभी विकास में गति आ सकती है और देश का निरन्तर विकास सम्भव है। किसी भी विषय का केंद्रीकरण (Centralization) समस्या और विकेंद्रीकरण (De-centralization) समस्या को कम करता है।

मानने से,
मानने वाले का कोई कल्याण नहीं होता,
कल्याण तो,
सिर्फ जानने वालों का ही होता रहा है,
होता है और होता रहेगा।

भाग – 1

परियोजना पुनर्निर्माण (PROJECT RENEW)

परियोजना पुनर्निर्माण (PROJECT RENEW) परिचय

वेबसाइट www.64inch.com और एप्प (App) 64INCH-SHIVA - परिचय

नाम में 64 क्यों ?

नाम में INCH क्यों?

नाम में SHIVA क्यों ?

अवधारणा (Concept)

वैधानिक (LEGAL) स्थिति

उद्देश्य

"भारत को विश्व गुरू बनाना व अच्छे दिन लाना, यह फल है जिसका जड़ व्यक्ति के मस्तिष्क और गाँव में है। जड़ को मजबूत करने से भारत नामक वृक्ष से अपने आप फल निकलने लगेगें। परियोजना पुनर्निर्माण (PROJECT RENEW) व्यक्ति के मस्तिष्क को मजबूत करने का ही कार्यक्रम है। शेष व्यक्ति व शासन मिलकर पूरा कर लेगें इसका हमें विश्वास है।"

-64inch.foundation

परियोजना पुनर्निर्माण (PROJECT RENEW): परिचय

व्यवसाय को इस प्रकार परिभाषित किया जा सकता है-"व्यवसाय एक ऐसी क्रिया है, जिसमें लाभ कमाने के उद्देश्य से वस्तुओं अथवा सेवाओं का नियमित उत्पादन क्रय-विक्रय तथा विनिमय सम्मिलित है" जिसके आर्थिक उद्देश्य, सामाजिक उद्देश्य, मानवीय उद्देश्य, राष्ट्रीय उद्देश्य, वैश्विक उद्देश्य व सामाजिक उत्तरदायित्व होते हैं।

आविष्कृत युगांतकारी सार्वभौम सत्य सिद्धांत पर आधारित अनेक आविष्कार को स्थापित करना ही हमारा परियोजना पुनर्निर्माण (PROJECT RENEW) है। हमारा व्यवसाय - परियोजना पुनर्निर्माण (PROJECT RENEW) डब्ल्यू.एस. (WS)-000 के अनुसार है ऐसा क्यों है इसके लिए पुस्तक **व्यापार केन्द्र (TRADE CENTRE)-दृश्य सत्य (ISBN-9781649835482)** डाउनलोड करके देखा जा सकता है। परियोजना पुनर्निर्माण (PROJECT RENEW) के निम्न भाग हैं-

शास्त्र-साहित्य - शास्त्र-साहित्य को वेबसाइट **www.64inch.com** और एप्प (App) **64INCH-SHIVA** के Menu **CORE WEBSITE** को देखा जा सकता है। "सार्वभौम सत्य-सिद्धान्त" पर आधारित "युग परिवर्तन श्रृंखला" के 64 शास्त्र-साहित्य हैं जो मानवता के अगली पीढ़ी के उदय के लिए नये युग में नये क्रियान्वयन प्रणाली (Operation System) -मानव-10 (MANAV-10) के द्वारा है। अनेक भाषाओं में उपलब्ध शास्त्र-साहित्य वेबसाइट www.moralrenew.com से खरीदी जा सकती हैं।

परियोजना - परियोजना पुनर्निर्माण (PROJECT RENEW) को स्थापित और संचालित करने की योजना को वेबसाइट **www.64inch.com** और एप्प (App) **64INCH-SHIVA** के Menu **OFFICIAL WEBSITE** को देखा जा सकता है।

फण्ड प्रबंध - फण्ड प्रबंध के लिए "भारतीय आध्यात्म एवं दर्शन आधारित स्वदेशी विपणन प्रणाली: 3-एफ (3-F: Fuel-Fire-Fuel)", "लोकल-वोकल" और "क्रिप्टोकरेन्सी" आधारित बनाया गया है ।

1	**LOCAL-VOCAL, CASHLESS AND VOTING BASED WEBSITE - www.64inch.com** App Name - 64INCH-SHIVA (Local-Vocal & Voter Community Help)	
2	**Profession Networking & AD BASED MINING APP** **(** App Name - 64INCH NETWORK)	
3	**RENEW BOOK READING BASED MINING APP** App Name - 64INCH BOOK **(Real Standard Education)**	

वेबसाइट www.64inch.com: परिचय

अस्वीकरण (Desclaimer)

कापीराइट (Copyright) लेखकाधीन प्रकाशित पुस्तक **“सम्पूर्ण क्रान्ति-अन्तिम कार्य योजना (ISBN-9781649834607)”** और **सम्पूर्ण क्रान्ति-वेबसाइट मार्गदर्शन विवरणिका (ISBN-9781636062808)** में प्रकाशित योजना के आधार पर **वेबसाइट www.64inch.com और 3 एप्प (App) 64Inch-SHIVA** (Local-Vocal App), **64Inch-NETWORK** (Real Profession Network App) और **64Inch-BOOK** (Real Standard Education App) है। को सत्य राष्ट्रभक्त नागरिक समूह द्वारा भारतीय संविधान के धारा-51 (ए): नागरिक का मौलिक कर्तव्य के अनुसार भारत को उत्तरोत्तर विकास की ओर ले जाने के उद्देश्य से यह साफ्टवेयर डेवलप किया गया है।

इस साफ्टवेयर को डेवलप करने वाले और उपयोग करने वाले इसके किसी भी विवाद के जिम्मेदार नहीं होंगे।

नाम में 64 क्यों ?

नाम में 64 क्यों है इसके गणित, विज्ञान, तकनीक अन्य क्षेत्रों और भारत क्षेत्र से निम्न कारण हैं-

गणित में 64

चौंसठ (64), 8 का वर्ग (square), 4 का घन (cube) और 2 की छठी शक्ति (sixth power) है। यह सात विभाजकों वाली सबसे छोटी संख्या है। यह दो में से सबसे कम धनात्मक शक्ति है जो न तो मेर्सेन प्राइम (Mersenne prime) और न ही फर्मेट प्राइम (Fermat prime) के निकट है। 64 पहले चौदह पूर्णांकों के लिए यूलर के कुल फलन (Euler's totient function) का योग है। यह एक द्वादशकोणीय संख्या (Dodecagonal number) और एक केन्द्रित त्रिकोणीय संख्या (Centered triangular number) भी है। 64 पहली पूर्ण संख्या (1 से बड़ी) भी है जो एक पूर्ण वर्ग (Perfect square) और एक पूरण घन (Perfect cube) दोनों है। चूँकि 64 लगातार पूर्णांकों के क्रम को खोजना संभव है, जैसे कि प्रत्येक आंतरिक सदस्य पहले या अंतिम सदस्य के साथ एक कारक साझा करता है, 64 एक एर्दोस-वुड्स संख्या (Erdős–Woods number) है। आधार 10 में, कोई पूर्णांक अपने स्वयं के अंकों तक नहीं जोड़ा जाता है, जो 64 उत्पन्न करता है, इसलिए यह एक स्वयं संख्या है। 64 एक सुपरपरफेक्ट संख्या है। 64 तेजी से बढ़ते क्रम में ग्राहम की संख्या (Graham's number) का सूचकांक है। चौथे आयाम (Fourth Dimension) में, डुओप्रिज्म (Duoprisms) और एंटीप्रिज्मेटिक (Antiprismatic) प्रिज्म के दो अनंत परिवारों और 64 ब्रावाइस लैटिस (Bravais lattices) के अलावा 64 एकसमान पॉलीकोरा (Polychora) हैं।

विज्ञान में 64

गैडोलिनियम (Gadolinium), रासायनिक चिन्ह: Gd, एक भौतिक तत्त्व है। इसका सिंबल “Gd” और एटॉमिक नंबर 64 है। यह रंग में चांदी जैसा है, और बहुत ही कम पाया जाता है।

तकनीक में 64

कुछ कंप्यूटर प्रोग्रामिंग भाषाओं में, निश्चित डेटा प्रकारों के बिट्स में आकार, 64-बिट कंप्यूटिंग। एक 64-बिट पूर्णांक 18,446,744,073,709,551,616 मानों का प्रतिनिधित्व कर सकता है। बेस (Base) 64 का उपयोग Base 64 एन्कोडिंग और अन्य डेटा संपीड़न स्वरूपों के साथ किया जाता है। 8-बिट होम कंप्यूटर में, कमोडोर (Commodore) 64 के लिए एक सामान्य आशुलिपि। ASCII कोड 64 @ चिह्न के लिए है। निंटेंडो (Nintendo) 64 वीडियो गेम कंसोल और (ऐतिहासिक रूप से) कमोडोर (Commodore) 64, 1996 के बाद से, संख्या 64 सुपर मारियो (Super Mario) 64, मारियो कार्ट (Mario Kart) 64 और अधिक खेलों के साथ निंटेंडो (Nintendo) 64 (हालांकि N64 अधिक सामान्य है) के लिए एक संक्षिप्त नाम है। स्मैश (Smash) 64 शब्द में 64 का उपयोग किया गया है, जिसका उपयोग सुपर स्मैश ब्रदर्स (वीडियो गेम) को सुपर स्मैश ब्रदर्स श्रृंखला के नाम से अलग करने के लिए किया जाता है। Minecraft में ढेर करने योग्य वस्तुओं की संख्या अधिकतम 64 है। 64-बिट विंडोज (64-Bit Windows) कंप्यूटर संचालन प्रणाली।

अन्य क्षेत्रों में 64

- वर्ष 1957 तक, भारतीय मुद्रा रुपया 64 पैसे का था। इसी तरह पाकिस्तानी रुपया भी 1961 तक 64 पैसे का था।
- शतरंज या ड्राफ्ट में, 8 बटा 8 गेम बोर्ड पर काले (गहरे) और सफेद (हल्के) वर्गों की कुल संख्या 64
- एक मानक बेज्वेल्ड गेम बोर्ड में रत्नों की कुल संख्या 64
- 64 एक पूर्व रूसी शतरंज पत्रिका का नाम था
- न्यूज़ीलैंड के लिए अंतर्राष्ट्रीय डायरेक्ट डायल कॉल के लिए कोड (+64)
- बीटल्स गीत का विषय "व्हेन आई एम सिक्सटी-फोर (When I'm Sixty-Four)"
- अमेरिकी नौसेना के विमानवाहक पोत यूएसएस कांस्टेलेशन (CV-64) की रजिस्ट्री
- पुराने 6-डॉट सिस्टम में ब्रेल वर्णों की संख्या 64
- किसी भी चीनी वर्ण में स्ट्रोक की अधिकतम संख्या 64
- आई चिंग (I Ching) में हेक्साग्राम की संख्या 64
- फ्रांसीसी विभाग पाइरेनीस-अटलांटिक्स की संख्या 64
- लोकप्रिय क्रायोला 64 पैक में क्रेयॉन की संख्या 64
- जेनेटिक कोड के तहत आरएनए कोडन टेबल में कोडन की संख्या 64
- हनोई की मीनार के मिथक में स्वर्ण चक्रों की संख्या 64
- चीनी में 1989 के तियानमेन स्क्वायर विरोध प्रदर्शन का जिक्र करते हुए एक संख्या (चीनी: 六四事件; शाब्दिक रूप से 'छह चार घटनाएं')
- "64" हिप-हॉप समूह मेलोहाइप द्वारा उनके एल्बम ब्लैकनेड व्हाईट से एक गीत का शीर्षक है
- 1, 2, 4, 6, 8, 16, 32 द्वारा इसकी विभाज्यता के कारण ब्रिटिश रजिस्ट्री के तहत एक जहाज या नाव में शेयरों की संख्या
- 64 जू लेन (64 Zoo Lane,), एक ब्रिटिश एनिमेटेड बच्चों की टीवी श्रृंखला

भारत में 64

- भारतीय शास्त्रों में सृष्टि के उत्पत्ति को 64 आयाम में वर्णित किया गया है। जिसे Youtube के Channel http://www.youtube.com/@TereMereRam से देखा जा सकता है।
- कई भारतीय शास्त्रों में सूचीबद्ध शास्त्रीय कलाओं की संख्या। इनमें शामिल हैं: गायन, नृत्य, पेंटिंग, कविता, ताश खेलना, बहस करना, फूलों की माला बनाना आदि।
- भारतीय दंड संहिता की धारा-64, जुर्माना न देने पर कारावास की सजा।
- चौंसठ (64) योगिनी - बहुत प्राचीन दिनों में, आठ महान महिला देवी शक्तियाँ प्रमुख देवताओं की ब्रह्मांडीय आत्मा से निकलीं और काली दुर्गा, सार्वभौमिक शक्ति शक्ति का गठन किया, ये बाद की सभी योगिनियों की भव्य माताएँ (अष्ट मातृकाएँ) थीं। कौल तंत्र के अनुसार, इन आठों ने बारी-बारी से आठ दिव्य शक्तियाँ प्रकट कीं, जिसके परिणामस्वरूप 64 तांत्रिक योगिनियाँ हुईं। इन 64 शक्तिशाली देवी के पास आपकी इच्छाओं को पूरा करने, नकारात्मकता और भय को दूर भगाने, दुर्भाग्य को रोकने और आपको ज्ञान, शांति, चारों ओर समृद्धि, अच्छी संतान और सभी प्रकार की शुभता देने के लिए अद्वितीय व्यक्तित्व और शक्तियां हैं।
- 64 कला - कला का अर्थ संस्कृत में प्रदर्शन कला है। हिंदू शास्त्रों में, शिव कला के स्वामी हैं। भारतीय साहित्य में कलाओं की अलग-अलग गणना दी गयी है। कामसूत्र में 64 कलाओं का वर्णन है। इसके अतिरिक्त "प्रबन्ध कोश" तथा "शुक्रनीति सार" में भी कलाओं की संख्या 64 ही है। "ललितविस्तर" में तो 86 कलाएँ गिनायी गयी हैं। शैव तन्त्रों में 64 कलाओं का उल्लेख मिलता है।
- वात्स्यायन ने जिन 64 कलाओं की नामावली कामसूत्र में प्रस्तुत की है उन सभी कलाओं के नाम यजुर्वेद के तीसवें अध्याय में मिलते हैं। इस अध्याय में कुल 22 मन्त्र हैं जिनमें से चौथे मंत्र से लेकर बाईसवें मंत्र तक उन्हीं कलाओं और कलाकारों का उल्लेख है।
- ईश्वर के अन्तिम अवतार - कल्कि अवतार को 64 कलाओं से युक्त माना जाता है। जिसे Youtube के अनेक Channel से देखा जा सकता है। कुछ मुख्य निम्नलिखित हैं

क्र.सं.	चैनल का नाम	चैनल लिंक
1	Kalki News	http://www.youtube.com/@KalkiNews
2	Kalki Avatar – The World Ruler	http://www.youtube.com/@WorldRuler
3	KALKI777	http://www.youtube.com/@jaishreeverma102
4	Acharya Salil	http://www.youtube.com/@acharyasalil2484
5	Ambrance	http://www.youtube.com/@ambrance8726
6	UPKARVAN TRUST	http://www.youtube.com/@upkarvantrust369kalki
7	The Quest	http://www.youtube.com/@TheQuestURL
8	Occult Love	http://www.youtube.com/@OccultLove
9	Aditya vahini (Delhi)	http://www.youtube.com/@powerofshankarathehindu9825

- "सार्वभौम सत्य-सिद्धान्त" पर आधारित "युग परिवर्तन श्रृंखला" के 64 शास्त्र-साहित्य हैं मानवता के अगली पीढ़ी के उदय के लिए "नये युग" में "नये भारत" के लिए "नवीन मान-राग-प्राण" पर आधारित नये क्रियान्वयन प्रणाली (Operation System) - मानव-10 (MANAV-10) के द्वारा है। शास्त्र-साहित्य को वेबसाइट **www.64inch.com** और एप्प (App) **64INCH-SHIVA** के Menu **CORE WEBSITE** को देखा जा सकता है। अनेक भाषाओं में उपलब्ध शास्त्र-साहित्य अमेजन (Amazon) सहित अनेक वेबसाइट से खरीदी जा सकती हैं। गूगल (Google) से सर्च करें।

नाम में INCH क्यों?

- संज्ञा (noun) अर्थ में - लंबाई की एक माप इंच (1 इंच = 2.54 से. मी.) पारम्परिक रूप से, अतीत में, एक इंच दूरी का अर्थ कोई निश्चित दूरी नहीं थी बल्कि इसका परिमाण अलग-अलग समझा जाता था। किन्तु अब इंपीरियल या अमेरिकी सन्दर्भों में 1 इंच को 25.4 मिलीमीटर के बराबर पारिभाषित किया गया है। 12 इंच की दूरी को एक फुट कहते हैं तथा 36 इंच की दूरी को 1 गज। इंच को " संकेत द्वारा प्रदर्शित किया जाता है। जैसे, 8" = आठ इंच।
- क्रिया (verb) अर्थ में - निर्दिष्ट दिशा में मंद गति से और सावधानी के साथ आगे बढ़ना।
- आधुनिक क्रिप्टोकरेंन्सी (cryptocurrency) अर्थ में - 1 इंच नेटवर्क (https://1inch.io)- विकेन्द्रीकृत (Decentralized) प्रोटोकॉल के लिए एक वितरित नेटवर्क जो डेफी (DeFi - Decentralized Finance) में सबसे आकर्षक, सबसे तेज़ और संरक्षित संचालन को सक्षम करता है।

नाम में SHIVA क्यों ?

आध्यात्मिक अर्थ में

- शंकर या महादेव आरण्य संस्कृति जो आगे चल कर सनातन शिव (SHIVA) धर्म नाम से जाने जाते है में सबसे महत्वपूर्ण देवताओं में से एक है। वह त्रिदेवों में एक देव हैं। इन्हें देवों के देव महादेव भी कहते हैं। इन्हें भोलेनाथ, शंकर, महेश, रुद्र, नीलकंठ, गंगाधार आदि नामों से भी जाना जाता है। तंत्र साधना में इन्हे भैरव के नाम से भी जाना जाता है। वेद में इनका नाम रुद्र है। यह व्यक्ति की चेतना के अन्तर्यामी हैं। शिव अधिक्तर चित्रों में योगी के रूप में देखे जाते हैं और उनकी पूजा शिवलिंग तथा मूर्ति दोनों रूपों में की जाती है।
- सृष्टि की उत्पत्ति, स्थिति एवं संहार के अधिपति शिव हैं। त्रिदेवों में भगवान शिव संहार के देवता माने गए हैं। शिव अनादि तथा सृष्टि प्रक्रिया के आदि स्रोत हैं और यह काल महाकाल ही ज्योतिषशास्त्र के आधार हैं। शिव का अर्थ यद्यपि कल्याणकारी माना गया है, लेकिन वे हमेशा लय एवं प्रलय दोनों को अपने अधीन किए हुए हैं। शिव सभी को समान दृष्टि से देखते है इसलिये उन्हें महादेव कहा जाता है।

- भगवान शिव को रूद्र नाम से जाता है रुद्र का अर्थ है रुत दूर करने वाला अर्थात दुखों को हरने वाला अतः भगवान शिव का स्वरूप कल्याण कारक है।
- रामायण में भगवान राम के कथन अनुसार शिव और राम में अंतर जानने वाला कभी भी भगवान शिव का या भगवान राम का प्रिय नहीं हो सकता। शुक्ल यजुर्वेद संहिता के अंतर्गत रुद्र अष्टाध्याई के अनुसार सूर्य इंद्र विराट पुरुष हरे वृक्ष, अन्न, जल, वायु एवं मनुष्य के कल्याण के सभी हेतु भगवान शिव के ही स्वरूप है भगवान सूर्य के रूप में वह शिव भगवान मनुष्य के कर्मों को भली-भांति निरीक्षण कर उन्हें वैसा ही फल देते हैं आशय यह है कि संपूर्ण सृष्टि शिवमय है मनुष्य अपने अपने कर्मानुसार फल पाते हैं अर्थात स्वस्थ बुद्धि वालों को वृष्टि जल अन्य आदि भगवान शिव प्रदान करते हैं और दुर्बुद्धि वालों को व्याधि दुख एवं मृत्यु आदि का विधान भी शिवजी करते हैं।

आधुनिक अर्थ में

सामाजिक हथौड़ा इंटरनेट वोटिंग ऐप (Social Hammer Internet Voting App) का संक्षिप्त (Abbreviation) नाम SHIVA है। इस प्रणाली में कार्य करने वाले नेतृत्वकर्ता (Leader) को शिव (SHIVA) भी कहा जा सकता है क्योंकि वे ही अपने सम्बन्धियों के कल्याण का मार्गदर्शन करते हैं।

वेबसाइट www.64inch.com और एप्प (App) 64INCH-SHIVA नाम क्यों

समभाव से युक्त होकर सभी के कल्याण और विकास के लिए उपरोक्त अर्थ को सत्यार्थ करने व व्यावहारिकता में लाने के लिए वेबसाइट और एप्प का नाम www.64inch.com और 64INCH-SHIVA रखा गया है। जो कार्यों से जाना जा सकता है।

अवधारणा (Concept)

ईश्वर हैं या नहीं हैं ये एक सदैव से अनसुलझा रहस्य है और होने या न होने का प्रमाण व्यक्तिगत प्रमाणित है लेकिन सार्वजनिक प्रमाणित और सामूहिक रूप से दिखने वाला यह ब्रह्माण्ड हम सभी के सामने है। जब कृति/रचना सामने है तो रचनाकर्ता भी होगा ही चाहे उसका रूप कुछ भी हो। उसकी यह रचना एक ही सार्वभौम सत्य-सिद्धांत से संचालित है अर्थात एक प्रणाली से बंधा हुआ है और प्रत्येक वस्तु उस प्रणाली में होते हुए भी स्वत्रन्त्र इकाई के अनुसार ही है। इसी को धर्म शास्त्रों में कहा गया – **"सृष्टिकर्ता, सृष्टि करने के बाद स्वयं को उसी रचना में ही स्थित किया (समा गया)"**

वेबसाइट **www.64inch.com** और एप्प (App) **64INCH-SHIVA** उपरोक्त अवधारणा का ही डिजिटलाइजेशन (digitalization) है अर्थात एक प्रणाली होते हुए भी इसके उपयोगकर्ता स्वतंत्र हैं यही विकेन्द्रित (De-centralized) प्रणाली कही जाती है।

विस्तार के लिए वेबसाइट **www.64inch.com** और एप्प (App) **64INCH-SHIVA** के Menu **FAQ** से पुस्तक **व्यापार केन्द्र (TRADE CENTRE)-दृश्य सत्य (200 Pages)** डाउनलोड किया जा सकता है। और भी विस्तार के लिए वेबसाइट **www.64inch.com** और एप्प (App) **64INCH-SHIVA** के Menu **CORE WEBSITE** को देखा जा सकता है।

वैधानिक (LEGAL) स्थिति

विकेन्द्रीकृत प्रणाली होने के कारण इसके समस्त कार्यवाही इसके **उपयोगकर्ता (USER)/ लीडर (LEADER)** से ही संचालित होते हैं। ना कोई मैनेजिंग डायरेक्टर और ना ही कोई कम्पनी। भारत में कोई भी कम्पनी पंजीकृत हो जाने मात्र से उसमें निवेश किये गये धन के जिम्मेदारी की गारन्टी नहीं हो जाती, सरकारी बैंकों में भी आपका धन चाहे जितना जमा हो सरकार केवल रूपये 5 लाख तक का ही जिम्मेदारी लेती है। कम्पनी पंजीकृत होना केवल कार्य प्रारम्भ के लिए और कर (Tax) जमा करने की सरकार को एक सूचना मात्र होती है। इतने घोटाले हुये और कम्पनी ग्राहकों का धन ले कर भाग गयी तो वैधानिक (LEGAL) का क्या अर्थ है सब आपके सामने है। वेबसाइट **www.64inch.com** और एप्प (App) **64INCH-SHIVA** इस समस्या को ही समाप्त करता है और विकेन्द्रीकृत करते हुये **उपयोगकर्ता (USER)/ लीडर (LEADER)** को ही

अधिकृत करता है। वेबसाइट **www.64inch.com** और एप्प (App) **64INCH-SHIVA**, लोकल-वोकल को सफल करने के लिए और पंजीकृत सदस्य के धन को पूर्ण सुरक्षा के साथ लाभ देने का एक साफ्टवेयर मात्र है।

लोकल-वोकल के लिए डिजिटलाइजेशन – वेबसाइट **www.64inch.com** और एप्प (App) **64INCH-SHIVA** प्रणाली, समाज समर्थित प्रणाली है जबकि ऐसे प्रणाली को किसी भी देश की सरकार अपनाकर अपने नागरिकों को एक बेहतरीन आर्थिक सुरक्षा का अवसर दे सकती है। उदाहरणस्वरूप भारत के लिए- नागरिकों को दी जाने वाली सभी प्रकार के अनुदान को हटाकर सीधे उनके खाते में धन भेजा जाये और यह धन केवल वह अपने जीवन के आवश्यक सामग्री और वह भी जिले में ही उत्पादित वस्तु को खरीदने में ही खर्च करने को बाध्य रहे तो सफलतापूर्वक लोकल-वोकल के उद्देश्य को पाया जा सकता है साथ ही देश के सुख और आर्थिक विकास का स्थायी समाधान भी।

वर्तमान समय में बहुत से वेबसाइट (Website) और एप्प App) खेलों पर दाव/ सट्टा (Bet) लगाकर धन बनाने पर आधारित हैं जबकि हमारा वेबसाइट **www.64inch.com** और एप्प (App) **64INCH-SHIVA** ऐसा कुछ न करके भारत सरकार के विचारों का कार्यरूप है।

यदि सरकार ही न चाहे कि नागरिक आत्मनिर्भर और खुशहाल हों तो हमारा वेबसाइट **www.64inch.com** और एप्प (App) **64INCH-SHIVA** गैरकानूनी है। भारतीय आध्यात्म एवं दर्शन आधारित **स्वदेशी विपणन प्रणाली: 3-एफ (3-F: Fuel-Fire-Fuel)**, इसके अविष्कारक द्वारा कॉपीराइट है। बिना अनुमति के इस प्रणाली का प्रयोग पूर्णतया गैरकानूनी होगा।

उद्देश्य

मूल उद्देश्य "आत्मनिर्भर" की प्राप्ति के लिए "लोकल-वोकल" पर आधारित भारतीय आध्यात्म-दर्शन सिद्धान्त के अनुसार मानक विपणन प्रणाली 3F (Fuel-Fire-Fuel) से युक्त साफ्टवेयर वेबसाइट **www.64inch.com** और एप्प (App) **64INCH-SHIVA** है। व्यावहारिक उद्देश्य निम्नलिखित हैं-

1. स्मार्ट फ़ोन और इंटरनेट से युक्त होते नयी पीढ़ी को उससे "न्यूनतम जीवन रक्षक आय" प्राप्त करने के योग्य प्रणाली देना। जिससे उनकी क्रय शक्ति का विकास हो और सरकार को कर (Tax) प्राप्ति में विकास हो। साथ ही स्थानीय (Local) उत्पादक इकाईयों का उत्पादन बढ़े।
2. "लोकल-वोकल", "कैश लेस" और "डिजिटल" आधारित व्यापार को बढ़ावा देना।
3. व्यापार ज्ञान का विकास कराते हुये मतदाता समाज (Voter Society) आधारित व्यापार को बढ़ावा देना।
4. भविष्य की तैयारी के लिए क्रिप्टोकरेन्सी के प्रति जागरूक करना।
5. सामूहिक सोच द्वारा समाज और देश के प्रति कर्त्तव्य का विकास करना।

कम्पनी बल (COMPANY FORCE) में कम्पनी की प्राथमिकता प्रणाली को आगे बढ़ाने में होती है। टीम बल (TEAM FORCE) में टीम की प्राथमिकता प्रणाली को आगे बढ़ाने में होती है। जबकि मानवीय बल (MAN FORCE) में व्यक्ति की आवश्यकता ही प्रणाली को आगे बढ़ाने में स्वतः होती है। FACEBOOK, TWITTER, WHATSAPP, TELEGRAM इत्यादि मानवीय बल (MAN FORCE) के उदाहरण हैं। इन सोशल वेबसाइट पर व्यक्ति स्वयं अपनी आवश्यकता के लिए पंजीकृत होते हैं। कम्पनी/संगठन इस पर पंजीकरण करने के लिए कोई सेमिनार या दबाव नहीं डालती क्योंकि ये सब आपके स्वयं के विकास के लिए संसाधन होते हैं। प्रणाली मतदाताओं के न्यूनतम आय के लिए जीवन से जुड़ा साधन है।

भाग – 3: प्रायोगिक

परियोजना के चरण (Phases of Project)
प्रणाली (System) और दृष्टि
संचालन
स्वयात्तशासी नियत्रंक

3. राज्य लीडर (STATE LEADER-SL)
4. पिन कोड लीडर (PIN CODE LEADER-PCL)

उपयोगकर्ता (USER)

6. निजी उपयोगकर्ता (PERSONAL USER)
7. लीडर (LEADER)
8. विधायक क्षेत्र लीडर (MLA AREA LEADER)
9. संसदीय क्षेत्र लीडर (MP AREA LEADER)
10. मोहल्ला ट्रेड सेन्टर (MOHALLA TRADE CENTRE)

मीनू (Menu) परिचय
Multi Level Marketing (MLM) और 3F (Fuel-Fire-Fuel) प्रणाली
आय के अवसर
निजी उपयोगकर्ता (PERSONAL USER) और लीडर (LEADER) को सुझाव
आय के लिए सीधा कार्य
माइनिंग एप्प (MINING APP)
किनके लिए? कैसे लाभकारी? पिन कोड क्षेत्र में क्या बिकने के लिए/जरूरत है हमेशा अपडेट
बेरोजगारों व एम. एल. एम नेटवर्करों को आमंत्रण
दान नहीं, व्यापार
सारांश - सीधी समझ

परियोजना के चरण (Phases of Project)

परियोजना पुनर्निर्माण (Project Renew) निम्न चरणों (Phases) से होकर पूर्ण होगा-

चरण (Phases)-1

- वेबसाइट (Website) और एप्प (App) का विकास और उपयोगकर्ता के लिए उपलब्ध कराना।
- FAQ में PDF फाइल उपलब्ध कराना।
- लोकल-वोकल (Local-Vocal) और धन लाभ के लिए 3F System का प्रारम्भ
- सोशल मीडिया लिंक (Social Media Link) देना
- नेटवर्क का विकास (Network Development)
- विज्ञापन और प्रचार-प्रसार

चरण (Phases)-2

- आधीकारिक वेबसाइट का विकास (Official Website Development)
- पेशा नेटवर्क का विकास (Profession Network Development)

चरण (Phases)-3

- मुख्य वेबसाइट का विकास (Core Website Development)
- क्रिप्टो माइनिंग एप्प का विकास (Crypto Mining App Development)
    - **64Inch-SHIVA**
    - **64Inch-Network**
    - **64Inch-Book**

"क्या आर्थिक विकास ही विकास है? आज विकास का जो स्वरूप दिख रहा है, इसका वीभत्स परिणाम भी ग्लोबल वार्मिंग, ग्लेशियर का पिघलना, मौसम मे बदलाव आदि के रूप में सामने दिख रहा है। हमें यह देखना होगा कि विकास की इस राह में हमने क्या खोया और क्या पाया। समाज शास्त्री विमर्श कर यह राह सुझायें जिससे विकास, विविधता व लोकतंन्त्र और मजबूत बनें। विकास वह है जो समाज के अन्तिम व्यक्ति को भी लाभान्वित करे। भारत में एकता का भाव, व्यक्ति का मान होना चाहिए क्योंकि इसमें ही देश का सम्मान निहित है। समाज के लोग आगे आयें और सरकारों पर दबाव बनायें। विविधता भारत की संस्कृति की थाती है। भारत की यह संस्कृति 5000 वर्ष से अधिक पुरानी व जीवन्त है। काशी ज्योति का शहर है क्योंकि यहाँ बाबा का ज्योतिर्लिंग है। यह ज्ञान व एकता की ज्योति है। इसके प्रकाश से यह शहर ही नहीं, बल्कि पूरा देश आलोकित हो रहा है। यह शहर ज्ञान की असीम पूँजी लिए देश को अपनी ओर बुला रहा है।"

(महात्मा गाँधी काशी विद्यापीठ, वाराणसी में भारतीय समाजशास्त्रीय सोसायटी के 40वें अधिवेशन के उद्घाटन समारोह) शनिवार, 29 नवम्बर 2014 ई0 (साभार - दैनिक जागरण, वाराणसी संस्करण, 30.11.2014)

- श्री प्रणव मुखर्जी, पूर्व राष्ट्रपति, भारत

प्रणाली (System) और दृष्टि

लोकल-वोकल के लिए डिजिटलाइजेशन – वेबसाइट **www.64inch.com** और एप्प (App) **64INCH-SHIVA** , न तो कोई कम्पनी है और ना ही कोई संगठन/पार्टी या दल, यह केवल एक उद्देश्य है जो नागरिक को केवल एक विकेन्द्रीकृत प्रणाली उपलब्ध कराते हुये विकास की मुख्यधारा को दिखा रहा है। साथ ही प्रत्येक नागरिक को उसके स्वयं के विकास के लिए मार्ग दे रहा है। लोकल-वोकल के लिए डिजिटलाइजेशन – वेबसाइट **www.64inch.com** और एप्प (App) **64INCH-SHIVA**, व्यक्ति के शिक्षा, सामाजिक-राष्ट्रीय चिन्तन और व्यापार पर आधारित है।

हमारा कार्य नागरिकों को कैसे और किन क्षेत्रों में लाभ देता है इसके लिए निम्नलिखित का क्रमिक अध्ययन आवश्यक है व्यापार का जन्म विचार से होता है। विचार पहले किसी एक व्यक्ति के अन्दर जन्म लेता है उसके उपरान्त भले ही वह कई व्यक्ति के समूह का बन जाये, अलग बात है। जब समूह का बन जाता है तब वह कम्पनी, कार्पोरेशन, एन.जी.ओ., ट्रस्ट और यदि अधिक शक्तिशाली हो तो राष्ट्र का व्यापार बन, समाज के सामने आता है। इसके कुछ उदाहरण इस प्रकार हैं-

- राजनीतिक क्षेत्र में एक ग्राम प्रधान/सभासद, क्षेत्र पंचायत सदस्य, क्षेत्र प्रमुख, जिला पंचायत सदस्य, जिला पंचायत अध्यक्ष, विधायक, सांसद, मंत्री इत्यादि बनने का विचार सर्वप्रथम उस व्यक्ति के मन में आता है। फिर वह बाहर व्यक्त होता है और उस लक्ष्य की प्राप्ति के लिए वह धन, सम्बन्ध, जन आधार इत्यादि का प्रयोग करता है।
- व्यापारिक क्षेत्र में व्यापार के वस्तु का विचार सर्वप्रथम व्यक्ति के अन्दर आता है फिर वह बाहर प्रोप्राइटरशिप, पार्टनरशिप, प्राइवेट लिमिटेड कम्पनी, लिमिटेड कम्पनी इत्यादि के रूप में बाहर आता है और उस व्यापार के लक्ष्य की प्राप्ति के लिए वह सरकारी प्रक्रिया, कार्यालय, उत्पाद निर्माण, विज्ञापन, प्रचार-प्रसार, कर्मचारी वेतन, योजना, प्रलोभन इत्यादि पर धन खर्च करता है।
- धार्मिक क्षेत्र में भी आजकल स्वयं के विचार के अनुसार स्वयं को लक्ष्य के अनुसार स्थापित करने के लिए व्यक्ति सरकारी प्रक्रिया, कार्यालय, उत्पाद निर्माण, विज्ञापन, प्रचार-प्रसार, कर्मचारी वेतन, योजना, प्रलोभन इत्यादि पर धन खर्च करता है।

उपरोक्त कर्म करने के बाद भी बहुत से व्यक्ति अपना लक्ष्य नहीं प्राप्त कर पाते फिर भी वे कोशिश जारी रखते हैं। जिस प्रकार भारत सरकार हो या प्रदेश सरकार घाटे में भी चलने के बावजूद अपना व्यापार, सामाजिक-जन कल्याण का कार्य बन्द नहीं करती बल्कि कर्ज लेकर भी उसे चलाते रहती है।

विभिन्न स्तर पर पर प्रणाली (System) के प्रति दृष्टि निम्न प्रकार से है-

1. व्यक्तिगत स्तर पर दृष्टि

व्यक्ति के पूर्णता के लिए निम्न आवश्यक होते हैं -

- **सामान्यीकरण (Generalization) शिक्षा - ज्ञान के लिए** - इसके शास्त्र-साहित्य को वेबसाइट www.64inch.com और एप्प (App) 64INCH-SHIVA के Menu CORE WEBSITE को देखा जा सकता है।
- **विशेषीकरण (Specialization) शिक्षा - कौशल (Skill) के लिए** - इसके लिए अनेक सरकारी और नीजी संस्थाएं होती हैं।
- **सत्य नेटवर्क (REAL NETWORK) शिक्षा - समाज में प्रकाशित होने के लिए** - इसके लिए वेबसाइट www.64inch.com और एप्प (App) 64INCH-SHIVA में प्रोफेशन नेटवर्किंग की सुविधा पिन कोड स्तर पर है। किसी भी पिन कोड के स्तर पर आप अनेक प्रोफेशन से सम्पर्क कर सकते हैं।
- **न्यूनतम जीवनयापन के लिए सुनिश्चित आय** - इसके लिए वेबसाइट www.64inch.com और एप्प (App) 64INCH-SHIVA में सुविधा है। आर्थिक लाभ के अवसर के लिए **परिचय पुस्तिका - प्रायोगिक (36 Pages - PDF)** पढ़ें।

2. सामाजिक स्तर पर दृष्टि

समाज के पूर्णता के लिए आवश्यक होता है कि ज्ञान का एकीकरण हो और प्रोफेशन के ज्ञान के अनुसार एक-दूसरे के सम्पर्क में रहकर विकास करें। ज्ञान का एकीकरण के लिए वेबसाइट www.64inch.com और एप्प (App) 64INCH-SHIVA के Menu CORE WEBSITE को देखा जा सकता है। प्रोफेशन के ज्ञान के अनुसार एक-दूसरे के सम्पर्क में रहने के लिए वेबसाइट www.64inch.com और एप्प (App) 64INCH-SHIVA में प्रोफेशन नेटवर्किंग की सुविधा पिन कोड स्तर पर है। किसी भी पिन कोड के स्तर पर आप अनेक प्रोफेशन से सम्पर्क कर सकते हैं।

3. देश स्तर पर दृष्टि

"सृष्टि" का अर्थ होता है- सम्पूर्ण ब्रह्माण्ड की रुकी स्थिति के आगे एकात्मता के साथ नवनिर्माण। "सृष्टि करने की स्थिति" में भूतकाल की चर्चा की स्थिति आ जाने पर उसे "सृष्टि रूकना" कहते हैं ऐसी ही स्थिति महाभारत युद्ध के समय श्रीकृष्ण के समक्ष आ गया था जब अर्जुन ने युद्ध से मना कर दिया था परिणामस्वरूप श्रीकृष्ण "गीता" उपदेश के लिए भूतकाल की चर्चा में उलझ गये थे। **"रचना" का अर्थ होता है-** उपलब्धता पर आधारित एकात्मता के साथ नवनिर्माण। **"विकास" का अर्थ होता है-** उपलब्धता पर आधारित नवनिर्माण। विकास का कोई लक्ष्य नहीं होता। जब विकास एकात्मता की ओर होती है तो वह रचना बन जाती है। विकास लक्ष्य विहिन होता है इसलिए कालान्तर में वह विनाश का रुप ले लेती है।

शिक्षा में सुधार, सामाजिक परिवर्तन या कोई अन्य समस्या पर सम्मेलन, सेमिनार, संवाद इत्यादि केवल समस्या विषय पर चिन्तन हैं। जैसे पौराणिक कथाओं में देवताओं का समस्या पर चिन्तन होता है लेकिन समस्या का हल ही ना निकले तो चिन्तन केवल एक आयोजन मात्र बनकर रह जाता है। हाँ, देश-विदेश में इस प्रकार के होने वाले आयोजन से निकले विचार उनके लिए महत्वपूर्ण जरूर बन जाता है जो कहीं दूर से इसे आकड़ें के रूप में देखते हुये मनुष्यों के लिए आवश्यकता समझते हुये हल पर कार्य करने वाले होते हैं। "ज्ञान का एकीकरण" की शिक्षा व्यक्ति और राष्ट्र का बौद्धिक विकास कराती है जिससे व्यक्ति व राष्ट्रीय सुख में वृद्धि होती है। "ज्ञान का एकीकरण" के लिए वेबसाइट www.64inch.com और एप्प (App) 64INCH-SHIVA के Menu CORE WEBSITE को देखा जा सकता है।

4. विश्व स्तर पर दृष्टि

"विश्व के परिवर्तन" और "नव सृष्टि निर्माण" निम्न मूल सिद्धान्त पर आधारित है। यदि यह सार्वजनिक रूप से सत्य है, स्वीकार है तो यह समझना चाहिए कि सार्वभौम समस्या समाधान के लिए विकसित प्रणाली पूर्णतया सार्वभौम सत्य सैद्धान्तिक है क्योंकि प्रणाली का विकास इन पर ही आधारित है चाहे वह समष्टि समाधान के लिए हो या व्यष्टि समाधान के लिए। ये सिद्धान्त हैं-

1. **सम्पूर्ण ब्रह्माण्ड में कुछ भी स्थिर नहीं है।**
2. **सभी स्वयं की स्थिरता और शान्ति के लिए गतिशील हैं।**
3. **उस सार्वभौम एकात्म (सार्वभौम आत्मा) का कोई नाम नहीं हैं, उसका नाम मानवीय भाषा के केवल शब्द हैं।**

इन सिद्धान्त पर आधारित सभी शास्त्र-साहित्य को वेबसाइट www.64inch.com और एप्प (App) 64INCH-SHIVA के Menu CORE WEBSITE को देखा जा सकता है।

"यदि हम संसार का मार्ग ग्रहण करेंगे और संसार को और अधिक विभाजित करेंगे तो शान्ति, सहिष्णुता और स्वतन्त्रता के अपने उद्देश्य में सफल नहीं हो सकते। यदि हम इस युद्ध- विक्षिप्त दुनियाँ को शान्ति और सत्य का प्रकाश दिखाएं तो सम्भव है कि हम संसार में कोई अच्छा परिवर्तन कर सकें। लोकतन्त्र से मेरा मतलब समस्याओं को शान्तिपूर्वक हल करने से है। अगर हम समस्याओं को शान्तिपूर्वक हल नहीं कर पाते तो इसका मतलब है कि लोकतन्त्र को अपनाने में हम असफल रहें हैं।"

- पं0 जवाहर लाल नेहरू, प्रथम प्रधानमंत्री, भारत

संचालन

व्यक्ति का शारीरिक-आर्थिक-मानसिक विकास और समाज सेवा निरन्तर चलने वाली प्रक्रिया है। इसके लिए किसी आकस्मिक घटना-दुर्घटना की प्रतीक्षा नहीं किया जा सकता।

भारत में लोकल-वोकल के लिए डिजिटलाइजेशन आविष्कृत भारतीय आध्यात्म एवं दर्शन आधारित स्वदेशी विपणन प्रणाली और एक सत्य मानक विपणन प्रणाली - **3-एफ (3-F: Fuel-Fire-Fuel) विपणन प्रणाली** का व्यापार संरचना निम्नलिखित के द्वारा संचालित होता है।

<table>
<tr><th colspan="2">स्वयात्तशासी नियत्रंक</th><th>उपयोगकर्ता (USER)</th></tr>
<tr><td rowspan="5">राज्य लीडर
(STATE LEADER-SL)</td><td rowspan="5">पिन कोड लीडर
(PIN CODE LEADER-PCL)</td><td>निजी उपयोगकर्ता (PERSONAL USER)</td></tr>
<tr><td>लीडर (LEADER)</td></tr>
<tr><td>विधायक क्षेत्र लीडर (MLA AREA LEADER)</td></tr>
<tr><td>संसदीय क्षेत्र लीडर (MP AREA LEADER)</td></tr>
<tr><td>मोहल्ला ट्रेड सेन्टर (MOHALLA TRADE CENTRE)</td></tr>
</table>

स्वयात्तशासी नियत्रंक

सामान्य नियम जानकारी

1. राज्य लीडर (STATE LEADER-SL) के लिए शुल्क रू0 1,111/- प्रति पिन कोड क्षेत्र प्रति वर्ष है अर्थात् कुल शुल्क = राज्य में कुल पिन कोड की संख्या x रू01,111
2. पिन कोड लीडर (PIN CODE LEADER-PCL) के लिए शुल्क रू0 20,000/- प्रति पिन कोड क्षेत्र है। शुल्क जीवन पर्यन्त के लिए एक बार (ONE TIME - LIFE TIME) के लिए है। और software रखरखाव के लिए शुल्क रू0 1,111/- प्रति पिन कोड क्षेत्र प्रति वर्ष है
3. राज्य लीडर (STATE LEADER-SL) या पिन कोड लीडर (PIN CODE LEADER-PCL) को दिया गया Admin ID, Password और ई-मेल (e-mail) ही उसके व्यापार की कुजी है।
4. कोई भी राज्य लीडर (STATE LEADER-SL) या पिन कोड लीडर (PIN CODE LEADER-PCL) किसी भी कारण से कार्य से मुक्त होने पर अपना Admin ID, Password और ई-मेल (e-mail) किसी अन्य को बेचने (Sale) या नियुक्त (Appoint) करने के लिए स्वतन्त्र है। इसके लिये उसे किसी से भी अनुमति प्राप्त करने की आवश्यकता नहीं है।
5. वेबसाइट **www.64inch.com** और एप्प (App) **64INCH-SHIVA** के **SHIVA** मीनू (Menu) से
   - **राज्य लीडर (STATE LEADER)** की सूची देख सकते हैं। साथ ही यदि नियुक्त हैं तो ई-मेल (e-mail) दिखेगा नहीं तो Apply करने का Option मिलेगा।
   - **पिन कोड लीडर (PIN CODE LEADER)** की सूची देख सकते हैं। साथ ही यदि नियुक्त हैं तो मोबाइल नम्बर दिखेगा नहीं तो Apply करने का Option मिलेगा।
6. राज्य लीडर (STATE LEADER-SL) के नियुक्त हुये बिना भी पिन कोड लीडर (PIN CODE LEADER-PCL) कार्य प्रारम्भ कर सकता है। पिन कोड लीडर (PIN CODE LEADER-PCL) से प्राप्त शुल्क रू0 21,111/- में से रू0 20,000 राज्य राज्य लीडर को उसकी नियुक्ति के उपरान्त उसे दे दिया जायेगा।

विशेष

परियोजना पुनर्निर्माण (PROJECT RENEW) के अन्य सामाजिक-आर्थिक लाभ के प्रणाली की प्रथम सूचना और शामिल होने का प्रथम अवसर राज्य लीडर (STATE LEADER) और पिन कोड लीडर (PIN CODE LEADER) को ही प्राप्त होगा। उनके माध्यम से ही आगे अवसर की जानकरी प्रसारित होगी।

राज्य लीडर (STATE LEADER-SL)

राज्य लीडर (STATE LEADER-SL) को राज्य प्रेरक (STATE PROMOTER) भी कहा जाता है।

योग्यता

1. सरकार द्वारा प्रमाणित योग्यता

सरकार द्वारा प्रमाणित किसी भी शैक्षणिक व तकनीकी योग्यता का राज्य लीडर (STATE LEADER-SL) की नियुक्ति के लिए मुख्य आधार नहीं है। क्योंकि ये योग्यताएँ अगली कक्षा में प्रवेश व सरकारी नौकरी में प्रयोग होती हैं, राष्ट्र निर्माण के कार्य के लिए प्रमाणित योग्यता महत्व नहीं रखती। इतिहास गवाह है राष्ट्र निर्माण में प्रमाणित योग्यताधारी का योगदान कम ही रहा है।

2. अप्रमाणित योग्यता

राज्य लीडर (STATE LEADER-SL) की नियुक्ति के लिए मुख्य आधार अप्रमाणित योग्यता है जिसमें- व्यक्ति की चिंता, समाज की चिंता, अपने कार्य क्षेत्र की चिंता, अपने देश व इस पृथ्वी की चिंता और उसके लिए कुछ अच्छा करने के लिए शारीरिक-आर्थिक-मानसिक रूप से सशक्तता और इच्छा है।

3. अनिवार्य योग्यता

- राज्य लीडर (STATE LEADER-SL) की नियुक्ति के लिए उसका अपना कम्प्यूटर (लैपटाप/डेस्कटाप), प्रिंटर, स्कैनर व बिजली की उपलब्धता के लिए इन्वर्टर, इन्टरनेट कनेक्शन और इन सबको चलाने का ज्ञान अनिवार्य है। और वह अपने कार्य क्षेत्र (राज्य) का निवासी होना चाहिए।
- राज्य लीडर (STATE LEADER-SL) को CRYPTO CURRENCY के बारे में भी जानकारी होनी चाहिए।
- सामाजिक-राजनीतिक सम्बन्ध यदि हो तो कार्य करने में सहयोग होगा।

आवेदन विधि

- वेबसाइट **www.64inch.com** और एप्प (App) **64INCH-SHIVA** के **SHIVA** मीनू (Menu) से **राज्य लीडर (STATE LEADER)** की सूची देख सकते हैं। साथ ही यदि नियुक्त हैं तो ई-मेल (e-mail) दिखेगा नहीं तो Apply करने का Option मिलेगा। यदि आपके राज्य में राज्य लीडर (STATE LEADER-SL) VACANT है तो इच्छुक आवेदन कर सकते हैं।
- अधिकतम 10 दिनों के अन्दर आवेदन पर निर्णय लिया जा सकेगा।
- भारत के बड़े राज्यों को 2 या अनेक भाग में भी बांटा जा सकता है। जैसे उत्तर प्रदेश को 6 भाग में बांटा गया है।

राज्य लीडर (STATE LEADER-SL) का कार्य

- राज्य लीडर (STATE LEADER-SL) अपने कार्य क्षेत्र के प्रत्येक जिले/जनपद के प्रत्येक पिन कोड क्षेत्र में पिन कोड लीडर (PIN CODE LEADER) की नियुक्ति के लिए अधिकृत है। जिसके लिए वह अपना नियम-शर्त भी बना सकता है। पिन कोड लीडर (PIN CODE LEADER) का विवरण आगे दिया गया है।
- पिन कोड लीडर (PIN CODE LEADER-PCL) से प्राप्त शुल्क से प्रचार, प्रसार, विस्तार के लिए सामग्री उपलब्ध करायेगा जिसे वेबसाइट **www.64inch.com** और एप्प (App) **64INCH-SHIVA** के Menu **FAQ** से डाउनलोड किया जा सकता है।

राज्य लीडर (STATE LEADER-SL) का लाभ

- पिन कोड लीडर (PIN CODE LEADER-PCL) से प्राप्त शुल्क प्रचार, प्रसार, विस्तार के लिए स्वैच्छिक खर्च है।

- चूंकि प्रणाली विकेन्द्रित (De-centralized) है इसलिए राज्य लीडर (STATE LEADER-SL) भी प्रणाली का लाभ एक उपयोगकर्ता (USER)/मतदाता (VOTOR) की भाँति प्राप्त करेगा।
- मत (VOTE) के खरीद-बेच में 2% TRANSACTION CHARGE होता है। 1% VOTE का लाभ, प्रणाली (SYSTEM) के संचालन के लिए जाता है। जो राज्य लीडर (STATE LEADER-SL) का होता है। और यह लाभ पिन कोड लीडर (PIN CODE LEADER-PCL) के यहाँ एकत्रित रहता है जिसे राज्य लीडर (STATE LEADER-SL) अपने साधन/नियम अनुसार संग्रह करेगा।
- लाभ की गणना का एक उदाहरण –

राज्य के सभी पिन कोड क्षेत्र से होने वाले प्रति दिन कुल Transaction की संख्या (प्रत्येक Transaction 500 VOTE का ही होता है।)	प्रत्येक Transaction पर राज्य लीडर का प्रति दिन 1% VOTE का लाभ
100	500
1000	5000
10000	50000
100000	500000

राज्य लीडर (STATE LEADER-SL) को सुझाव

चूंकि राज्य लीडर (STATE LEADER-SL) का कार्य क्षेत्र उसका राज्य क्षेत्र है इसलिए उसे शीघ्रता से सभी पिन कोड तक पहुँचने के लिए निम्न सुझाव है-

- विभिन्न प्रकार के युनियन, अ-सरकारी समिति (NGO), छोटे राजनीतिक दल इत्यादि को इस प्रणाली से जन कल्याण के लिए जानकारी देना।
- छोटे समाचार-पत्रों में विज्ञापन देना, जागरूकता कार्यक्रम करना।
- राज्य लीडर (STATE LEADER-SL) इस स्थायी नेटवर्क का उपयोग अपने अन्य व्यापार में करने के लिए स्वतन्त्र है।
- राज्य लीडर (STATE LEADER-SL) को व्यापार विकास हेतु Registered Mobile Number का Data उपलब्ध कराया जायेगा जिससे वे संन्देश भेज सकें।

"सही राष्ट्रवाद है, जाति भावना का परित्याग। सामाजिक तथा आर्थिक पुनर्निर्माण के आमूल परिवर्तनवादी कार्यक्रम के बिना अस्पृश्य कभी भी अपनी दशा में सुधार नहीं कर सकते। राष्ट्रवाद तभी औचित्य ग्रहण कर सकता है जब लोगो के बीच जाति, नस्ल या रंग का अन्तर भुलाकर उसमें सामाजिक समरसता व मातत्व को सर्वोच्च स्थान दिया जाय। राष्ट्र का सन्दर्भ में राष्ट्रीयता का अर्थ होना चाहिए- सामाजिक एकता की दृढ़ भावना, अन्तर्राष्ट्रीय सन्दर्भ में इसका अर्थ है - भाईचारा। शिक्षा प्रत्येक व्यक्ति का जन्मसिद्ध अधिकार है अतः शिक्षा के दरवाजे प्रत्येक भारतीय नागरिक के लिए खुले होने चाहिए। एक व्यक्ति के शिक्षित होने का अर्थ है- एक व्यक्ति का शिक्षित होना लेकिन एक स्त्री के शिक्षित होने का अर्थ है कि एक परिवार का शिक्षित होना।"

- बाबा साहेब भीम राव अम्बेडकर

क्र.सं.	www.64inch.com साफटवेयर में उपलब्ध कुल संख्या		
	राज्य (State)/ संघीय क्षेत्र (UT)	जिला (District)	पिन कोड (Pin Code)
1	Andaman & Nicobar (AN)	3	28
2	Andhra Pradesh (AP)	26	1235
3	Arunachal Pradesh (AR)	25	56
4	Assam (AS)	35	607
5	Bihar (BR)-East	15	230
6	Bihar (BR)-North	13	470
7	Bihar (BR)-South	10	237
8	Chandigarh (CH)	1	28
9	Chhattisgarh (CG)	33	320
10	Dadra & Nagar Haveli (DN)	1	4
11	Daman & Diu (DD)	2	6
12	Delhi (DL)	11	97
13	Goa (GA)	2	91
14	Gujarat (GJ)	33	1107
15	Haryana (HR)	22	342
16	Himachal Pradesh (HP)	12	471
17	Jammu & kashmir (JK)	20	218
18	Jharkhand (JH)	24	420
19	Karnataka (KA)	31	1417
20	Kerala (KL)	14	1817
21	Ladakh	2	17
22	Lakshdweep (LD)	1	9
23	Madhya Pradesh (MP)	52	887
24	Maharashtra (MH)	36	1716
25	Manipur (MN)	16	56
26	Meghalaya (ML)	12	66
27	Mizoram (MZ)	11	51
28	Nagaland (NL)	16	50
29	Odisha (OD)	30	1004
30	Puducherry (PY)	4	40
31	Punjab (PB)	23	530
32	Rajasthan (RJ)	33	1048
33	Sikkim (SK)	6	23
34	Tamil Nadu (TN)	38	2215
35	Telangana (TL)	33	679
36	Tripura (TR)	8	91
37	UP-AWADH PRANT	13	369
38	UP-BRAJ PRANT	12	235
39	UP-GORAKSH PRANT	11	306
40	UP-KANPUR PRANT	14	230
41	UP-KASHI PRANT	11	287
42	UP-PASHCHIM PRANT	14	244
43	Uttarakhand (UK)	13	402
44	West Bengal (WB)	23	1308
योग (Total)	**44**	**765**	**21082**

पिन कोड लीडर (PIN CODE LEADER-PCL)

योग्यता

1. सरकार द्वारा प्रमाणित योग्यता

सरकार द्वारा प्रमाणित किसी भी शैक्षणिक व तकनीकी योग्यता का पिन कोड लीडर (PIN CODE LEADER-PCL) की नियुक्ति के लिए मुख्य आधार नहीं है। क्योंकि ये योग्यताएँ अगली कक्षा में प्रवेश व सरकारी नौकरी में प्रयोग होती हैं, राष्ट्र निर्माण के कार्य के लिए प्रमाणित योग्यता महत्व नहीं रखती। इतिहास गवाह है राष्ट्र निर्माण में प्रमाणित योग्यताधारी का योगदान कम ही रहा है।

2. अप्रमाणित योग्यता

पिन कोड लीडर (PIN CODE LEADER-PCL) की नियुक्ति के लिए मुख्य आधार अप्रमाणित योग्यता है जिसमें-व्यक्ति की चिंता, समाज की चिंता, अपने कार्य क्षेत्र की चिंता, अपने देश व इस पृथ्वी की चिंता और उसके लिए कुछ अच्छा करने के लिए शारीरिक-आर्थिक-मानसिक रूप से सशक्तता और इच्छा है।

3. अनिवार्य योग्यता

- पिन कोड लीडर (PIN CODE LEADER) की नियुक्ति के लिए उसका अपना कम्प्यूटर (लैपटाप/डेस्कटाप), प्रिंटर, स्कैनर व बिजली की उपलब्धता के लिए इन्वर्टर, इन्टरनेट कनेक्शन और इन सबको चलाने का ज्ञान अनिवार्य है। और वह अपने कार्य क्षेत्र का निवासी होना चाहिए।
- पिन कोड लीडर (PIN CODE LEADER) को CRYPTO CURRENCY के बारे में भी जानकारी होनी चाहिए।
- सामाजिक-राजनीतिक सम्बन्ध यदि हो तो कार्य करने में सहयोग होगा।

आवेदन विधि

- यदि आपके पिन कोड में लीडर VACANT है तो इच्छुक वेबसाइट **www.64inch.com** और एप्प (App) **64INCH-SHIVA** के **SHIVA** मीनू (Menu) से **पिन कोड लीडर (PIN CODE LEADER)** की सूची देख सकते हैं। साथ ही यदि नियुक्त हैं तो मोबाइल नम्बर दिखेगा नहीं तो Apply करने का Option मिलेगा। यदि आपके पिन कोड में पिन कोड लीडर (PIN CODE LEADER) VACANT है तो इच्छुक आवेदन कर सकते हैं।
- अधिकतम 10 दिनों के अन्दर आवेदन पर निर्णय लिया जा सकेगा।

पिन कोड लीडर (PIN CODE LEADER) का कार्य

1. प्रत्येक पिन कोड लीडर केवल अपने पिन कोड क्षेत्र के REGSTERED VOTOR का VOTE खरीदने-बेचने के लिए अधिकृत है।
2. अपने पिन कोड क्षेत्र के WRITER (FILM) लेखक (फिल्म), WRITER (SONG-STORY-BOOK ETC.) लेखक (गीत-कहानी-पुस्तक आदि), TWO WHEELER SERVICE CENTER दोपहिया सेवा केंद्र, TILES & MARBLE SUPPLIER टाइलें और संगमरमर आपूर्तिकर्ता, TEACHER-NON GOVERNMENT शिक्षक-गैर सरकारी, TEACHER-GOVERNMENT शिक्षक-सरकारी, STUDENT विद्यार्थी, STREET VENDOR पटरी दुकानदार, STONE SUPPLIER पत्थर प्रदायक, SOCIAL LEADER सामाजिक नेता, SINGER गायक, SHOP OWNER दुकान का मालिक, SAND SUPPLIER रेत आपूर्तिकर्ता, RELIGIOUS धार्मिक कर्मकाण्ड (ब्राह्मण धर्म), RELIGIOUS धार्मिक कर्मकाण्ड (वैदिक धर्म), RELIGIOUS धार्मिक कर्मकाण्ड (इस्लाम धर्म), RELIGIOUS धार्मिक कर्मकाण्ड (ईसाइ धर्म), RELIGIOUS धार्मिक कर्मकाण्ड (सिख धर्म), REAL ESTATE INVESTOR रियल एस्टेट निवेशक, PROPERTY DEALER संपत्ति का सौदागर, POP & PAINT WORKER पीओपी और पेंट वर्कर, POLITICAL LEADER राजनीतिक नेता, PLUMBER प्लंबर, MOTIVATIONAL SPEAKER प्रेरक वक्ता, MLM NETWORKER एमएलएम नेटवर्कर, MARIAGE LAWN मैरीज लॉन, LEGAL SERVICE AGENT कानूनी सेवा एजेंट, LABOUR श्रमिक, JOURNALIST पत्रकार, INTERIOR

DECORATION भीतरी सजावट, INSURANCE AGENT बीमा एजेंट, HOUSING FINANCE AGENT हाउसिंग फाइनेंस एजेंट, HOUSE WIFE गृहणी, HOME TUTOR घरेलू शिक्षक, HARDWARE SUPPLIER हार्डवेयर आपूर्तिकर्ता, GOVERNMENT SERVICE सरकारी सेवा, FOUR WHEELER SERVICE CENTER चार पहिया सेवा केंद्र, FINANCIER वित्त प्रदाता, FARMER किसान, ASTROLOGER ज्योतिषी, OTHER-अन्य का VOTOR के रूप में पंजीकरण करना।

3. "आत्मनिर्भर और लोकल-वोकल" के अन्तर्गत पिन कोड लीडर "GOODS & SERVICE" के व्यापारीक संस्थानों का भी REGSTRATION करेगा।
4. प्रत्येक पिन कोड लीडर अपने पिन कोड क्षेत्र के गाँव/ मोहल्ला में **"मोहल्ला ट्रेड सेन्टर (MOHALLA TRADE CENTRE)"** को प्रारम्भ करवाना।
5. पिन कोड लीडर ऐसे सौदों के बीच अपना सेवा शुल्क निर्धारित कर ले सकता है जो सौदे (PROPERTY) उपयोगकर्ता (USER) द्वारा डाले गये हैं और उसका सम्पर्क सिर्फ पिन कोड लीडर के पास है।
6. पिन कोड लीडर (PIN CODE LEADER) को इस प्रणाली से सम्बन्धित मुद्रित **परिचय पुस्तिका – प्रायोगिक** भी दी जायेगी जिसे वे उपयोगकर्ता (USER) को बेच या दे सकता है। पुस्तिका का PDF File, वेबसाइट **www.64inch.com** और एप्प (App) **64INCH-SHIVA** के **FAQ** मीनू (Menu) से Download भी किया जा सकता है।

पिन कोड लीडर (PIN CODE LEADER) का लाभ

- चूंकि प्रणाली विकेन्द्रित (De-centralized) है इसलिए पिन कोड लीडर (PIN CODE LEADER) भी प्रणाली का लाभ एक उपयोगकर्ता (USER)/मतदाता (VOTOR) की भाँति प्राप्त करेगा।
- मत (VOTE) के खरीद-बेच में 2% TRANSACTION CHARGE होता है।
- 1% TRANSACTION CHARGE, प्रणाली (SYSTEM) के संचालन के लिए जाता है। जो राज्य लीडर (STATE LEADER-SL) का होता है। और यह लाभ पिन कोड लीडर (PIN CODE LEADER-PCL) के यहाँ एकत्रित रहता है जिसे राज्य लीडर (STATE LEADER-SL) अपने साधन/नियम अनुसार संग्रह करेगा।
- 1% TRANSACTION CHARGE, पिन कोड लीडर (PIN CODE LEADER-PCL) के द्वारा किये गये TRANSACTION से पिन कोड लीडर (PIN CODE LEADER-PCL) को प्राप्त होता है।
- विशेष अधिकतम लाभ के विवरण के लिए अगले पृष्ठ के **"आय के अवसर"** को देखें।

पिन कोड लीडर (PIN CODE LEADER) को सुझाव

चूंकि पिन कोड लीडर (PIN CODE LEADER) का कार्य क्षेत्र उसका पिन कोड क्षेत्र है इसलिए उसे शीघ्रता से क्षेत्र तक पहुँचने के लिए निम्न सुझाव है-

- विभिन्न प्रकार के युनियन, अ-सरकारी समिति (NGO), छोटे राजनीतिक दल/निर्दल के जनसेवक जैसे वर्तमान या भावी ग्राम प्रधान/सभासद, छात्र नेता इत्यादि को इस प्रणाली से जन कल्याण के लिए जानकारी देना।
- मुद्रित सामग्री का सार्वजनिक स्थानों पर वितरण कर जागरूकता कार्यक्रम करना।
- पिन कोड क्षेत्र में आने वाले ग्राम / नगर वार्ड में लीडर (LEADER) बनाना ताकि वे 1% का लाभ प्राप्त करते हुये वे अपने क्षेत्र को सुविधा उनके पास ही दे सकें।

"कोरोना महामारी के दौरान हमें इसी लोकल ने बचाया है। यह देश की ताकत है, जिसे हमें पहचानना होगा। इस संकट ने हमें बताया कि लोकल प्रोडक्ट और लोकल सप्लाई चेन कितनी जरूरी है। हमें लोकल प्रोडक्ट को बढ़ावा देना है, लोकल अर्थव्यवस्था को बढ़ावा देना है। लोकल से ग्लोबल बनना है। आज से हर भारतवासी को लोकल के लिए वोकल बनना है। ना केवल लोकल प्रोडक्ट खरीदना है बल्कि उनका प्रचार करना है।"

- नरेन्द्र मोदी, प्रधानमंत्री

मोहल्ला ट्रेड सेन्टर (MOHALLA TRADE CENTRE), किसी गाँव/शहर/बाजार में स्थायी रूप से रहने वाले लीडर (Leader) का कार्यालय है जहाँ से वह अपने पास-पड़ोसी व अन्य निजी उपयोगकर्ता (PERSONAL USER) के सहयोग के लिए उपलब्ध रहता हे। मोहल्ला ट्रेड सेन्टर (MOHALLA TRADE CENTRE) और लीडर (LEADER) में केवल एक बिन्दु पर अन्तर रखता है- मोहल्ला ट्रेड सेन्टर भी एक लीडर (Leader) ही होता है जिसका एक कार्यालय होता है जबकि एक लीडर (Leader) स्वतन्त्र और गतिशील हो सकता है।

कौन हो सकता है?

मोहल्ला ट्रेड सेन्टर (MOHALLA TRADE CENTRE), के लिए कोई जन सेवा केन्द्र (CSC), कम्प्यूटर से सम्बन्धित कार्य करने वाला सेन्टर या गाँव में रहने वाला व्यक्ति हो सकता है जो कम्प्यूटर की जानकारी रखता हो। अधिक जानकारी के लिए अपने पिन कोड लीडर (PIN CODE LEADER) से सम्पर्क करें।

कार्य

1 अपने गाँव/शहर/बाजार के निवासीयों का पंजीकरण (Registration) करना। कम से कम प्रत्येक परिवार से एक सदस्य का।
2 अपने गाँव/शहर/बाजार के निवासीयों को इस कार्य का प्रशिक्षण देना।
3 अपने गाँव/शहर/बाजार के REGSTERED VOTOR का VOTE खरीदने-बेचने के लिए अधिकृत है।
4 पिन कोड लीडर (PIN CODE LEADER) से प्राप्त प्रचार सामग्री/ सम्बन्धित व्यापार को अपने गाँव/शहर/बाजार के निवासीयों में वितरित करना।

लाभ

- चूंकि प्रणाली विकेन्द्रित (De-centralized) है इसलिए मोहल्ला ट्रेड सेन्टर (MOHALLA TRADE CENTRE) भी प्रणाली का लाभ एक उपयोगकर्ता (USER) की भाँति प्राप्त करेगा।
- मत (VOTE) के खरीद-बेच में 2% TRANSACTION CHARGE होता है।
- 1% TRANSACTION CHARGE, प्रणाली (SYSTEM) के संचालन के लिए जाता है। जो राज्य लीडर (STATE LEADER-SL) का होता है। और यह लाभ पिन कोड लीडर (PIN CODE LEADER-PCL) के यहाँ एकत्रित रहता है जिसे राज्य लीडर (STATE LEADER-SL) अपने साधन/नियम अनुसार संग्रह करेगा।
- 1% TRANSACTION CHARGE, मोहल्ला ट्रेड सेन्टर (MOHALLA TRADE CENTRE) के द्वारा किये गये TRANSACTION से मोहल्ला ट्रेड सेन्टर (MOHALLA TRADE CENTRE) को प्राप्त होता है।
- विशेष अधिकतम लाभ के विवरण के लिए अगले पृष्ठ के **"आय के अवसर"** को देखें।

मोहल्ला ट्रेड सेन्टर (MOHALLA TRADE CENTRE) चाहे तो उपरोक्त साइनबोर्ड अपने कार्यालय पर मोबाइल नम्बर के साथ लगा सकता हे।

इतिहास गवाह है मंहगाई कभी कम नहीं होती, अपने आय बढ़ाने के लिए सोचें और काम में लगें

निजी उपयोगकर्ता (PERSONAL USER)

कोई भी व्यक्ति प्रणाली के में REGISTERATION करते ही निजी उपयोगकर्ता (PERSONAL USER) हो जाता है ।

लीडर (LEADER)

निजी उपयोगकर्ता (PERSONAL USER) अपने REGISTERED MOBILE NUMBER से कम से कम 10 REGISTRATION अन्य (REFER) निजी उपयोगकर्ता (PERSONAL USER) का कराने से निजी उपयोगकर्ता (PERSONAL USER), लीडर (LEADER) हो जाता है।

विधायक क्षेत्र लीडर (MLA AREA LEADER)

निजी उपयोगकर्ता (PERSONAL USER) अपने REGISTERED MOBILE NUMBER से कम से कम 100 REGISTRATION अन्य (REFER) उपयोगकर्ता का कराने से, निजी उपयोगकर्ता (PERSONAL USER), विधायक क्षेत्र लीडर (MLA AREA LEADER) हो जाता है।

संसदीय क्षेत्र लीडर (MP AREA LEADER)

निजी उपयोगकर्ता (PERSONAL USER) अपने REGISTERED MOBILE NUMBER से कम से कम 100 REGISTRATION अन्य (REFER) उपयोगकर्ता का कराने से, निजी उपयोगकर्ता (PERSONAL USER), संसदीय क्षेत्र लीडर (MP AREA LEADER) हो जाता है।

संचालन हेतु उपकरण (Equipment)

- लैपटॉप/डेस्कटॉप/टैबलेट कम्प्यूटर (Laptop/Desktop Computer) से केवल वेबसाइट **www.64inch.com** द्वारा कार्य किया जा सकता है।
- स्मार्ट फोन (Smart Phone) से वेबसाइट **www.64inch.com** और एप्प (App) **64INCH-SHIVA** द्वारा कार्य किया जा सकता है। वेबसाइट **www.64inch.com** से लिंक(Link) द्वारा Android एप्प (App) **64INCH-SHIVA** Google Playstore द्वारा डाउनलोड किया जा सकता है। IOS एप्प (App) उपलब्ध नहीं रहेगा।
- कीपैड फोन (Keypad Phone) से कार्य नहीं किया जा सकता लेकिन दूसरे का सहयोग लेकर पंजीकरण (Registration) किया जा सकता है।
- **एक ही स्मार्ट फोन/कम्प्यूटर-लैपटाप से Login-Logout कर के अनेक लोगों का कार्य किया जा सकता है। पंजीकरण के समय केवल राज्य, जिला, पिन कोड, मोबाइल नम्बर और रेफरल मोबाइल नम्बर (अनिवार्य नहीं) ही देना होता है। नाम, ई-मेल, आधार संख्या, पैन संख्या या बैंक विवरण की कोई आवश्यकता नहीं है और न ही कभी मांगा जायेगा।**

वर्तमान में जीने का अर्थ होता है-विश्व ज्ञान जहाँ तक बढ़ चुका है वहाँ तक के ज्ञान से अपने मस्तिष्क को युक्त करना। सिर्फ वर्तमान में तो पशु रहकर कर्म करते हैं। वर्तमान की अब नवीनतम परिभाषा है- "पूर्ण ज्ञान से युक्त होना" और कार्यशैली की परिभाषा है- "भूतकाल का अनुभव, भविष्य की आवश्यकतानुसार पूर्णज्ञान और परिणाम ज्ञान से युक्त होकर वर्तमान समय में कार्य करना।"

मीनू (Menu) परिचय
बिना REGISTERATION/LOGIN किये उपयोग

वेबसाइट www.64inch.com या एप्प (App) 64INCH-SHIVA में निम्नलिखित मीनू (Menu) हैं।

HOME - वेबसाइट www.64inch.com या एप्प (App) 64INCH-SHIVA खोलते ही HOME आपके सामने आता है जिसमें register/login उपलब्ध होता है जिसके द्वारा register या login किया जा सकता है।

CORE WEBSITE – यहाँ से सम्बन्धित अन्य स्रोत/आधार शास्त्र-साहित्य को देखा जा सकता है। जो एक अलग वेबसाइट पर उपलब्ध है।

OFFICIAL WEBSITE – यहाँ से परियोजना पुर्ननिर्माण (PROJECT RENEW) को देखा जा सकता है। जो एक अलग वेबसाइट पर उपलब्ध है।

PROPERTY SEARCH – यहाँ से किसी भी पिन कोड क्षेत्र में विक्रय के लिए उपलब्ध PROPERTY को देखा जा सकता है।

VOTERS – यहाँ से चुने गये राज्य के जिले के पिन कोड क्षेत्र के कुल (TOTAL) Registered उपयोगकर्ता (USER) की संख्या को देखा जा सकता है।

MINING APP – यहाँ से PDF के रूप में **"क्रिप्टो करेंसी और मोबाइल माइनिंग"** पुस्तिका हिन्दी, अंग्रेजी, गुजराती, मराठी, पंजाबी, बंगाली, तमील, तेलुगु भाषा में उपलब्ध है जिसे Download किया जा सकता है।

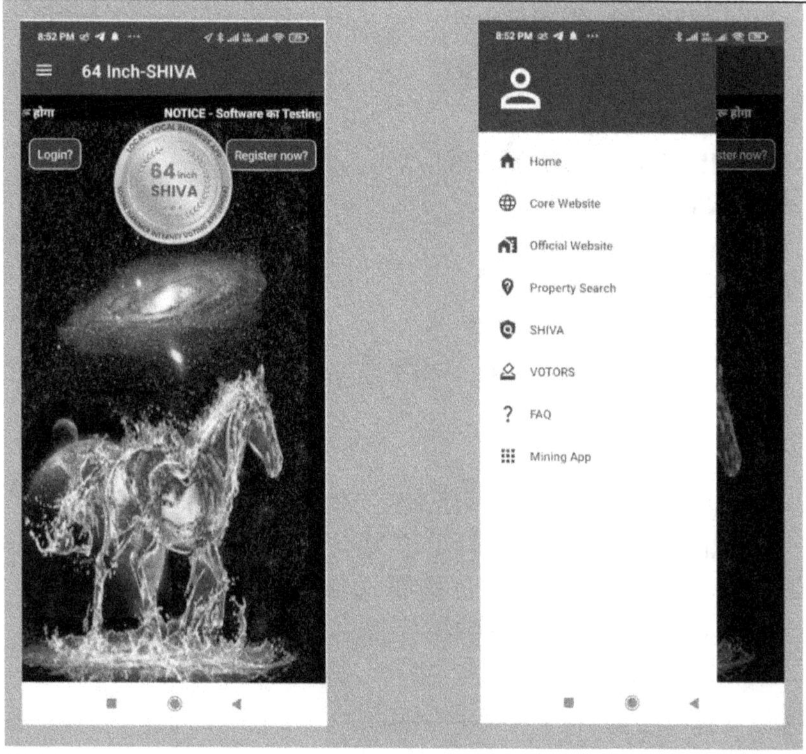

SHIVA

1. यहाँ से चुने गये राज्य के **संसदीय क्षेत्र लीडर (MP AREA LEADER)** – केवल Top 25 वे जो सबसे अधिक Refer किये हैं और अधिक Vote प्राप्त किये हैं।
2. यहाँ से चुने गये राज्य के **विधायक क्षेत्र लीडर (MLA AREA LEADER)** – केवल Top 25 वे जो सबसे अधिक Refer किये हैं और अधिक Vote प्राप्त किये हैं।
3. यहाँ से चुने गये राज्य के जिले के **पिन कोड लीडर (PIN CODE LEADER)** की सूची देख सकते हैं। साथ ही यदि नियुक्त हैं तो मोबाइल नम्बर दिखेगा नहीं तो Apply करने का Option मिलेगा।
4. यहाँ से चुने गये देश के राज्य के **राज्य लीडर (STATE LEADER)** की सूची देख सकते हैं। साथ ही यदि नियुक्त हैं तो ई-मेल (e-mail) दिखेगा नहीं तो Apply करने का Option मिलेगा।

FAQ - यहाँ वेबसाइट www.64inch.com या एप्प (App) 64INCH-SHIVA से सम्बन्धित प्रश्नोत्तरी और PDF के रूप में निम्नलिखित पुस्तिका हिन्दी, अंग्रेजी, गुजराती, मराठी, पंजाबी, बंगाली भाषा में उपलब्ध है जिसे Download किया जा सकता है।

1. व्यापार की जानकारी का एक बेहतरीन पुस्तक **व्यापार केन्द्र (TRADE CENTRE)-दृश्य सत्य** (200 Pages-PDF)
2. **परिचय पुस्तिका - सैद्धान्तिक एवं परियोजना** (36 Pages - PDF)
3. **परिचय पुस्तिका - प्रायोगिक** (36 Pages - PDF)

पंजीकरण (Registration)

केवल भारत देश के अलग-अलग राज्यों के लिए विकसित प्रणाली वेबसाइट **www.64inch.com** और एप्प (App) **64INCH-SHIVA** प्रणाली में पंजीकरण (REGISTERATION) करने के लिए निम्न जानकारी देना/ चुनना होता है।

MOBILE NO. – देना होता है।
COUNTRY – INDIA
STATE – चुनना होता है।
DISTRICT - चुनना होता है।
PIN CODE - चुनना होता है।
REFERAL MOBILE NO.- यदि हो तो देना होता है अन्यथा आवश्यक नहीं है।

उपरोक्त जानकारी देने के बाद REGISTER पर Click करना होता है और आप REGISTER **हो जाते हैं**। ऐसा भी हो सकता है कि आपका मोबाइल नम्बर पहले से ही REGISTER हो तो Already Registered बतायेगा। दोनों ही स्थिति में आप Lgin करेंगे।

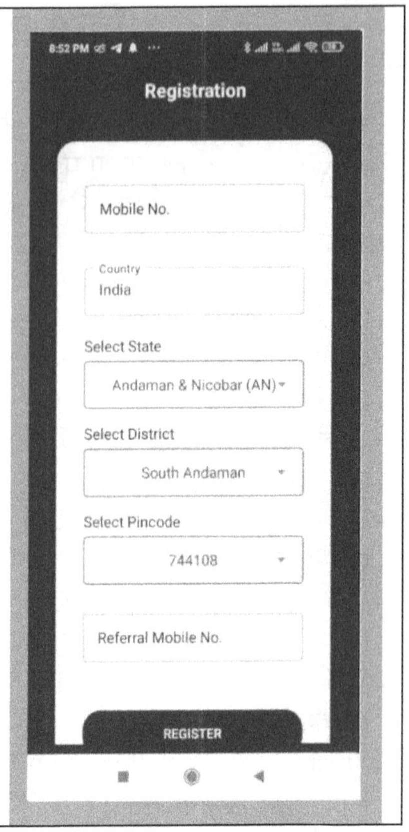

पंजीकरण (REGISTERATION) में सुविधा और सुझाव

- पंजीकरण में यह सुविधा उपलब्ध है कि उपरोक्त जानकारी उपलब्ध होने पर कोई भी व्यक्ति अपने सभी सम्बन्धितों का पंजीकरण अपने REFERAL MOBILE NO. को देते हुये कर सकता है। सुझाव ये है कि अधिकतम लाभ के लिए सभी सम्बन्धितों का पंजीकरण शीघ्र कर दें। अधिकतम लाभ का अवसर विवरण आगे है। सुझाव यह भी है कि जिनका आप दिल से आर्थिक सहायता करना चाहते हैं लेकिन आप स्वयं अपनी परिस्थितियों के कारण नहीं कर पा रहें हों उनका पंजीकरण अवश्य करें। जैसे दिव्यांग (विकलांग), बेसहारा पुरूष/महिला गरीबी के कारण न पढ़ सकने वाले छात्र इत्यादि।
- पंजीकरण के उपरान्त पंजीकृत मोबाइल नम्बर **पिन कोड लीडर (PIN CODE LEADER)** के पास उपलब्ध हो जाता है फिर उसका कार्य है उससे सम्पर्क करना जिसका आपने पंजीकरण किया है। आप स्वयं भी अपने **पिन कोड लीडर (PIN CODE LEADER)** से सम्पर्क कर सकते हैं।
- वेबसाइट **www.64inch.com** और एप्प (App) **64INCH-SHIVA** प्रणाली में आपके नाम, आधार संख्या (Adhar Number), पैन संख्या (PAN Number) या बैंक विवरण (Bank Detail) की कोई आवश्यकता नहीं है। न ही कभी भी मांगा जायेगा। प्रणाली पूर्णतया OTP (One Time Password) पर नियंत्रित है। ऐसा गोपनियता, सुरक्षा, Keypad/Smart Mobile, महिला/पुरूष सबके साथ लाने/होने के लिए किया गया है।
- आपका रजिस्ट्रेशन किसने किया ये नहीं देखा जा सकता है

लॉगइन (Login)

LOGIN Through OTP

प्रथम बार (FIRST TIME) LOGIN के समय LOGIN with OTP का प्रयोग कर करना होता है और अपना Password बनाना होता है। जिसे अगली बार LOGIN-Password से LOGIN कर सकें।

LOGIN

Password से LOGIN करने के लिए Registered मोबाइल नम्बर और अपना Password देना होता है।

Forget password

Password भूल लाने की स्थिति में इसके प्रयोग से पुनः Password बना सकते है।

यदि मोबाइल नम्बर Registered नहीं है तो Registration के लिए कहेगा।

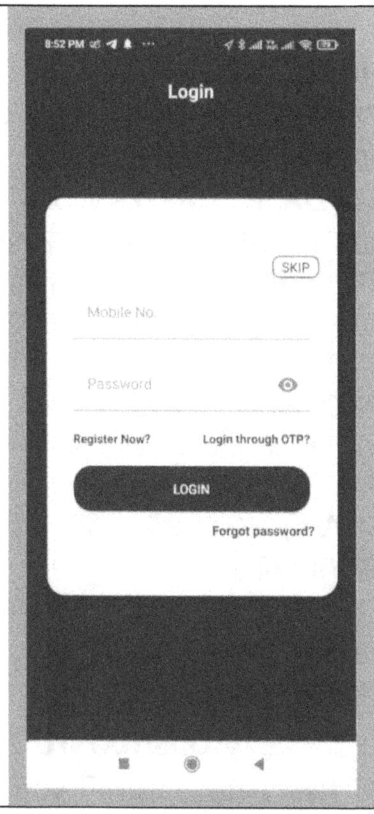

FIRST TIME LOGIN होने पर PFOFILE FORM आयेगा। Edit Profile पर Click करना होता है जिसे आप अपनी जानकारी सही-सही दे सकें। **यह जानकारी FIX (Not Changeable) होगा इसलिए सावधानी से UPDATE करें।**

UPDATE करने के लिए निम्न जानकारी देना/ चुनना होता है।

COUNTRY – INDIA

STATE – चुनना होता है।

DISTRICT - चुनना होता है।

PIN CODE - चुनना होता है।

MOBILE NO. – नहीं बदला जा सकता।

MP AREA - चुनना होता है।

MLA AREA - चुनना होता है।

CATEGORY - चुनना होता है।

उपरोक्त जानकारी देने के बाद UPDATE पर Click करना होता है और PFOFILE UPDATE हो जाता है।

लॉगइन (Login) के उपरान्त उपयोग

लॉगइन (Login) के उपरान्त निम्नलिखित Menu दिखता है।

HOME – प्रारम्भिक स्थिति के लिए।

PROFILE – स्वयं का Profile देखने के लिए

MY ADDS – विज्ञापन देने के लिए (जो अगले Phase में आयेगा)

MY DASHBOARD - Vote के लेन-देन के लिए।

CORE WEBSITE – यहाँ से सम्बन्धित अन्य स्रोत/आधार शास्त्र-साहित्य को देखा जा सकता है। जो एक अलग वेबसाइट पर उपलब्ध है।

OFFICIAL WEBSITE – यहाँ से परियोजना पुर्ननिर्माण (PROJECT RENEW) को देखा जा सकता है। जो एक अलग वेबसाइट पर उपलब्ध है।

PROPERTY SEARCH – यहाँ से किसी भी पिन कोड क्षेत्र में विक्रय के लिए उपलब्ध PROPERTY को देखा जा सकता है। और दाये ओर उपर + के निशान पर Click कर Data feed किया जा सकता है।

SHIVA, VOTORS, FAQ और MINING APP की उपयोगिता उपर बताया गया है।

CHANGE PASSWORD – यहाँ से अपना PASSWORD बदल सकते हैं।

LOGOUT – यहाँ से LOGOUT हो सकते हैं।

My Dashboard में निम्नलिखित Menu दिखता है।

Wallet Vote – इसमें वे Vote दिखता है जो लाभ से आया है या/ और Transfer से आया है।

State Leader Cash Wallet – ये वो Vote होता है जो Transaction के 2% में से 1% होता है। जो State Leader का लाभ का होता है। इसकी संख्या 500 होने पर अर्थात User द्वारा 100 Transaction पूरे होने पर Transaction रूक जाता है। इसे पुनः 0 करने के लिए Pincode Leader को Transfer करना होता है।

State Leader vote transfer to Pincode Leader – State Leader के लिए Pincode Leader को Transfer करने के लिए यह Option है।

Pin Code Area Leader - यहाँ User के Pin Code Area Leader का Mobile Number होता है। जिससे सम्पर्क किया जा सकता है।

Buy 500 Vote - यहाँ से 500 Vote उधार खरीदा जाता है। एक बार खरीदने के बाद पुनः 24 घंटे बाद खरीदा जा सकता है।

Leader List- यहाँ User के Pin Code Area के अन्य Leader, जो कम से कम 10 Refer कर अपनी Team बनायें हैं, का Mobile Number होता है। जिससे सम्पर्क किया जा सकता है।

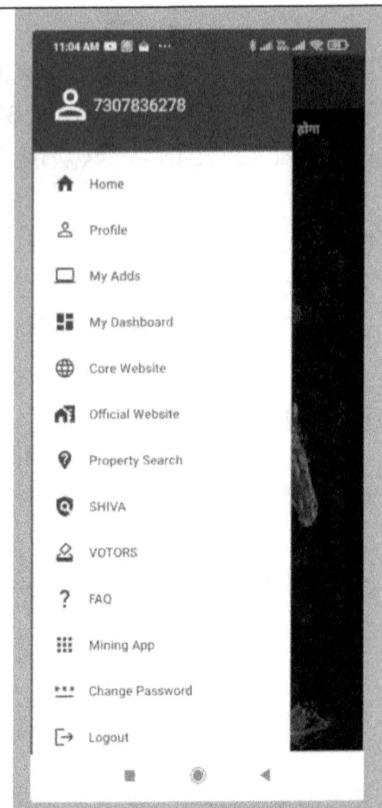

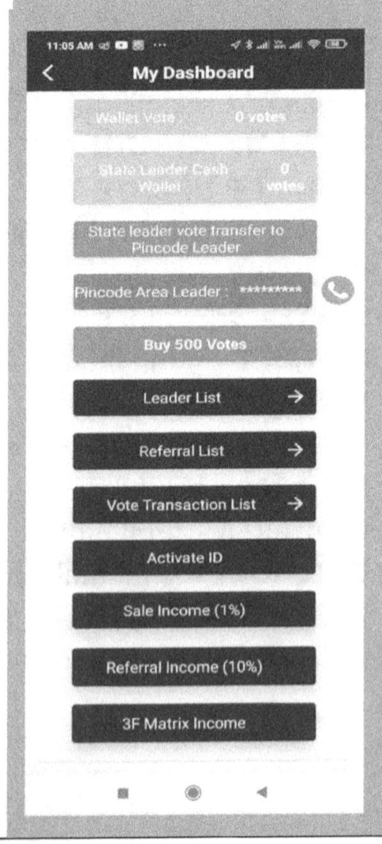

Referal List- यहाँ User के द्वारा Refer किये गये Team की List मिलती है।

Vote Transaction List- यहाँ से User के द्वारा किये गये Transaction (Credit, Paid, Sale, Blocked) की List मिलती है।

Activate Id- यहाँ से User के द्वारा 500 Vote Sale के लिए Activation खरीदने वाले के द्वारा दिये गये Transaction Number द्वारा होता है।

Sale Income (1%)- यहाँ से User के द्वारा Sale की List मिलती है। जिससे 1% का लाभ मिला है।

Referal Income (10%)- यहाँ से User के द्वारा Refer की Transaction List मिलती है। जिससे 10% का लाभ मिला है।

3F Matrix Income- यहाँ से Software के द्वारा दिये गये 3F की Activated (Paid) Transaction List मिलती है।

वेबसाइट **www.64inch.com** और एप्प (App) **64INCH-SHIVA** प्रणाली निम्नलिखित प्रकार के लाभ के लिए अपने उपयोगकर्ता (User) को सुविधा प्रदान करता है।

1. **पिन कोड स्तर पर आवश्यकता या विक्रय के लिए उपलब्ध सूचना** - Required-JOB नौकरी की आवश्यकता, Required-GENERAL सामान्य आवश्यकता, Agriculture Product-कृषि उत्पाद, Agriculture Tree -कृषि वृक्ष, Electrical-विद्युतीय, Electronics-इलेक्ट्रानिक्स, Land (Agriculture)-भूमि (कृषि), Land (Residential)-भूमि (आवासीय), Pets Animal-पालतू जानवर, Scrap (Metal)-स्क्रैप (धातु), Scrap (Non Metal)-स्क्रैप (गैर धातु)), Vehicle (2 Wheeler)-वाहन (2 व्हीलर), Vehicle (4 Wheeler)-वाहन (4 व्हीलर), Vehicle (Heavy)-वाहन (भारी)
2. **पिन कोड स्तर पर प्रोफेशनल की उपलब्धता की सूचना** - WRITER (FILM) लेखक (फिल्म), WRITER (SONG-STORY-BOOK ETC.) लेखक (गीत-कहानी-पुस्तक आदि), TWO WHEELER SERVICE CENTER दोपहिया सेवा केंद्र, TILES & MARBLE SUPPLIER टाइलें और संगमरमर आपूर्तिकर्ता, TEACHER-NON GOVERNMENT शिक्षक-गैर सरकारी, TEACHER-GOVERNMENT शिक्षक-सरकारी, STUDENT विद्यार्थी, STREET VENDOR पटरी दुकानदार, STONE SUPPLIER पत्थर प्रदायक, SOCIAL LEADER सामाजिक नेता, SINGER गायक, SHOP OWNER दुकान का मालिक, SAND SUPPLIER रेत आपूर्तिकर्ता, RELIGIOUS धार्मिक कर्मकाण्ड (ब्राह्मण धर्म), RELIGIOUS धार्मिक कर्मकाण्ड (वैदिक धर्म), RELIGIOUS धार्मिक कर्मकाण्ड (इस्लाम धर्म), RELIGIOUS धार्मिक कर्मकाण्ड (ईसाइ धर्म), RELIGIOUS धार्मिक कर्मकाण्ड (सिख धर्म), REAL ESTATE INVESTOR रियल एस्टेट निवेशक, PROPERTY DEALER संपत्ति का सौदागर, POP & PAINT WORKER पीओपी और पेंट वर्कर, POLITICAL LEADER राजनीतिक नेता, PLUMBER प्लंबर, MOTIVATIONAL SPEAKER प्रेरक वक्ता, MLM NETWORKER एमएलएम नेटवर्कर, MARIAGE LAWN मैरीज लॉन, LEGAL SERVICE AGENT कानूनी सेवा एजेंट, LABOUR श्रमिक, JOURNALIST पत्रकार, INTERIOR DECORATION भीतरी सजावट, INSURANCE AGENT बीमा एजेंट, HOUSING FINANCE AGENT हाउसिंग फाइनेंस एजेंट, HOUSE WIFE गृहणी, HOME TUTOR घरेलू शिक्षक, HARDWARE SUPPLIER हार्डवेयर आपूर्तिकर्ता, GOVERNMENT SERVICE सरकारी सेवा, FOUR WHEELER SERVICE CENTER चार पहिया सेवा केंद्र, FINANCIER वित्त प्रदाता, FARMER किसान, ASTROLOGER ज्योतिषी, OTHER-अन्य।

मूल उद्देश्य "आत्मनिर्भर" की प्राप्ति के लिए "लोकल-वोकल" पर आधारित भारतीय आध्यात्म-दर्शन सिद्धान्त के अनुसार मानक विपणन प्रणाली 3F (Fuel-Fire-Fuel) से युक्त साफ्टवेयर वेबसाइट **www.64inch.com** और एप्प (App) **64INCH-SHIVA** है। वर्तमान समय में बहुत से वेबसाइट (Website) और एप्प App) खेलों पर दाव/ सट्टा (Bet) लगाकर धन बनाने पर आधारित हैं जबकि हमारा वेबसाइट

www.64inch.com और एप्प (App) **64INCH-SHIVA** ऐसा कुछ न करके भारत सरकार के विचारों का कार्यरूप है। व्यावहारिक उद्देश्य निम्नलिखित हैं-

1. स्मार्ट फ़ोन और इंटरनेट से युक्त होते नयी पीढ़ी को उससे "न्यूनतम जीवन रक्षक आय" प्राप्त करने के योग्य प्रणाली देना। जिससे उनकी क्रय शक्ति का विकास हो और सरकार को कर (Tax) प्राप्ति में विकास हो। साथ ही स्थानीय (Local) उत्पादक इकाईयों का उत्पादन बढ़े।
2. "लोकल-वोकल", "कैश लेस" और "डिजिटल" आधारित व्यापार को बढ़ावा देना।
3. व्यापार ज्ञान का विकास कराते हुये मतदाता समाज (Voter Society) आधारित व्यापार को बढ़ावा देना।
4. भविष्य की तैयारी के लिए क्रिप्टोकरेन्सी के प्रति जागरूक करना।
5. सामूहिक सोच द्वारा समाज और देश के प्रति कर्त्तव्य का विकास करना।

कम्पनी बल (COMPANY FORCE) में कम्पनी की प्राथमिकता प्रणाली को आगे बढ़ाने में होती है। टीम बल (TEAM FORCE) में टीम की प्राथमिकता प्रणाली को आगे बढ़ाने में होती है। जबकि मानवीय बल (MAN FORCE) में व्यक्ति की आवश्यकता ही प्रणाली को आगे बढ़ाने में स्वतः होती है। FACEBOOK, TWITTER, WHATSAPP, TELEGRAM इत्यादि मानवीय बल (MAN FORCE) के उदाहरण हैं। इन सोशल वेबसाइट पर व्यक्ति स्वयं अपनी आवश्यकता के लिए पंजीकृत होते हैं। कम्पनी/संगठन इस पर पंजीकरण करने के लिए कोई सेमिनार या दबाव नहीं डालती क्योंकि ये सब आपके स्वयं के विकास के लिए संसाधन होते हैं। प्रणाली मतदाताओं के न्यूनतम आय के लिए जीवन से जुड़ा साधन है।

Multi Level Marketing (MLM) और 3F (Fuel-Fire-Fuel) प्रणाली

क्र.सं.	बिन्दु (Points)	MLM प्रणाली	3F प्रणाली
1	**सैद्धान्तिक आधार**	मानवीय विचार आधारित अनेक विदेशी विपणन प्रणाली	सार्वभौम सत्य - सिद्धान्त (भारतीय आध्यात्म एवं दर्शन - ईश्वर, पुनर्जन्म, रायल्टी) आधारित एक स्वदेशी विपणन प्रणाली
2	**प्रणाली (System)**	केन्द्रियकृत (Centralized)- कम्पनी/ संस्था केन्द्रित	विकेन्द्रियकृत (De-centralized) - उपयोगकर्ता (User) केन्द्रित
3	**लाभ का कारण**	स्वयं की टीम (Team) पर निर्भरता	स्वयं पर निर्भरता
4	**उपयोगकर्ता (User)**	गोपनीय अर्थात खुद के मोहल्ले में भी कोई उपयोगकर्ता (User) है या नहीं, किसी को पता नहीं। इसलिए सेमिनार, मीटींग इत्यादि करने की आवश्यकता।	अ-गोपनीय अर्थात खुद के मोहल्ले में कितने उपयोगकर्ता (User) है सभी को पता। इसलिए सेमिनार, मीटींग इत्यादि करने की कोई आवश्यकता नहीं।।
5	**मूल लक्ष्य**	धन केन्द्रित और बड़े-बड़े सपने	जीवनयापन के लिए आधारभूत धन, कर्मज्ञान और प्रोफेशन नेटवर्किंग

आय के अवसर

वेबसाइट **www.64inch.com** और एप्प (App) **64INCH-SHIVA** प्रणाली में धन लाभ के लिए खुद को Activate करना बाध्यता नहीं है, लेकिन यह एक बेहतरीन अवसर है। प्रणाली किसी भी देश के नागरिक को जीवनयापन के लिए आधारभूत धन लाभ के लिए विकसित की गई है। 1 VOTE को उस देश की 1 ईकाई (UNIT) मुद्रा (Currency) के बराबर माना जाता है। इस अनुसार भारत के लिए यह 1 रूपये के बराबर हुआ।

1. Login के उपरान्त My Dashboard के **Buy 500 Vote** से 500 VOTE उधार खरीदा जाता है। जिसे एक Transaction कहा जाता है।
2. एक बार खरीदने के बाद पुनः 24 घंटे बाद खरीदा जा सकता है।
3. केवल एक बार **Buy 500 Vote** पर Click करने वाला उपयोगकर्ता (User) Active माना जाता है।
4. इस एक Transaction पर Income VOTE बन जाने के बाद या पहले Paid (Activate) करने के लिए 500 + 2% (Transaction Charge) = 510 देना होता है।
5. इस एक Transaction के Paid (Activate) होने पर Income निम्न अनुसार बनता है।

VOTE लाभ वितरण 1 TRANSACTION (500+10) पर				
उपयोगकर्ता (User) को (100%) + (500%)	**Refer** करने वाले को (10%)	**PIN CODE Leader** को (8%)	**STATE Leader** को (1%)	**VOTE Sale** करने वाले को (1%)
500 और **5 Paid Transaction System द्वारा**	**50**	**40**	**5**	**5**

6. एक Transaction के Paid (Activate) होने पर Income उपरोक्त अनुसार बनता रहता है।

नियम-शर्त

1- Transaction के Paid (Activate) होने के 15 दिन बाद उसे **Wallet Vote** में Transfer करके SALE किया जा सकता है।
2- सभी VOTE के sale-purchase केवल अपने PIN CODE Leader और अपने पिन कोड क्षेत्र के Leader से ही कर सकते हैं।
3- एक Leader से 24 घंटें में केवल एक ही Transaction (Sale-Purchase) कर सकते हैं।

हमेशा ध्यान रखें

System केवल एक Software है जो Transaction का प्रबन्ध (Management) करता है। यह कोई कम्पनी नहीं है। सभी VOTE, PIN CODE LEADER और पिन कोड क्षेत्र के Leaders के बीच ही रहता है।

निजी उपयोगकर्ता (PERSONAL USER) और लीडर (LEADER) को सुझाव

वेबसाइट **www.64inch.com** और एप्प (App) **64INCH-SHIVA** प्रणाली के अधिकतम उपयोग और से लाभ प्राप्त करने के लिए निम्न कार्य शीघ्रता से कर लें-

1. अपने सभी मित्रों-परिचितों-सम्बन्धियों का अपने Referal Mobile Number को देते हुये Registration कर दें। जिससे आपके स्वयं का समूह (Group) बन जाये।
2. उन्हें प्रत्येक 24 घटें में एक बार उनके Dash Board में उपलब्ध **Buy 500 Vote** से 500 Vote उधार खरीदने के लिए प्रेरित करें।
3. उनके Vote के Transaction को हल करें और 1% अतिरिक्त लाभ प्राप्त करें।

ध्यान रखें - जितने भी इस समय Online Game/Crypto Trading/Share Trading के App चल रहें हैं, सभी का मूल-सिद्धान्त केवल "अन्दर-बाहर" अर्थात "हार-जीत" के खेल का ही है। इसलिए वे आर्थिक जोखिम का सन्देश भी देते हैं। वेबसाइट **www.64inch.com** और एप्प (App) **64INCH-SHIVA** प्रणाली में आपका Transaction लाभ के लिए क्रम में जुड़ना है न कि हार जाना इसलिए यहाँ आर्थिक जोखिम नहीं है, खुलकर Transaction करें।

आय के लिए सीधा कार्य

प्रत्येक मनुष्य के लिए 24 घंटे का दिन और उस पर आधारित समय का निर्धारण है और यह पूर्णतः मनुष्य पर ही निर्भर है कि वह इस समय का उपयोग किस गति से करता है। उसके समक्ष तीन बढ़ते महत्व के व्यापार के स्तर हैं- 1. शरीर आधारित व्यापार, 2. धन/अर्थ आधारित व्यापार और 3. ज्ञान आधारित व्यापार। इन तीनों के विकास की अपनी सीमा, शक्ति, गति व लाभ है। शरीर के विकास के उपरान्त मनुष्य को धन के विकास की ओर, धन के विकास के उपरान्त मनुष्य को ज्ञान के विकास की ओर बढ़ना चाहिए अन्यथा वह अपने से उच्च स्तर वाले का गुलाम हो जाता है। जिस प्रकार मुख्य आत्मा के उपस्थिति में ब्रह्माण्ड संचालित और प्रकृति नाच रही है उसी प्रकार मनुष्य निर्मित "मुद्रा" से ब्रह्माण्ड तो संचालित नहीं हो सकता लेकिन मनुष्य जरूर नाच रहा है। इसलिए आय के लिए सीधा कार्य इस अनुसार करें-

1. Google Playstore से एप्प (App) **64INCH-SHIVA अपने Mobile में Install करें,** Registration कर दें।
2. सुबह जब भी जगें पहला काम खुद के पिन कोड क्षेत्र में क्या बिकने/ जरूरत के लिए आया है देखें, दूसरा काम Dash Board में उपलब्ध **Buy 500 Vote** से 500 Vote उधार खरीदें। डरें नहीं Payment न करने पर कोई आपसे Payment माँगने नहीं आयेगा बल्कि Payment न करने पर आप स्वयं अपना ही नुकसान करते रहेंगे।
3. Income बन जाने पर Payment करे फिर अपना लाभ लेते रहें। अधिक जानकारी के लिए अपने पिन कोड लीडर या क्षेत्र के लीडर से सम्पर्क करें जिसका Mobile Number आपके Dash Board पर उपलब्ध रहता है।

माइनिंग एप्प (MINING APP)

विषय- सूची

MINING APP - वेबसाइट www.64inch.com या एप्प (App) 64INCH-SHIVA के **MINING APP** Menu से PDF के रूप में **"क्रिप्टो करेंसी और मोबाइल माइनिंग"** पुस्तिका हिन्दी, अंग्रेजी, गुजराती, मराठी, पंजाबी, बंगाली में उपलब्ध है जिसे Download किया जा सकता है।

जिस प्रकार वर्तमान व्यावसायिक-समाजिक-धार्मिक इत्यादि मानवीय संगठन में विभिन्न पद जैसे प्रबन्ध निदेशक, प्रबन्धक, शाखा प्रबन्धक, कर्मचारी, मजदूर इत्यादि होते हैं और ये सब उस मानवीय संगठन के एक विचार जिसके लिए वह संचालित होता है, के अनुसार अपने-अपने स्तर पर कार्य करते हैं और वे उसके जिम्मेदार भी होते हैं। उसी प्रकार यह सम्पूर्ण ब्रह्माण्ड एक ईश्वरीय संगठन है जिसमें सभी अपने-अपने स्तर व पद पर होकर जाने-अनजाने कार्य कर रहें हैं। यदि मानवीय संगठन का कोई कर्मचारी दुर्घटनाग्रस्त होता है तो उसका जिम्मेदार उस मानवीय संगठन का वह विचार नहीं होता बल्कि वह कर्मचारी स्वयं होता है। इसी प्रकार ईश्वरीय संगठन में भी प्रत्येक व्यक्ति की अपनी बुद्धि-ज्ञान-चेतना-ध्यान इत्यादि गुण ही उसके कार्य का फल देती है जिसका जिम्मेदार वह व्यक्ति स्वयं होता है न कि ईश्वरीय संगठन का वह सार्वभौम सत्य-सिद्धान्त। मानवीय संगठन का विचार हो या ईश्वरीय संगठन का सार्वभौम सत्य-सिद्धान्त यह दोनों ही कर्मचारी के लिए मार्गदर्शक नियम है। जिस प्रकार कोई मानवीय संगठन आपके पूरे जीवन का जिम्मेदार हो सकता है उसी प्रकार ईश्वरीय संगठन भी आपके पूरे जीवन का जिम्मेदार हो सकता है। जिसका निर्णय आपके पूरे जीवन के उपरान्त ही हो सकता है परन्तु आपके अपनी स्थिति के जिम्मेदार आप स्वयं है। जिस प्रकार मानवीय संगठन में कर्मचारी समर्पित मोहरे की भाँति कार्य करते हैं उसी प्रकार ईश्वरीय संगठन में व्यक्ति सहित मानवीय संगठन भी समर्पित मोहरे की भाँति कार्य करते हैं, चाहे उसका ज्ञान उन्हें हो या न हो। और ऐसा भाव हमें यह अनुभव कराता है कि हम सब जाने-अनजाने उसी ईश्वर के लिए ही कार्य कर रहें है जिसका लक्ष्य है-ईश्वरीय मानव समाज का निर्माण जिसमें जो हो सत्य हो, शिव हो, सुन्दर हो और इसी ओर विकास की गति हो।

पिन कोड क्षेत्र में क्या बिकने के लिए/जरूरत है हमेशा अपडेट

सूचना, सम्पर्क और धन से धन लाभ पर आधारित भारतीय आध्यात्म-दर्शन सिद्धान्त के अनुसार मानक विपणन प्रणाली 3F (Fuel-Fire-Fuel) से युक्त प्रणाली साफ्टवेयर वैसे तो सभी नागरिकों के लिए लाभकारी है और प्रत्येक स्मार्ट फोन में होने के योग्य है जैसे फेसबुक, व्हाट्सएप्प होते हैं। लेकिन किनके लिए? कैसे लाभकारी? है ये जानें-

1. **सामाज की आत्मा के प्रसारक पत्रकारों (नारद-एकात्म मन) के लिए** - अल्प संसाधनों से सेवा करने वाले पत्रकारों के लिए धन लाभ का यह उत्तम प्रणाली है।
2. **संविधान के रक्षक अधिवक्ताओं के लिए** - किसी भी पिन कोड क्षेत्र में बिकने के लिए आये प्रापर्टी की सूचना जानने के लिए अपने मोबाइल में एप्प जरूर रखें।
3. **सामाजिक-राजनीतिक नेतृत्वकर्ताओं (गणेश, जन-गण का ईश्वर-एकात्म नेतृत्व) के लिए** - अपने समर्थकों को लाभ पहुँचाते हुये उनका दिल से समर्थन प्राप्त करने के लिए समर्थकों का पंजीकरण अवश्य करायें।
4. **गृह स्वामी/स्वामिनी (श्रीविष्णु-लक्ष्मी, एकात्म कर्म-प्रेम) के लिए** - बिना अलग से कोई कार्य किये आवश्यक आय प्राप्त करने के लिए स्वयं का पंजीकरण करके अपने मित्रों-सम्बन्धियों का पंजीकरण कर अधिकतम लाभ प्राप्त कर सकते हैं।
5. **किसानों (महर्षि कूर्म कश्यप - कृषि के आविष्कारक) के लिए** - अपने किसी भी कृषि उत्पाद को बेचने के लिए इस एप्प पर भेजें जिससे सीधे खरीददार आपसे सम्पर्क कर सकें।
6. **छात्रों (जिज्ञासु) के लिए** - आसानी से बिना किसी अलग से कार्य किये अपने खर्च को स्वयं सम्भालने के लिए इस एप्प को समझने और लाभ उठाने के लिए उपयोग करें। स्मार्ट फोन, इन्टरनेट और एप्प का ज्ञान तो आपके पास है ही।
7. **प्रापर्टी डीलर के लिए** - किसी भी पिन कोड क्षेत्र में बिकने के लिए आये प्रापर्टी की सूचना जानने के लिए और प्रापर्टी बेचने के लिए अपने मोबाइल में एप्प जरूर रखें।
8. **व्यक्तिगत रूप से ब्याज पर धन बाँटने वालों के लिए** - अपने ग्राहकों का पंजीकरण इस पर कर के उन्हें सपोर्ट करें जिससे वे भी धन लाभ करेंगे और आपकी भी आय बढ़ेगी।
9. **वर्तमान में अनेकों आनलाइन गेम (लूडो, रम्मी, तीन पत्ता, खेलों इत्यादि) खेलने वालों के लिए** - इस सिस्टम में हार की कोई सम्भावना नहीं है इसलिए खुलकर खेलें। कोई कम्पनी है ही नहीं इसलिए डुबने की कोई सम्भावना भी नहीं।
10. **कामन सर्विस सेन्टर (CSC) के लिए** - अतिरिक्त आय के लिए एक सशक्त प्रणाली है पिन कोड लीडर से सम्पर्क करें।
11. **अ-सरकारी संगठन (NGO) के लिए** - बेरोजगारी के इस दौर में लोगों के आय को बढ़ाने का प्रयास भी समाजसेवा ही है इसलिए अधिक से अधिक पंजीकरण करें और करायें।

एक ही स्मार्ट फोन/कम्प्यूटर-लैपटाप से Login-Logout कर के अनेक लोगों का कार्य किया जा सकता है। पंजीकरण के समय केवल राज्य, जिला, पिन कोड, मोबाइल नम्बर और रेफरल मोबाइल नम्बर (अनिवार्य नहीं) ही देना होता है। नाम, ई-मेल, आधार संख्या, पैन संख्या या बैंक विवरण की कोई आवश्यकता नहीं है और न ही कभी मांगा जायेगा।

इतिहास गवाह है मंहगाई कभी कम नहीं होती, अपने आय बढ़ाने के लिए सोचें और काम में लगें

बेरोजगारों व एम. एल. एम नेटवर्करों को आमंत्रण

प्रिय दोस्तों,

देश में युवा हैं जो इस गौरवशाली देश का नेतृत्व बिना किसी पद पर बैठे ही संकीर्णता, भय, असमानता, असहिष्णुता से ऊपर उठकर राष्ट्र को ज्ञान-विज्ञान के ऐसे धरातल पर स्थापित कर सकते हैं, जिससे भारत की महानता सार्वजनिक रूप से सिद्ध हो सकती है। या यूँ कहें कि भारत का वर्तमान रूप राम, कृष्ण, आादि शंकर, स्वामी विवेकान्द, स्वामी दयानन्द, भगत सिंह, रजनीश इत्यादि जैसे युवाओं ने वैचारिक और प्रत्यक्ष क्रान्ति द्वारा ही, अपने जीवन को अन्य जीवन के लोगों से अलग रखकर व्यक्त किया है। और जब भी भारत अपनी महानता को स्थापित करेगा वह युवा के द्वारा ही होगा क्योंकि कोई भी यहाँ जन्म लेकर और पुस्तकों से ज्ञान प्राप्त कर भारत को महानता नहीं दिला सकता क्योंकि फिर इतने बड़े कार्य के लिए एक जीवन तो ज्ञान की खोज में ही निकल जायेगा-फिर कर्म कब होगा? ऐसे युवा जिन्होंने अपने जीवन को बलिदान स्वरूप रखकर भारत को सतत महानता की ओर ले जाने के लिए प्रयत्न किये है वे तो सिर्फ कर्म करने आये, ज्ञान तो, उन्हें पूर्वजन्म से ही प्राप्त था।

भौतिकवादी समाज विश्व को एक बाजार समझता है लेकिन आध्यात्मवादी समाज विश्व को परिवार समझता है। इस समझ के कारण ही भारत ने "वसुधैव-कुटुम्बकम्", "बहुजन हिताय-बहुजन सुखाय", "विश्वबन्धुत्व", "एकात्म मानवतावाद" जैसे शब्दों का प्रयोग किया है। गुरू-शिष्य परम्परा की अवधारणा-भावना तभी स्वतः स्फूर्त होगी जब शिक्षा पाठ्यक्रम मस्तिष्क को विश्व व्यापक बनाने वाली हो, जिससे ऐसे मनुष्य का निर्माण हो जो सम्पूर्ण ब्रह्माण्ड को अपना स्वरूप समझता हो, और शिक्षा को मात्र रोजगार पाने की सीमा तक न समझता हो। और जब ऐसा होगा तभी शैक्षणिक संस्थानों में नई चेतना, विचारधारा निकलेगी जिससे सामाजिक व राष्ट्रीय उत्थान को बल मिलेगा।

एक परफेक्ट देश के लिए व्यक्ति-विचार आधारित नहीं बल्कि मानक आधारित होना जरूरी है। अब हमें विश्व में मानक देश (Standard Country) का निर्माण करना होगा। भारत गणराज्य -लोकतन्त्र का जन्मदाता रहा है जिसका क्रम या मार्ग - **जिस प्रकार हम सभी व्यक्ति आधारित राजतन्त्र में राजा से उठकर व्यक्ति आधारित लोकतन्त्र में आये, फिर संविधान आधारित लोकतन्त्र में आ गये उसी प्रकार पूर्ण लोकतन्त्र के लिए मानक (Standard) व संविधान आधारित लोकतन्त्र में हम सभी को पहुँचना है।**

महर्षि मनु ने कहा है कि- *"इस कलयुग में मनुष्यों के लिए एक ही कर्म शेष है आजकल यज्ञ और कठोर तपस्याओं से कोई फल नहीं होता। इस समय दान ही अर्थात एक मात्र कर्म है और दानों में धर्म दान अर्थात आध्यात्मिक ज्ञान का दान ही सर्वश्रेष्ठ है। दूसरा दान है विद्यादान, तीसरा प्राणदान और चौथा अन्न दान। जो धर्म का ज्ञानदान करते हैं वे अनन्त जन्म और मृत्यु के प्रवाह से आत्मा की रक्षा करते हैं, जो विद्या दान करते हैं वे मनुष्य की आँखें खोलते, उन्हें आध्यात्म ज्ञान का पथ दिखा देते हैं। दूसरे दान यहाँ तक कि प्राण दान भी उनके निकट तुच्छ है। आध्यात्मिक ज्ञान के विस्तार से मनुष्य जाति की सबसे अधिक सहायता की जा सकती है।"*

इस "लोकल - वोकल (LOCAL-VOCAL" के व्यापार में आपको केवल पंजीकरण (Registration) के लिए अधिकृत किया गया है। आपके काम को आसान करने के लिए शुल्क (धन) लेने से पूर्णतः मुक्त रखा गया है अर्थात केवल आप रेफर (Refer) करते जायें और इस "लोकल - वोकल (LOCAL-VOCAL" के व्यवसाय का लाभ पायें।

प्रिय दोस्तों, उठें और दुनिया को बता दें कि इस दुनिया में परिवर्तन लाने वाले हम लोग हैं। हम "लोकल - वोकल (LOCAL-VOCAL" का व्यापार करते हैं। हम राष्ट्र निर्माण का व्यापार करते हैं। हम समाज को सहायता प्रदान करने का व्यापार करते हैं। हम, लोगों को आत्मनिर्भर बनाने का व्यापार करते हैं और वहाँ करते हैं जिस क्षेत्र, जिला, मण्डल, प्रदेश व देश के निवासी हैं। जहाँ हमारे भाई-बन्धु, रिश्तेदार, दोस्त इत्यादि रहते हैं।

अब इस जिले, उस जिले, इस प्रदेश, उस प्रदेश में भागकर अपने खर्चों को न बढ़ायें। आप जहाँ के हैं वहीं से, अपने घर पर रहते हुये और अन्य कार्यों को देखते हुये सहज भाव व आराम से काम करने का समय व प्रणाली (System) आ गया है। यदि आप अन्य कम्पनी को कर रहें हों तो उसे भी करते रहें परन्तु इसे राष्ट्र का कार्य

समझ कर इसे भी अवश्य करें और इसे एक राष्ट्रीय साझा कार्यक्रम समझें। अन्य कम्पनीयों की तरह न कोई बड़ा सपना, न ही कोई सेमिनार-हंगामा और न ही साल-दो साल चलने वाली कम्पनी। हम हैं युगों में एक बार काम करने वाले लोग, और नहीं हैं तो हम आज ही यह काम बन्द कर सकते हैं। हम राष्ट्र की आवश्यकता की पूर्ति के लिए काम कर रहें हैं न कि अपार धन कमाने की महत्वाकांक्षा की पूर्ति के लिए।

यह काम राष्ट्रीय भाव-समाज सेवा का भाव सामने रखकर करें। लोगों को ज्ञान-बुद्धि की जरूरत है। यह उनके लिए ही है परन्तु उसे हम लोगों को बताना पड़ रहा है। यही ज्ञान-बुद्धि ग्रहण न करने से वे बेरोजगार हैं। सिर्फ और सिर्फ नौकरी पर आश्रित हो गये हैं। जिसके कारण सरकार भी उनसे व्यापार करने लगी है। हमारे इस व्यापार में ज्ञान भी लो और धन भी। साथ में सामाजिक सहायता और अन्य प्रकार की सुविधा भी।

यह काम पारम्परिक व्यवसाय के प्रकार से करें। जैसे शिक्षा व्यवसाय में पत्राचार शिक्षा का व्यवसाय चलता है। आप केवल इस "लोकल - वोकल (LOCAL-VOCAL" में लोगों के पंजीकरण (Registration) कराने वाले बनें। अधिक से अधिक पंजीकरण (Registration) करायें और अधिक से अधिक सामाजिक-आर्थिक लाभ प्राप्त करें। अपने निवास स्थान से करें। किसी कार्य से जहाँ जाते हैं वहाँ करें। कोई बाधा नहीं और सिर ऊँचा कर शान से कहें-"हम राष्ट्र निर्माण का व्यापार" करते हैं। राष्ट्रीय-वैश्विक स्तर पर आ गये बौद्धिक कमी की पूर्ति का व्यापार करते हैं।

यह तो सत्य हो चुका है कि बिना लाभ के कोई किसी भी प्रणाली (सिस्टम) से नहीं जुड़ता और यह भी उतना ही सत्य है कि बिना सिस्टम को समझे और उसमें जुड़े बिना कुछ भी प्राप्त नहीं हो पाता, पशुवत् जीवन जी लेना अलग बात है। पशु को ईश्वरीय सिस्टम चलाती है जिसे कहते हैं-"जाहीं विधि राखे राम, ताहीं विधि रहिए"। लेकिन मनुष्य का सिस्टम ईश्वरीय सिस्टम को पूर्णतः स्वीकार व आत्मसात् करते हुए, मनुष्य द्वारा विकसित सिस्टम से विकास को गति मिलती है। ईश्वरीय सिस्टम से ही लाखो-करोड़ों वर्षों में हम सभी यहाँ तक पहुँचे हैं जो एक धीमी गति की प्रक्रिया है। मनुष्य के सिस्टम और ईश्वरीय सिस्टम दोनों को मिलाकर विकास को गति देने के लिए ही दार्शनिकों, वैज्ञानिकों, अवतारों का आना लगा रहता है चाहे उसे मनुष्य स्वयं समझ ले या भीड़ उसे समझा दे।

मनुष्य के सिस्टम और ईश्वरीय सिस्टम से मिलकर ही यह सिस्टम विकसित की गयी है। विश्व में पहली बार प्रयोग की जा रही इस सिस्टम का नाम-भारतीय आध्यात्म एवं दर्शन आधारित स्वदेशी विपणन प्रणाली: 3-एफ (3-F: Fuel-Fire-Fuel) है।

हम आपके आय और नेटवर्क को बढ़ाने के कार्य से मुक्त करने के लिए अन्य अच्छे और स्थायी लम्बे समय तक चलने वाले एम. एल. एम कम्पनीयों से साझेदारी भी कर रहें हैं क्योंकि अब समय एकल कम्पनीयों का नहीं बल्कि समूह का है। जिससे निवेश से लाभ, स्थिरता और शक्ति का अधिकतम विकास व लाभ मिलता है। यह एम. एल. एम कम्पनीयों के लिए एक नये युग की शुरूआत भी होगी। साथ ही हमें बार-बार नये नेटवर्क के लिए मेहनत की आवश्यकता भी नहीं होगी। अधिक जानकारी के लिए वेबसाइट www.64inch.com देखें।

जय बेरोजगार, जय नेटवर्कर

"आत्मनिर्भर व लोकल-वोकल प्रणाली" के आविष्कारकर्ता

64inch.foundation

बारिश उन्हीं कमरे में पहुँचती है, जिनके छत नहीं होते हैं।
अच्छे दिन उन्हीं के आते हैं, जिनके मस्तिष्क बन्द नहीं होते हैं।

हमारा लक्ष्य - जन-धन का सही उपयोग एवं राष्ट्रीय बौद्धिक विकास द्वारा आर्थिक स्वतन्त्रता

दान नहीं, व्यापार

अधिकतम व्यक्ति अपने बहुत सी खुशियों व इच्छाओं की पूर्ति अपने व्यक्तिगत समस्याओं के कारण नहीं कर पाते। इसी कारण ऐसा कार्य जो उन्हें आनन्द प्रदान करता है, कार्य करने वाले को पुरस्कार या दान देकर स्वयं को सतुंष्टि प्रदान करते हैं। प्रणाली का कार्य भारत सहित विश्व के मानवता के लिए सर्वोच्च व अन्तिम कार्य है। फलस्वरुप यह अनेक मानवों की इच्छा की पूर्ति भी है। प्रणाली का कार्य मनुष्य के उस बिन्दु पर कार्य है, जहाँ से मनुष्य स्वयं अपनी सहायता के लिए तैयार हो सके। प्रणाली संघर्षशीलता व कर्म में विश्वास करता है न कि मनुष्य को सीधे धन उपलब्ध कराकर उसे निकम्मा बना देने में। प्रणाली इस सर्वोच्च और अन्तिम कार्य के लिए जन साधारण से सहयोग की अपेक्षा करता है जिसका वह सुयोग्य पात्र भी है। जिसका रूप प्रणाली में शामिल होना है और ऐसे लोगों को शामिल कराना है जो इस प्रणाली के लिए आर्थिक रूप से सक्षम नहीं हैं।

प्रणाली में प्रत्यक्ष दान लेने का कोई प्राविधान नहीं है। यदि आप दान देना चाहते हैं तो स्वयं का पंजीकरण करें फिर उसका पंजीकरण करें जिसे आप दान करना चाहते हैं। या पहले से पंजीकृत किसी सदस्य को दान करें। दान भी हो जायेगा और पुनः आपके पास लौट कर आ भी जायेगा।

"इस कलयुग में मनुष्यों के लिए एक ही कर्म शेष है आजकल यज्ञ और कठोर तपस्याओं से कोई फल नहीं होता। इस समय दान ही अर्थात एक मात्र कर्म है और दानों में धर्म दान अर्थात आध्यात्मिक ज्ञान का दान ही सर्वश्रेष्ठ है। दूसरा दान है विद्यादान, तीसरा प्राणदान और चौथा अन्न दान। जो धर्म का ज्ञानदान करते हैं वे अनन्त जन्म और मृत्यु के प्रवाह से आत्मा की रक्षा करते हैं, जो विद्या दान करते हैं वे मनुष्य की आँखें खोलते, उन्हें आध्यात्म ज्ञान का पथ दिखा देते हैं। दूसरे दान यहाँ तक कि प्राण दान भी उनके निकट तुच्छ है। आध्यात्मिक ज्ञान के विस्तार से मनुष्य जाति की सबसे अधिक सहायता की जा सकती है।"

- महर्षि मनु

"पुण्य, व्यक्तिगत कर्म के लिए सत्य पात्र को दान, दूसरों की सेवा और देखभाल, अपने पुण्य का भाग दूसरों को देना, दूसरे द्वारा दिये गये पुण्य के भाग को स्वीकारना।"

-भगवान बुद्ध

"सावधान रहो। तुम मनुष्यों को दिखाने के लिए अपने धर्म के काम न करो, नहीं तो अपने स्वर्ग स्थित पिता से कोई फल नहीं पाओगे। इसलिए जब तू दान करे, तो अपने आगे तुरही न बजवा जैसा कपटी लोग सभाओं व गलियों में करते हैं, ताकि लोग उनकी बड़ाई करें। मैं तुमसे सच कहता हूँ कि वे अपना फल पा चुकें।"

- ईसामसीह

"यह कि तू कहे कि मैनें सर्वोच्च अल्लाह की दासता स्वीकार की है और मैं उसका ही हूँ और यह कि तू नमाज (प्रार्थना) कायम कर और जकात (दान) दे। यह कि तू भूखों को खाना खिला और तू जिन्हें जानता है और जिन्हें नहीं जानता, उन सबको सलाम कर"

- मुहम्मद पैगम्बर

"धनी व्यक्तियों को अपने धन से भगवान और भक्तों की सेवा करनी चाहिए और निर्धनों को भगवान का नाम जपते हुए उनका भजन करना चाहिए।"

- श्री माँ शारदा

"दान से बड़ा और धर्म नहीं। हाथ सदा देने के लिए ही बनाए गये थे। कुछ मत माँगों बदले में कुछ मत चाहो। तुम्हें जो देना है दे दो, वह तुम्हारे पास लौटकर आयेगा, पर अभी उसकी बात मत सोचो। वह वर्धिक होकर, सहस्त्र गुना वर्धिक होकर वापस आयेगा, पर ध्यान उधर न जाना चाहिए। तुममें केवल देने की शक्ति है। दे दो, बस बात वहीं पर समाप्त हो जाती है।"

- स्वामी विवेकानन्द

"भगवान से दान लेने वाले थक जाते हैं किन्तु उनकी उदारता अथक है। युगों से मानव, भगवान की उदारता पर पलता आ रहा है। अरे नानक, उनकी इच्छा संसार का निर्देशन करती है परन्तु फिर भी वे असक्त अथवा चिन्ता से अलिप्त रहते है।" **-गुरू नानक**

सारांश - सीधी समझ

बड़ा वट वृक्ष (Big Banyan Tree), सैकड़ों वर्ष पुराना एक विशाल क्षेत्र में फैला वट वृक्ष है। जिसका मूल वृक्ष अब अस्तित्व में नहीं है उसके तनों से निकले सैंकड़ों जड़ वर्तमान में स्वयं एक वृक्ष, फिर उनके तनों से निकले सैंकड़ों जड़ भी वर्तमान में एक-एक वृक्ष के रूप में स्थापित हैं और सभी एक-दूसरे से जुड़े हुये हैं, बस जो नहीं है, वह है मूल वृक्ष। इस प्रकार सम्पूर्ण वृक्ष परिवार एक बड़े क्षेत्र में फैल चुका है और निरन्तर जारी भी है। प्रत्येक स्वयं स्वतन्त्र वृक्ष के रूप में स्थापित वृक्ष का अपने परिवार के रूप में तना, पत्ता, फूल और फल सब निकलते रहते हैं और जिसे जहाँ अर्थात् नजदीकी स्रोत से सुविधा अर्थात् खुराक मिल सकता हैं वहाँ से प्राप्त करते हुये विकास कर रहे हैं। इस कार्य में आपस में कोई विवाद नहीं है। कोई किसी पर अधिपत्य जमाना नहीं चाहता, ना ही अन्य के विकास में कोई बाधा पहुँचाता है। जिसको जिस ओर उचित वातावरण मिलता जाता है, उस ओर वह विकास कर रहा है। कुल मिलाकर स्व प्रेरित सुशासन की भाँति संचालित है। इस वट वृक्ष के सबसे बाद अर्थात् वर्तमान के तनों-पत्तों के लिए उसका जन्मदाता व पालनकर्ता के रूप में उसका नजदीकी जड़ ही है इसलिए उसकी कथा-कहानी वहीं से शुरू होती है और वहीं तक उसका ज्ञान है जो एक संकुचित और सीमित ज्ञान है। वह पूर्ण को नहीं जान रहा, उसका पूर्णत्व, सार्वभौम पूर्णत्व नहीं बल्कि सीमित पूर्णत्व है। सीमित पूर्णत्व में भी वह आनन्द में हैं और विकासशील है। उसका विकास होना सार्वभौम का ही विकास होना है परन्तु उसे उसका ज्ञान नहीं है और वह उस सार्वभौम के विकास में अपने योगदान को करते हुये भी स्वयं को गौरवान्वित नहीं अनुभव कर रहा है। सार्वभौम से युक्त होने के बाद भी उसे अपने परिवार से ही जुड़ा रहना उसकी विवशता भी है और इसके अलावा कोई अन्य मार्ग भी नहीं हैं। उसके सार्वभौम का मार्ग भी उसके अपने परिवार के ही मार्ग से होकर जाता है। वृक्ष के साथ यह मजबूरी भी है कि क्योंकि वह स्थिर है इसलिए उसका छोटा परिवार केवल पड़ोस तक के ही दायरे के सम्पर्क में है। दूसरे छोर के परिवार का क्या हाल है उसे कुछ नहीं पता।

हे मानवों, ये संसार भी उपरोक्त वट वृक्ष के सामन ही फैला हुआ है। परन्तु उस भाँति विकास नहीं कर रहा है। मनुष्य के अन्दर बीमारी की भाँति अधिकतम "शक्ति और लाभ (पावर और प्राफिट)" की दौड़ ने उसे अधिपत्य, अत्याचार, दूसरे को दबाना इत्यादि से युक्त कर दिया है। और जो इस दौड़ में नहीं हैं वे सीमित पूर्णत्व में आनन्द के साथ विकासशील हैं। उन्हें और भी तेज विकास की इच्छा है परन्तु उनके बुद्धि का दायरा ही सीमित है इसलिए उन्हें मार्ग नहीं मिल रहा है। यदि उनको मार्ग भी मिल रहा हो तो वट वृक्ष की भाँति उसके नजदीकी जन्मदाता ने उसे यह बता रखा है कि जब उस सार्वभौम का मार्ग मेरे ही रास्ते से जाता है तो जो मैं कह रहा हूँ उसे करो। और इसके लिए वे अपने परिवार के लिए अनेक प्रकार की प्रणाली दे रखे हैं। जबकि ये प्रणाली देने वाले उनके नजदीकी जन्मदाता स्वयं कहाँ से आये हैं स्वयं उन्हे भी नहीं पता। क्योंकि वे स्वयं भी उस वट वृक्ष के खो गये मूल जड़ की तरह अपने मूल जड़ को नहीं जानते। वे भी अपने नजदीकी जन्मदाता का ही अनुसरण कर रहे होते हैं। ये प्रणालीयाँ अनेक प्रकार की हैं उदाहरणस्वरूप कुछ मुख्य निम्नवत् हैं-

1. उनके द्वारा प्रस्तुत कुछ पुस्तकें होती हैं जिन्हें नियमानुसार प्रतिदिन पढ़ना होता है। पढ़ने के पूर्व शुद्धता की भी प्रक्रिया अनिवार्य होती है अन्यथा पुस्तकें परिणाम नहीं दे पायेंगी, ये भी शर्त होती हैं।
2. उनके द्वारा भोजन से सम्बन्धित कुछ नियम बना दिये जाते हैं कि क्या खाना है और क्या नहीं खाना है।
3. उनके द्वारा कोई मन्त्र दे कर उसे नियमानुसार जपने के लिए दे दिया जाता है।
4. उनके द्वारा किसी यन्त्र-तन्त्र द्वारा समस्या मुक्ति का उपाय बता दिया जाता है।
5. उनके द्वारा किसी विशेष प्रकार के रंग और ढ़ग के वस्त्र निर्धारित कर दी जाती है जिससे उनकी पहचान एक अलग रूप में हो। अर्थात् समाज का एक और विभाजन कर उसे प्रस्तुत कर देते हैं।

सामान्य रूप से सभी द्वारा अनिवार्य रूप से ये भी निर्धारित कर दी जाती है कि किसी दूसरे के नियमों को न तो जानना है, न सुनना है, न पढ़ना है और न ही उसमें शामिल होना है। अर्थात् एक गतिशील प्राणी मनुष्य को जिसे सदैव श्रेष्ठ से, श्रेष्ठतम और सर्वोच्च तक उठने-विकास करने के लिए निर्मित किया गया था, उसे एक सीमित

दायरे में बुद्धिबद्ध कर दिया गया। मनुष्य जिसका निर्माण अपनी मस्तिष्क को असीम क्षमता को विकसित कर ईश्वर रूप में व्यक्त होना था, उसे जड़ (स्थिर) बना दिया गया।

हे मानवों, मनुष्यों की सबसे बड़ी कमजोरी "स्वयं में गुणों का विकास कर स्वयं बन जाने या हो जाने" में नहीं बल्कि "पाने" की इच्छा है। इस पाने की इच्छा की कमजोरी का परिणाम ही है उपरोक्त अनेक प्रकार के बुद्धिबद्ध करने की विधियाँ।

हे मानवों, उपरोक्त के पृष्ठभूमि में उनका उद्देश्य केवल अपने स्वार्थ की पूर्ति के सिवाय कुछ नहीं होता। क्योंकि मार्गदर्शक या प्रेरक या शिक्षक का उद्देश्य स्वयं से श्रेष्ठ मानव का निर्माण होता है न कि सदैव जीवन भर एक ही प्रणाली या प्रक्रिया या कक्षा में पढ़ते-दुहराते रहने के लिए विवश करना। उपरोक्त के पृष्ठभूमि में शारीरिक-आर्थिक-मानसिक शोषण का ही कार्य विभिन्न प्रकार से चल रहा है। कोई अपने कृषि कार्य को मुफ्त में हल करवा रहा है, तो कोई अपने नाम के उत्पादों को सिर्फ उन्हें ही खरीदने के लिए बुद्धिबद्ध कर दिया है।

हे मानवों, इन सबको आस्था का व्यापार कहते हैं। जबकि मैं देख रहा हूँ कि प्रत्येक संस्कारित करने की क्रिया जो उस काल के लिए आस्था का विषय था। उसके अगले काल के लिए संस्कारित करने की नयी क्रिया उपलब्ध हो जाने के बावजूद, मानव शरीर पिछले काल के संस्कारित करने वाली क्रिया के प्रति आस्था रखते हुये मूर्खता का स्पष्ट प्रदर्शन कर रहा है। सभी कालों में, सभी संस्कारित करने की क्रियाओं में मैं (सार्वभौम आत्मा) ही आस्था का विषय था परन्तु क्रिया के प्रति आस्था रखना मूर्खता का स्पष्ट प्रमाण ही तो है। चाहे वह व्यक्तिगत इच्छा से हो या सामाजिक प्रदर्शन की इच्छा से। इन समस्त संस्कारित करने के क्रिया के पीछे जो रहस्य आज तक गोपनीय था उसे मैंने तुम्हारें समक्ष सार्वजनिक प्रकाशित कर दिया है। अब कुछ भी गोपनीय नहीं। बावजूद इसके प्रत्येक मनुष्य अपनी मूर्खता रूपी आस्था को प्रदर्शित करने के लिए स्वतन्त्र है। परन्तु वह मुझ (सार्वभौम आत्मा) को प्राप्त नहीं कर सकता। हे मानवों, ईश्वर बहुमत से नहीं निर्धारित किया जाता इसलिए ही उसे अनिवर्चनीय कहा गया है। किसी भी वस्तु के प्रति आस्था के विकास से और समस्त मानवों को उसके प्रति आस्थावान् बना देने से वह वस्तु गुण प्रकट कर वैसा नहीं बन सकती जैसा आप उम्मीद करते हो।

हे मानवों, एक तरह से देखा जाये तो उपरोक्त व्यवस्था से कोई समस्या है ही नहीं क्योंकि जिसकी इच्छा जहाँ से पूर्ति हो रही है और विकास का मार्ग मिल रहा है, वह वहाँ से जुडा हुआ है। इसलिए मानव सभ्यता पर आया यह दसवाँ और अन्तिम संकट, संकट होते हुये भी संकट जैसा नहीं दिखता। इस व्यवस्था से हमें कोई समस्या भी नहीं है। समस्या ये है कि धर्म को जिस उद्देश्य के लिए निर्मित किया गया था वही धर्म, संकट में है। यह धर्म ही उस वट वृक्ष का मूल है, सार्वभौम है, समष्टि है। इसके ज्ञान से युक्त दोनों को अर्थात् विशाल संसार रूपी वट वृक्ष के छोटे-छोटे परिवार के नेतृत्वकर्ता मुखिया सहित उसके सदस्यों को होना आवश्यक है। तभी परिवार के नेतृत्वकर्ता मुखिया द्वारा बनाये गये उपरोक्त प्रणाली-नियम परिणाम-फल दे पायेंगे जिसकी इच्छा परिवार के सदस्य करते हैं।

हमारी उत्पत्ति ज्ञान से हुई है। जिन्हें ज्ञान है वही अपने आप को संघर्ष में पाते हैं और सर्वश्रेष्ठता के लिए कर्मशील हैं। शेष सभी तो प्रकृति के अनुसार आते-जाते रहते हैं। इस ज्ञान को ही ब्रह्म (सार्वभौम एकात्म ज्ञान) कहते हैं। देवता रूप में इस ज्ञान को ब्रह्मा के रूप में प्रक्षेपित किया गया है। यह ज्ञान जिस-जिस अंगो द्वारा प्राथमिकता से अनुभव में आता है उतने प्रकार के मानव अपने-आप को उत्पन्न समझते हैं।

पुराण रचनाकार महर्षि व्यास ने ब्रह्मा अर्थात ज्ञान के पुत्रों का प्रक्षेपण किये हैं। ब्रह्मा के 10 मानस पुत्रों

01. मन (विचार) से ज्ञान प्राप्त करने वाले मरीचि
02. नेत्रों (देखकर) ज्ञान प्राप्त करने वाले अत्रि
03. मुख (वाणी) से ज्ञान प्राप्त करने वाले अंगिरा
04. कान (सुन) कर ज्ञान प्राप्त करने वाले पुलस्त्य
05. नाभि (केन्द्र) से ज्ञान प्राप्त करने वाले पुलह
06. हाथ (कर्म) से ज्ञान प्राप्त करने वाले कृतु

07. त्वचा (स्पर्श) से ज्ञान प्राप्त करने वाले भृगु
08. प्राण (श्वास) से ज्ञान प्राप्त करने वाले वशिष्ठ
09. अँगूठे (आत्मा) से ज्ञान प्राप्त करने वाले दक्ष
10. गोद (प्रेम) से ज्ञान प्राप्त करने वाले नारद

ये दस प्रकार ज्ञान से उत्पन्न है और इतने प्रकार के मानव निर्मित होकर संसार में विचरण कर रहे हैं। इसे ये न समझना चाहिए कि मन या नेत्र इत्यादि से कैसे ब्रह्मा ने अपने पुत्रों को उत्पन्न किया? चूंकि शरीर का अस्तित्व अस्थायी है इसलिए विचार के आधार पर ये मनुष्य के वर्ग या श्रेणी का निर्धारण है। इसे मानकीकरण (Standardization) या वर्गीकरण (Classification) भी कहा जा सकता है। जिस प्रकार आजकल मानकीकरण के शब्द ISOऔर ISI मार्का दिये जाते हैं।

किसी कार्य को करने में बहुत से लोग ऐसे होते हैं जो किसी कार्य/प्रणाली को पूरी तरह समझना चाहते हैं। उनके लिए और भी विस्तार के लिए वेबसाइट **www.64inch.com** और एप्प (App) **64INCH-SHIVA** के Menu **FAQ** से पुस्तक **व्यापार केन्द्र (TRADE CENTRE)-दृश्य सत्य (200 Pages)** डाउनलोड किया जा सकता है। और भी विस्तार के लिए वेबसाइट **www.64inch.com** और एप्प (App) **64INCH-SHIVA** के Menu **OFFICIAL WEBSITE** को देखा जा सकता है। और भी विस्तार के लिए वेबसाइट **www.64inch.com** और एप्प (App) **64INCH-SHIVA** के Menu **CORE WEBSITE** को देखा जा सकता है। इसके बाद भी आपकों नहीं समझ आता तो ये निश्चित है कि आपका विश्व (METAVERSE) अलग है और आप समझने के लिए अगले जन्म में आ सकते हैं।

वहीं बहुत से ऐसे लोग होते हैं जो बहुत कुछ समझना नहीं चाहते, बस उन्हें सीधे निर्देश चाहिए होता है कि इसे केवल ऐसे करो। उनके लिए सीधा निर्देश यह पुस्तिका है।

Think Globally - Act Locally
वैश्विक सोच - स्थानीय कार्यवाही

"मैंने एक योजना सोची तथा उसे कार्यान्वित करने का मैंने दृढ़ सकल्प किया। कन्याकुमारी में माता कुमारी के मन्दिर में बैठकर, भारतवर्ष की अन्तिम चट्टान पर बैठकर, मैंने सोचा कि हम जो इतने संन्यासी घूमते फिरते हैं और लोगों को दर्शनशास्त्र की शिक्षा दे रहे हैं, यह सब निरा पागलपन है। क्या हमारे गुरुदेव नहीं कहा करते थे कि खाली पेट से धर्म नहीं होता?"

- स्वामी विवेकानन्द

FINAL KNOWLEDGE BOMB BLAST

AFTER FIRST NOBEL DISCOVERY OF ZERO BY INDIA AGAIN ZERO BASED FINAL DISCOVERY

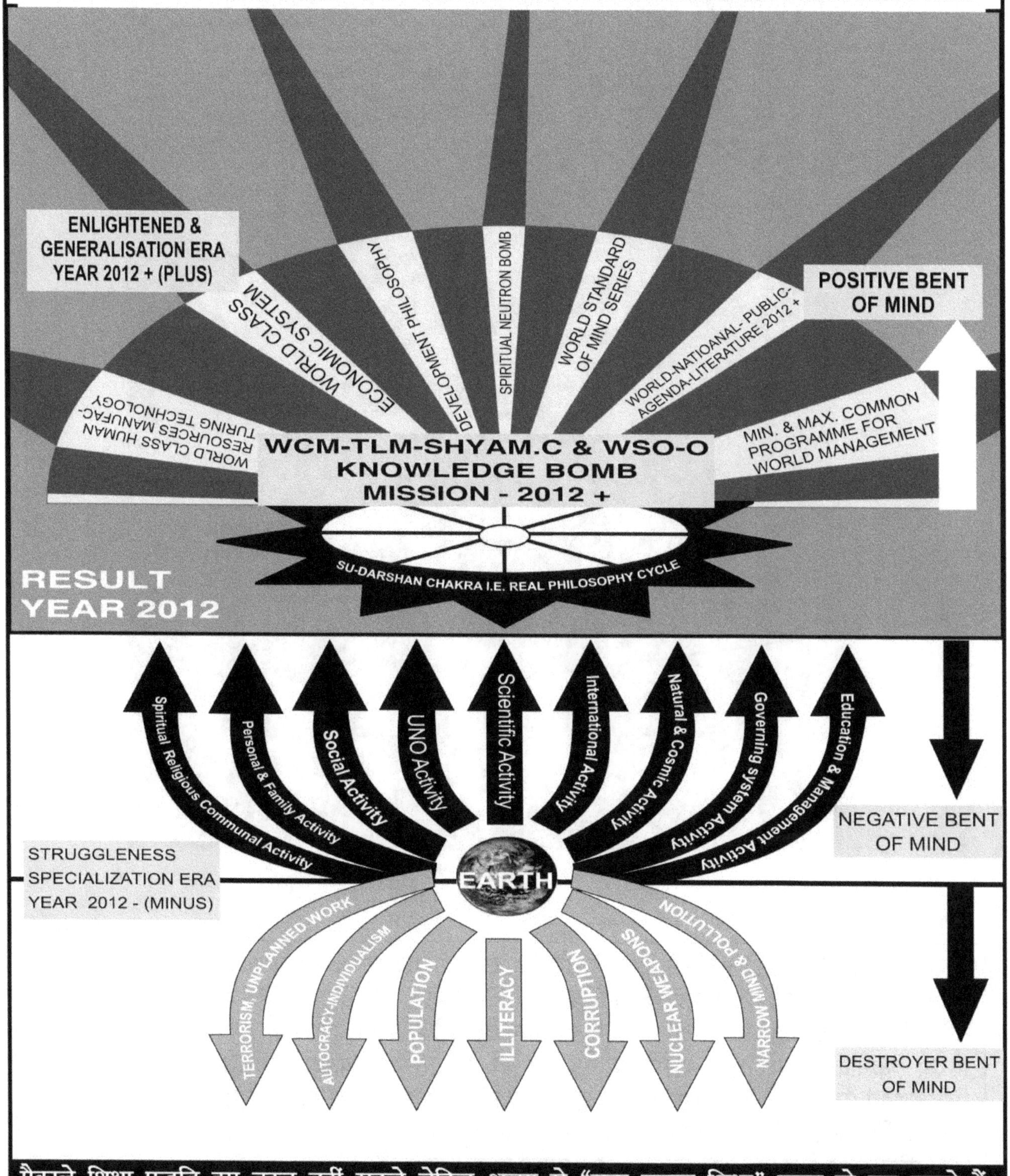

मैकाले शिक्षा पद्धति हम बदल नहीं सकते लेकिन अलग से "सत्य मानक शिक्षा" ग्रहण तो कर सकते हैं।

सरकारी पाठ्यक्रम बनाम नीजी पाठ्यक्रम / सार्वभौम आत्मीय पाठ्यक्रम / ईश्वरीय पाठ्यक्रम

ज्ञान के इस युग में ज्ञान की ओर चलें

"अच्छी शिक्षा, शिक्षकों से जुड़ी है। शिक्षक को हर परम्पराओं का ज्ञान होना चाहिए। हम विश्व को अच्छे शिक्षक दे सकते हैं। विगत छह महीने से पूरा विश्व हमारी ओर देख रहा है। ऋषि-मुनियों की शिक्षा पर हमें गर्व है। 21वीं सदी में विश्व को उपयोगी योगदान देने की माँग है। पूर्णत्व के लक्ष्य को प्राप्त करना विज्ञान हो या तकनीकी, इसके पीछे परिपूर्ण मानव मन की ही विश्व को आवश्यकता है। रोबोट तो पाँच विज्ञानी मिलकर भी पैदा कर देगें। मनुष्य का पूर्णत्व, तकनीकी में समाहित नहीं हो सकता। पूर्णता मतलब जनहित। कला-साहित्य से ही होगा नवजागरण।" (बी.एच.यू, वाराणसी में)
बृहस्पतिवार, 25 दिसम्बर 2014 ई0 (साभार-काशी वार्ता, वाराणसी

- श्री नरेन्द्र मोदी, प्रधानमंत्री, भारत

"सत्य मानक शिक्षा" का व्यापार-एक अन्तहीन व्यापार

एक नदी पर पुल था जिसे कोई व्यक्ति पैदल दो घण्टे में पार करता था। यह पुल पैदल यात्रीयों के लिए रोक दिया गया था जिसके लिए पुल के ठीक मध्य (एक घण्टे की यात्रा) पर एक गार्ड नियुक्त था। गार्ड एक घण्टे सोता था और एक घण्टे जागता था। एक चालाक व्यक्ति को पुल से नदी पार करना अतिआवश्यक था। इसलिए गार्ड जब सोया तब वह यात्रा प्रारम्भ किया जैसे ही गार्ड के जागने का समय आया, वह वापस लौटने लगा। गार्ड समझा कि वह दूसरे किनारे से आ रहा है इसलिए उसने उस यात्री को पकड़ा और दूसरी ओर भेज दिया। इस प्रकार यात्री नदी पार हो गया।

यदि हम में से किसी को तैरकर नदी पार करना हो और आधे से पहले ही हमारा हिम्मत टूटने लगे तो हम वापस ही आना चाहेंगे। यदि आधे से अधिक तैरने के बाद हिम्मत टूटने लगेगा तो हौसला बढ़ाकर आगे ही बढकर पार करना चाहेंगे।

इसी प्रकार मनुष्य के विकास क्रम में हम सब अदृश्य विज्ञान (आध्यात्म) से दृश्य विज्ञान (भौतिक) की ओर बढ़ गये हैं। नदी या पुल का एक किनारा अदृश्य विज्ञान है तो दूसरा किनारा दृश्य विज्ञान। वर्तमान का हमारा अधिकतम जीवन नदी के दूसरे किनारे दृश्य विज्ञान की ओर है, हर पल। जन्म से ही हम अधिकतम वे सब वस्तुएँ प्रयोग कर रहे हैं जिसका कच्चा माल भले ही ईश्वरकृत हो परन्तु उपयोग का रूप मनुष्यकृत है और विज्ञान द्वारा निर्मित है। इस प्रकार मनुष्य निर्माता के रूप में अपना रूप व्यक्त कर ईश्वर की ओर ही बढ़ रहा है।

नदी के पुल पर बैठे उस गार्ड का काम और तैरने वाले का निर्णय "सत्य शिक्षा" है। वर्तमान में मनुष्य समाज अदृश्य काल से चलकर दृश्य काल में आ चुका है। आधे से वापस किनारे जाना "सत्य" को पाना है। और आधे से दूसरे किनारे पार हो जाना "सिद्धान्त" को पाना है। इन्हीं सिद्धान्त को पाने के बाद संविधान-नियम-कानून का जन्म होता है जिससे आज हम सभी संचालित व प्रभावित है। इस "सत्य-सिद्धान्त" की शिक्षा ही "सत्य मानक शिक्षा" है।

वर्तमान में जीने का अर्थ होता है-विश्व ज्ञान जहाँ तक बढ़ चुका है वहाँ तक के ज्ञान से अपने मस्तिष्क को युक्त करना। तभी डेढ़ हजार वर्ष पुराने हमारे मस्तिष्क का आधुनिकीकरण हो पायेगा। सिर्फ वर्तमान में तो पशु रहकर कर्म करते हैं। "सत्य मानक शिक्षा" मनुष्य के मस्तिष्क के आधुनिकीकरण की शिक्षा है या विज्ञान की भाषा में कहें तो मस्तिष्क के आधुनिकीकरण का साफ्टवेयर या माइक्रोचिप्स (Integrated Circuit-I.C) है। वर्तमान की अब नवीनतम परिभाषा है-"पूर्ण ज्ञान से युक्त होना" और कार्यशैली की परिभाषा है-"भूतकाल का अनुभव, भविष्य की आवश्यकतानुसार पूर्णज्ञान और परिणाम ज्ञान से युक्त होकर वर्तमान समय में कार्य करना।"

ज्ञान के इस युग में शिक्षा-विद्या-कला का व्यापार मनुष्य के धरती पर रहने तक रहेगा। ऐसी स्थिति में "सत्य मानक शिक्षा"का व्यापार भी उस समय तक के लिए स्थायित्व में है। शिक्षा-विद्या-कला कोई प्रापर्टी नहीं है कि पिता जी ग्रहण कर चुके हैं तो पुत्र को हिस्सा प्राप्त हो जायेगा। पुत्र को भी वहीं से अर्थात् अक्षर ज्ञान से शुरू होना पड़ेगा जहाँ से पिता ने शुरू किया था। इस प्रकार "सत्य मानक शिक्षा"का व्यापार एक अन्तहीन व्यापार है जो मनुष्य के पृथ्वी पर रहने तक चलता रहेगा।

स्कूल-कालेजों के जाल से शिक्षा के व्यापार का विकास होता है न कि शिक्षा का। शिक्षा का विकास तो शिक्षा पाठ्यक्रम पर निर्भर होता है जिससे शिक्षक और शिक्षार्थी दोनों निर्मित होते हैं। जब तक पूर्ण शिक्षा पाठ्यक्रम का निर्माण नहीं होता, शिक्षा का विकास नहीं हो सकता लेकिन शिक्षा के व्यापार का विकास होता रहेगा।

आध्यात्म और विज्ञान ने मानव सभ्यता के विकास में अब कम से इतना विकास तो कर ही चुका है कि अब हमें मन के एकीकरण के लिए कार्य करना चाहिए। और उस मन पर कार्य करने का ही परिणाम है-

सम्पूर्ण ब्रह्माण्ड में व्याप्त एक ही सत्य-सिद्धान्त द्वारा व्यक्तिगत व संयुक्त मन को एकमुखी कर सर्वोच्च, मूल और अन्तिम स्तर पर स्थापित करने के लिए शून्य पर अन्तिम आविष्कार WS-0 श्रृंखला की निम्नलिखित पाँच शाखाएँ है।

1. डब्ल्यू.एस. (WS)-0: विचार एवम् साहित्य का विश्वमानक
2. डब्ल्यू.एस. (WS)-00: विषय एवम् विशेषज्ञों की परिभाषा का विश्वमानक
3. डब्ल्यू.एस. (WS)-000: ब्रह्माण्ड (सूक्ष्म एवम् स्थूल) के प्रबन्ध और क्रियाकलाप का विश्वमानक
4. डब्ल्यू.एस. (WS)-0000: मानव (सूक्ष्म तथा स्थूल) के प्रबन्ध और क्रियाकलाप का विश्वमानक
5. डब्ल्यू.एस. (WS)-00000: उपासना और उपासना स्थल का विश्वमानक

और पूर्णमानव निर्माण की तकनीकी WCM-TLM-SHYAM.C (World Class Manufacturing – Total Life Maintenance – Satya-Heart-Yog-Ashram-Meditaion.Conciousness) है।

जो शिक्षा का नया माडल है। गरीबों की समस्या सुलझानें का नैतिक दायित्व है। देश में 25 वर्ष से कम उम्र के 55 करोड़ लोगों के लिए पुननिर्माण जैसी योजना हैं। उन्हें नौकरी और प्रशिक्षण की व्यवस्था है। रचनात्मकता, समन्वय, लीडरशिप, ग्लोबल तथा प्रोफेशनल विषयों को पढ़ने तथा सूचना तकनीक के जरिए पढ़ाई पर ध्यान केन्द्रित करने से युक्त है। हमारे देश में जो अध्यापक हैं, वे शोध नहीं करते और जो शोध करते हैं वे पढ़ाते नहीं, इसलिए शिक्षार्थी को ही शोध पत्र (विश्वशास्त्र) पढ़ाया जाय क्योंकि शिक्षक पढ़ने से तो रहे क्योंकि समान्यतः धन के आने की सुनिश्चितता के बाद लोग पढ़ना छोड़ देते हैं, यही नहीं कोशिश तो यह भी रहती है कि पढ़ाना भी न पड़े और उन्हें सेवा से हटाया भी नहीं जा सकता।

स्वामी विवेकान्द जी ने कहा था – "सुधारकों से मैं कहूंगा कि मैं स्वयं उनसे कहीं बढ़कर सुधारक हूँ। वे लोग इधर-उधर थोड़ा सुधार करना चाहते हैं- और मैं चाहता हूँ आमूल सुधार। हम लोगों का मतभेद है केवल सुधार की प्रणाली में। उनकी प्रणाली विनाशात्मक है और मेरी संघटनात्मक। मैं सुधार में विश्वास नहीं करता, मैं विश्वास करता हूँ स्वाभाविक उन्नति में।"

स्वाभाविक उन्नति तभी होती है जब संसाधन उपलब्ध हो। कार-मोटरसाइकिल घर में पहले से रहता है तो स्वाभाविक रूप से कम उम्र में ही घर के लोग चलाना सिख जाते हैं

जो व्यक्ति या देश केवल आर्थिक उन्नति को ही सर्वस्व मानता है वह व्यक्ति या देश एक पशुवत् जीवन निर्वाह के मार्ग पर है-जीना और पीढ़ी बढ़ाना। दूसरे रूप में इसे ऐसे समझा जा सकता है कि ऐसे व्यक्ति जिनका लक्ष्य धन रहा था वे अपने धन के बल पर अपनी मूर्ति अपने घर पर ही लगा सकते हैं परन्तु जिनका लक्ष्य धन नहीं था, उनका समाज ने उन्हें, उनके रहते या उनके जाने के बाद अनेकों प्रकार से सम्मान दिया है और ये सार्वजनिक रूप से सभी के सामने प्रमाणित है। पूर्णत्व की प्राप्ति का मार्ग शारीरिक-आर्थिक उत्थान के साथ-साथ मानसिक-बौद्धिक उत्थान होना चाहिए और यही है ही। इस प्रकार भारत यदि पूर्णता व विश्व गुरूता की ओर बढ़ना चाहता है तब उसे मात्र कौशल विकास ही नहीं बल्कि राष्ट्रीय बौद्धिक विकास की ओर भी बढ़ना होगा। बौद्धिक विकास, व्यक्ति व राष्ट्र का इस ब्रह्माण्ड के प्रति दायित्व है और उसका लक्ष्य है।

राष्ट्र के पूर्णत्व के लिए पूर्ण शिक्षा निम्नलिखित शिक्षा का संयुक्त रूप है-

अ-सामान्यीकरण (Generalisation) शिक्षा

ज्ञान के लिए- यह शिक्षा व्यक्ति और राष्ट्र का बौद्धिक विकास कराती है जिससे व्यक्ति व राष्ट्रीय सुख में वृद्धि होती है।

ब-विशेषीकरण (Specialisation) शिक्षा

कौशल के लिए- यह शिक्षा व्यक्ति और राष्ट्र का कौशल विकास कराती है जिससे व्यक्ति व राष्ट्रीय उत्पादकता में वृद्धि होती है।

स-सत्य नेटवर्क (REAL NETWORK)

समाज में प्रकाशित होने के लिए-क्योंकि कोई भी क्यों न हो उसे स्वयं अपना परिचय (BIO-DATA) देना पड़ता है तभी उसके अनुसार समाज उसका उपयोग करता है।

वर्तमान समय में विशेषीकरण की शिक्षा, भारत में चल ही रहा है और वह कोई बहुत बड़ी समस्या भी नहीं है। समस्या है सामान्यीकरण शिक्षा की। व्यक्तियों के विचार से सदैव व्यक्त होता रहा है कि-मैकाले शिक्षा पद्धति बदलनी चाहिए, राष्ट्रीय शिक्षा नीति व पाठ्यक्रम बनना चाहिए। ये तो विचार हैं। पाठ्यक्रम बनेगा कैसे?, कौन बनायेगा? पाठ्यक्रम में पढ़ायेंगे क्या?

एक पूर्ण मानव निर्माण प्रक्रिया में शिक्षा पाठ्यक्रम के स्वरूप का विश्वमानक निम्नवत् है। जो किसी विशेष देश-काल-पात्र पर निर्भर नही करता अर्थात् यह प्रत्येक देशों और व्यक्तियों के लिए शिक्षा का स्वरूप है। जिससे ब्रह्माण्डीय, वैश्विक और व्यक्तिगत संतुलन, स्थिरता, एकता, प्रबन्ध, विकास, शान्ति और सुरक्षा निर्धारित होती है।

1. प्राइमरी शिक्षा (कक्षा-5 तक)-भाषा ज्ञान आधारित:- क्षेत्रीय, देश, विश्‍व और विज्ञान की भाषा का ज्ञान, सामान्य विज्ञान, सामान्य ज्ञान, चित्र कला।

2. जूनियर हाई स्कूल (कक्षा-6 से 8 तक)-समाज ज्ञान आधारित:- क्षेत्रीय, देश, विश्व और विज्ञान की भाषा का ज्ञान, सामान्य विज्ञान, सामान्य ज्ञान, चित्र कला का विस्तार, खेल, संगीत, कृषि, समाज विज्ञान।

3. हाई स्कूल (कक्षा-9 से 10 तक)-सामान्यीकृत ज्ञान आधारित:- ज्ञान-कर्मज्ञान समाहित WCM-TLM-SHYAM.C (World Class Manufacturing – Total Life Maintenance – Satya-Heart-Yog-Ashram-Meditaion.Conciousness) प्रणाली अर्थात शिक्षा पाठ्यक्रम का विश्व मानक, कालानुसार विज्ञान, तकनीकी, व्यापारीक व प्रबन्धकीय ज्ञान की शिक्षा।

4. इण्टरमीडिएट (कक्षा-11 से 12 तक)-विशेषीकृत ज्ञान आधारित:- कौशल विकास की शिक्षा।

5. उच्च शिक्षा-इच्छानुसार विशेष क्षेत्र आधारित

"किसी देश का संविधान, उस देश के स्वाभिमान का शास्त्र तब तक नहीं हो सकता जब तक उस देश की मूल भावना का शिक्षा पाठ्यक्रम उसका अंग न हो। इस प्रकार भारत देश का संविधान भारत देश का शास्त्र नहीं है। संविधान को भारत का शास्त्र बनाने के लिए भारत की मूल भावना के अनुरूप नागरिक निर्माण के शिक्षा पाठ्यक्रम को संविधान के अंग के रूप में शामिल करना होगा। जबकि राष्ट्रीय संविधान और राष्ट्रीय शास्त्र के लिए हमें विश्व के स्तर पर देखना होगा क्योंकि देश तो अनेक हैं राष्ट्र केवल एक विश्व है, यह धरती है, यह पृथ्वी है। भारत को विश्व गुरू बनने का अन्तिम रास्ता यह है कि वह अपने संविधान को वैश्विक स्तर पर विचार कर उसमें विश्व शिक्षा पाठ्यक्रम को शामिल करे। यह कार्य उसी दिशा की ओर एक पहल है, एक मार्ग है और उस उम्मीद का एक हल है। राष्ट्रीयता की परिभाषा व नागरिक कर्तव्य के निर्धारण का मार्ग है। जिस पर विचार करने का मार्ग खुला हुआ है।"

"भारत का प्रत्येक नागरिक अपने जीवकोपार्जन के मार्ग व संघर्ष में अपने विषय का जानकार व अनुभव तो प्राप्त कर रहा है परन्तु कुछ पाने के क्रम में कुछ छूट भी जाता है इसलिए प्रत्येक नागरिक को अपने अहंकार को भूलकर यह स्वीकार करना होगा कि वह अपने विषय से हटकर अन्य विषय के विषय में कम या नहीं जानता है।"

अतः एक "आदर्श नागरिक" बनने के क्रम में न्यूनतम ज्ञान सभी को एक समान रूप से चाहिए।

स्वस्थ भारत, व्यस्त भारत, मस्त भारत
"अमृत काल" में "सत्यकाशी" द्वारा एक मात्र "राष्ट्रीय प्रस्तुति"
चौसठ इंच डॉट कॉम
www.64inch.com
नागरिक का अपने देश–समाज के प्रति कर्तव्य
मोहल्ला ट्रेड सेन्टर
पिन कोड लीडर
राज्य लीडर
उपयोगकर्ता
64 inch
64 inch SHIVA
64 inch NETWORK
64 inch BOOK
64inch.foundation

भाग-7
परिवर्तन

सीधी समझ

नये भारत में, नये मनुष्य के उदय के लिए

व्यवस्था के परिवर्तन या सत्यीकरण का पहला प्रारूप और उसकी कार्य विधि

वे शब्द जिसके बिना युग परिवर्तन सम्भव नहीं

उपाधियाँ मिलती है- पीएच0 डी0, डी0 लिट0 और डी0 फिल0 और उनका बड़ा सम्मान होता है। उनका काम क्या है? उनका काम यह है कि वे तय करते हैं कि गोरखनाथ कब पैदा हुए थे। कोई कहता है दसवीं सदी के अंत में, कोई कहता है ग्यारहवीं सदी के प्रारम्भ में। इस पर बड़ा विवाद चलता है। बड़े-बड़े विश्वविद्यालयों के ज्ञानी सिर खपा कर खोज में लगे रहते हैं। शास्त्रों की, प्रमाणों की, इसकी, उसकी। उनकी पूरी जिन्दगी इसी में जाती है। इससे बड़ा अज्ञान और क्या होगा? गोरख कब पैदा हुए, इसे जानकर करोगे क्या? इसे जान भी लिया तो पाओगे क्या? गोरख न भी पैदा हुए, यह भी सिद्ध हो जाये, तो भी क्या फायदा? हुए हों या न हुए हों, अर्थहीन है। गोरख ने क्या जिया उसका स्वाद लो। इसलिए तुम्हारे विश्वविद्यालय ऐसी व्यर्थता के कामों में संलग्न हैं कि बड़ा आश्चर्य होता है कि इन्हें विश्वविद्यालय कहो या न कहो। इनका काम ही........तुम्हारे विश्वविद्यालय में चलने वाली जितनी शोध है, सब कूड़ा-करकट है।

-आचार्य रजनीश "ओशो"

(अक्टुबर व नवम्बर 1978 में दिये गये प्रवचन का अंश)

FINAL KNOWLEDGE BOMB BLAST

AFTER FIRST NOBEL DISCOVERY OF ZERO BY INDIA AGAIN ZERO BASED FINAL DISCOVERY

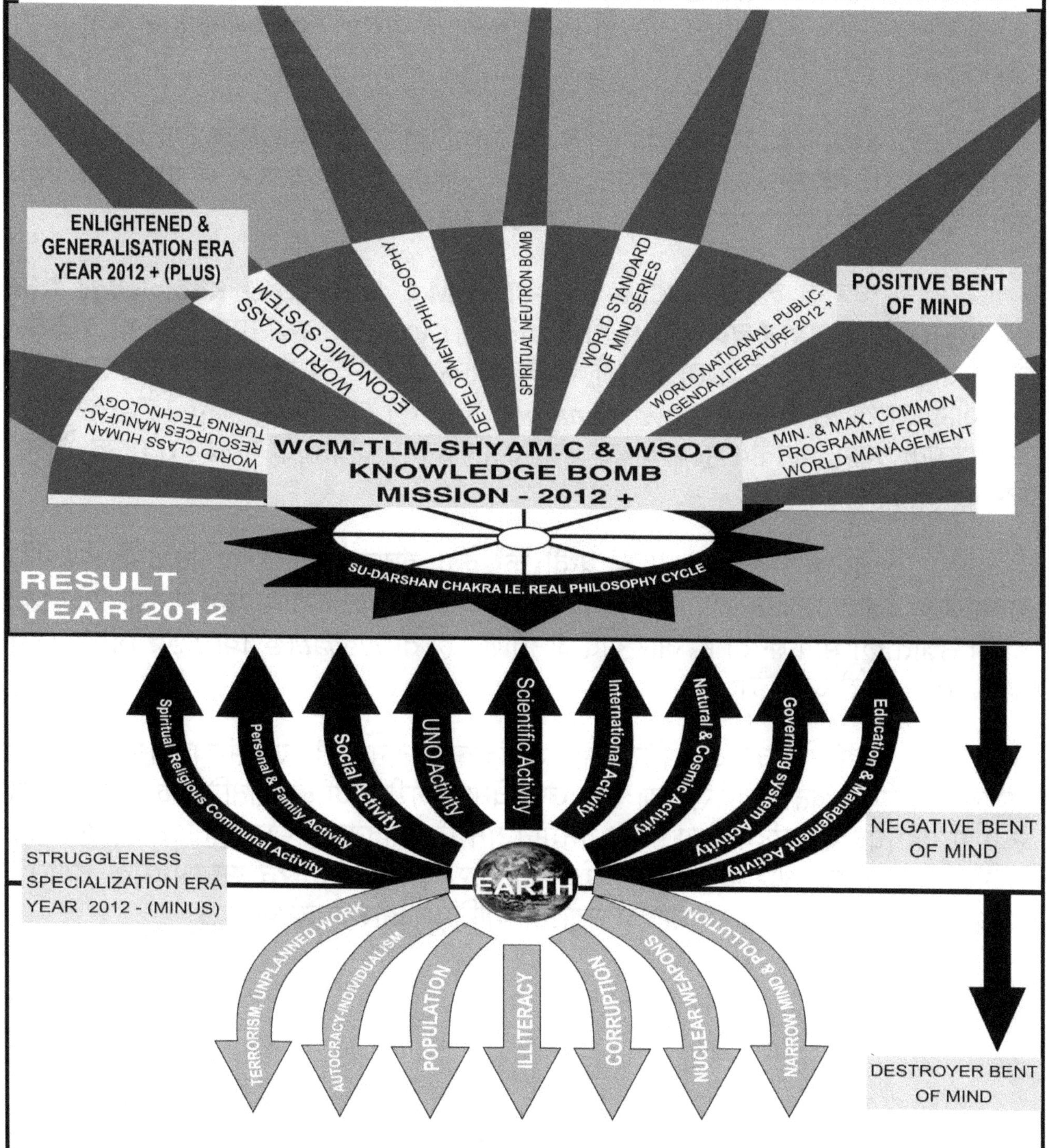

मैकाले शिक्षा पद्धति हम बदल नहीं सकते लेकिन अलग से "सत्य मानक शिक्षा" ग्रहण तो कर सकते हैं।
सरकारी पाठ्यक्रम बनाम नीजी पाठ्यक्रम / सार्वभौम आत्मीय पाठ्यक्रम / ईश्वरीय पाठ्यक्रम
ज्ञान के इस युग में ज्ञान की ओर चलें

FINAL KNOWLEDGE BOMB BLAST

यह चित्र **“FINAL KNOWLEDGE BOMB BLAST”** एक गहन वैचारिक मानचित्र है, जो मानव चेतना, ज्ञान, दर्शन और वैश्विक व्यवस्था के परिवर्तन को प्रतीकात्मक रूप में प्रस्तुत करता है।

इसमें यह दिखाया गया है कि वर्ष 2012 को एक *युग-संधि* के रूप में देखा गया है- जहाँ संघर्ष, विशेषज्ञता और विखंडन (2012–minus) से निकलकर मानवता को प्रबोधन, सामान्यीकरण और समन्वय (2012–plus) की ओर बढ़ना है।

चित्र के केंद्र में **WCM–TLM–SHYAM.C & WSO-O Knowledge Bomb Mission** और **सु-दर्शन चक्र (Real Philosophy Cycle)** को रखा गया है, जो यह संकेत देता है कि वास्तविक परिवर्तन शस्त्रों से नहीं, बल्कि दर्शन, विवेक और समग्र ज्ञान से आता है। ऊपर की ओर उठती संरचना *Positive Bent of Mind* को दर्शाती है, जहाँ विश्व-स्तरीय सोच, आध्यात्मिक दर्शन, मानवीय मूल्य, वैश्विक एजेंडा और कॉमन प्रोग्राम के माध्यम से मानव चेतना का विस्तार होता है।

चित्र के निचले भाग में पृथ्वी को केंद्र बनाकर मानव गतिविधियों-आध्यात्मिक, सामाजिक, वैज्ञानिक, अंतरराष्ट्रीय, शैक्षिक और प्रशासनिक-को दर्शाया गया है, जो यदि संतुलित हों तो उन्नति का मार्ग बनती हैं, और यदि असंतुलित हों तो *Negative* तथा *Destroyer Bent of Mind* की ओर ले जाती हैं।

वहीं नीचे की ओर गिरते तीर आतंकवाद, तानाशाही, जनसंख्या विस्फोट, अशिक्षा, भ्रष्टाचार, परमाणु खतरे और संकीर्ण सोच जैसे विनाशकारी तत्वों का प्रतिनिधित्व करते हैं। समग्र रूप से यह चित्र यह संदेश देता है कि वर्तमान युग में मानवता के सामने विकल्प स्पष्ट है-या तो संकीर्ण, नकारात्मक और विनाशकारी सोच, या फिर **“ज्ञान आधारित सार्वभौमिक दर्शन”** के माध्यम से पृथ्वी और मानव सभ्यता का संतुलित, शांतिपूर्ण और प्रबुद्ध भविष्य।

सीधी समझ

बड़ा वट वृक्ष (Big Banyan Tree), सैकड़ों वर्ष पुराना एक विशाल क्षेत्र में फैला वट वृक्ष है। जिसका मूल वृक्ष अब अस्तित्व में नहीं है उसके तनों से निकले सैंकड़ों जड़ वर्तमान में स्वयं एक वृक्ष, फिर उनके तनों से निकले सैंकड़ों जड़ भी वर्तमान में एक-एक वृक्ष के रूप में स्थापित हैं और सभी एक-दूसरे से जुड़े हुये हैं, बस जो नहीं है, वह है मूल वृक्ष। इस प्रकार सम्पूर्ण वृक्ष परिवार एक बड़े क्षेत्र में फैल चुका है और निरन्तर जारी भी है। प्रत्येक स्वयं स्वतन्त्र वृक्ष के रूप में स्थापित वृक्ष का अपने परिवार के रूप में तना, पत्ता, फूल और फल सब निकलते रहते हैं और जिसे जहाँ अर्थात् नजदीकी स्रोत से सुविधा अर्थात् खुराक मिल सकता हैं वहाँ से प्राप्त करते हुये विकास कर रहे हैं। इस कार्य में आपस में कोई विवाद नहीं है। कोई किसी पर अधिपत्य जमाना नहीं चाहता, ना ही अन्य के विकास में कोई बाधा पहुँचाता है। जिसको जिस ओर उचित वातावरण मिलता जाता है, उस ओर वह विकास कर रहा है। कुल मिलाकर स्व प्रेरित सुशासन की भाँति संचालित है। इस वट वृक्ष के सबसे बाद अर्थात् वर्तमान के तनों-पत्तों के लिए उसका जन्मदाता व पालनकर्ता के रूप में उसका नजदीकी जड़ ही है इसलिए उसकी कथा-कहानी वहीं से शुरू होती है और वहीं तक उसका ज्ञान है जो एक संकुचित और सीमित ज्ञान है। वह पूर्ण को नहीं जान रहा, उसका पूर्णत्व, सार्वभौम पूर्णत्व नहीं बल्कि सीमित पूर्णत्व है। सीमित पूर्णत्व में भी वह आनन्द में हैं और विकासशील है। उसका विकास होना सार्वभौम का ही विकास होना है परन्तु उसे उसका ज्ञान नहीं है और वह उस सार्वभौम के विकास में अपने योगदान को करते हुये भी स्वयं को गौरवान्वित नहीं अनुभव कर रहा है। सार्वभौम से युक्त होने के बाद भी उसे अपने परिवार से ही जुड़ा रहना उसकी विवशता भी है और इसके अलावा कोई अन्य मार्ग भी नहीं हैं। उसके सार्वभौम का मार्ग भी उसके अपने परिवार के ही मार्ग से होकर जाता है। वृक्ष के साथ यह मजबूरी भी है कि क्योंकि वह स्थिर है इसलिए उसका छोटा परिवार केवल पड़ोस तक के ही दायरे के सम्पर्क में है। दूसरे छोर के परिवार का क्या हाल है उसे कुछ नहीं पता।

हे मानवों, ये संसार भी उपरोक्त वट वृक्ष के सामन ही फैला हुआ है। परन्तु उस भाँति विकास नहीं कर रहा है। मनुष्य के अन्दर बीमारी की भाँति अधिकतम "शक्ति और लाभ (पावर और प्राफिट)" की दौड़ ने उसे अधिपत्य, अत्याचार, दूसरे को दबाना इत्यादि से युक्त कर दिया है। और जो इस दौड़ में नहीं हैं वे सीमित पूर्णत्व में आनन्द के साथ विकासशील हैं। उन्हें और भी तेज विकास की इच्छा है परन्तु उनके बुद्धि का दायरा ही सीमित है इसलिए उन्हें मार्ग नहीं मिल रहा है। यदि उनको मार्ग भी मिल रहा हो तो वट वृक्ष की भाँति उसके नजदीकी जन्मदाता ने उसे यह बता रखा है कि जब उस सार्वभौम का मार्ग मेरे ही रास्ते से जाता है तो जो मैं कह रहा हूँ उसे करो। और इसके लिए वे अपने परिवार के लिए अनेक प्रकार की प्रणाली दे रखे हैं। जबकि ये प्रणाली देने वाले उनके नजदीकी जन्मदाता स्वयं कहाँ से आये हैं स्वयं उन्हे भी नहीं पता। क्योंकि वे स्वयं भी उस वट वृक्ष के खो गये मूल जड़ की तरह अपने मूल जड़ को नहीं जानते। वे भी अपने नजदीकी जन्मदाता का ही अनुसरण कर रहे होते हैं। ये प्रणालीयाँ अनेक प्रकार की हैं उदाहरणस्वरूप कुछ मुख्य निम्नवत् हैं-

1 उनके द्वारा प्रस्तुत कुछ पुस्तकें होती हैं जिन्हें नियमानुसार प्रतिदिन पढ़ना होता है। पढ़ने के पूर्व शुद्धता की भी प्रक्रिया अनिवार्य होती है अन्यथा पुस्तकें परिणाम नहीं दे पायेंगी, ये भी शर्त होती हैं।

2 उनके द्वारा भोजन से सम्बन्धित कुछ नियम बना दिये जाते हैं कि क्या खाना है और क्या नहीं खाना है।

3 उनके द्वारा कोई मन्त्र दे कर उसे नियमानुसार जपने के लिए दे दिया जाता है।

4 उनके द्वारा किसी यन्त्र-तन्त्र द्वारा समस्या मुक्ति का उपाय बता दिया जाता है।

5 उनके द्वारा किसी विशेष प्रकार के रंग और ढ़ग के वस्त्र निर्धारित कर दी जाती है जिससे उनकी पहचान एक अलग रूप में हो। अर्थात् समाज का एक और विभाजन कर उसे प्रस्तुत कर देते हैं।

सामान्य रूप से सभी द्वारा अनिवार्य रूप से ये भी निर्धारित कर दी जाती है कि किसी दूसरे के नियमों को न तो जानना है, न सुनना है, न पढ़ना है और न ही उसमें शामिल होना है। अर्थात् एक गतिशील प्राणी मनुष्य को जिसे सदैव श्रेष्ठ से, श्रेष्ठतम और सर्वोच्च तक उठने-विकास करने के लिए निर्मित किया गया था, उसे एक सीमित

दायरे में बुद्धिबद्ध कर दिया गया। मनुष्य जिसका निर्माण अपनी मस्तिष्क को असीम क्षमता को विकसित कर ईश्वर रूप में व्यक्त होना था, उसे जड़ (स्थिर) बना दिया गया।

हे मानवों, मनुष्यों की सबसे बड़ी कमजोरी "स्वयं में गुणों का विकास कर स्वयं बन जाने या हो जाने" में नहीं बल्कि "पाने" की इच्छा है। इस पाने की इच्छा की कमजोरी का परिणाम ही है उपरोक्त अनेक प्रकार के बुद्धिबद्ध करने की विधियाँ।

हे मानवों, उपरोक्त के पृष्ठभूमि में उनका उद्देश्य केवल अपने स्वार्थ की पूर्ति के सिवाय कुछ नहीं होता। क्योंकि मार्गदर्शक या प्रेरक या शिक्षक का उद्देश्य स्वयं से श्रेष्ठ मानव का निर्माण होता है न कि सदैव जीवन भर एक ही प्रणाली या प्रक्रिया या कक्षा में पढ़ते-दुहराते रहने के लिए विवश करना। उपरोक्त के पृष्ठभूमि में शारीरिक-आर्थिक-मानसिक शोषण का ही कार्य विभिन्न प्रकार से चल रहा है। कोई अपने कृषि कार्य को मुफ्त में हल करवा रहा है, तो कोई अपने नाम के उत्पादों को सिर्फ उन्हें ही खरीदने के लिए बुद्धिबद्ध कर दिया है।

हे मानवों, इन सबको आस्था का व्यापार कहते हैं। जबकि मैं देख रहा हूँ कि प्रत्येक संस्कारित करने की क्रिया जो उस काल के लिए आस्था का विषय था। उसके अगले काल के लिए संस्कारित करने की नयी क्रिया उपलब्ध हो जाने के बावजूद, मानव शरीर पिछले काल के संस्कारित करने वाली क्रिया के प्रति आस्था रखते हुये मूर्खता का स्पष्ट प्रदर्शन कर रहा है। सभी कालों में, सभी संस्कारित करने की क्रियाओं में मैं (सार्वभौम आत्मा) ही आस्था का विषय था परन्तु क्रिया के प्रति आस्था रखना मूर्खता का स्पष्ट प्रमाण ही तो है। चाहे वह व्यक्तिगत इच्छा से हो या सामाजिक प्रदर्शन की इच्छा से। इन समस्त संस्कारित करने के क्रिया के पीछे जो रहस्य आज तक गोपनीय था उसे मैंने तुम्हारें समक्ष सार्वजनिक प्रकाशित कर दिया है। अब कुछ भी गोपनीय नहीं। बावजूद इसके प्रत्येक मनुष्य अपनी मूर्खता रूपी आस्था को प्रदर्शित करने के लिए स्वतन्त्र है। परन्तु वह मुझ (सार्वभौम आत्मा) को प्राप्त नहीं कर सकता। हे मानवों, ईश्वर बहुमत से नहीं निर्धारित किया जाता इसलिए ही उसे अनिवर्चनीय कहा गया है। किसी भी वस्तु के प्रति आस्था के विकास से और समस्त मानवों को उसके प्रति आस्थावान् बना देने से वह वस्तु गुण प्रकट कर वैसा नहीं बन सकती जैसा आप उम्मीद करते हो।

हे मानवों, एक तरह से देखा जाये तो उपरोक्त व्यवस्था से कोई समस्या है ही नहीं क्योंकि जिसकी इच्छा जहाँ से पूर्ति हो रही है और विकास का मार्ग मिल रहा है, वह वहाँ से जुडा हुआ है। इसलिए मानव सभ्यता पर आया यह दसवाँ और अन्तिम संकट, संकट होते हुये भी संकट जैसा नहीं दिखता। इस व्यवस्था से हमें कोई समस्या भी नहीं है। समस्या ये है कि धर्म को जिस उद्देश्य के लिए निर्मित किया गया था वही धर्म, संकट में है। यह धर्म ही उस वट वृक्ष का मूल है, सार्वभौम है, समष्टि है। इसके ज्ञान से युक्त दोनों को अर्थात् विशाल संसार रूपी वट वृक्ष के छोटे-छोटे परिवार के नेतृत्वकर्ता मुखिया सहित उसके सदस्यों को होना आवश्यक है। तभी परिवार के नेतृत्वकर्ता मुखिया द्वारा बनाये गये उपरोक्त प्रणाली-नियम परिणाम-फल दे पायेंगे जिसकी इच्छा परिवार के सदस्य करते हैं।

हमारी उत्पत्ति ज्ञान से हुई है। जिन्हें ज्ञान है वही अपने आप को संघर्ष में पाते हैं और सर्वश्रेष्ठता के लिए कर्मशील हैं। शेष सभी तो प्रकृति के अनुसार आते-जाते रहते हैं। इस ज्ञान को ही ब्रह्म (सार्वभौम एकात्म ज्ञान) कहते हैं। देवता रूप में इस ज्ञान को ब्रह्मा के रूप में प्रक्षेपित किया गया है। यह ज्ञान जिस-जिस अंगो द्वारा प्राथमिकता से अनुभव में आता है उतने प्रकार के मानव अपने-आप को उत्पन्न समझते हैं।

पुराण रचनाकार महर्षि व्यास ने ब्रह्मा अर्थात ज्ञान के पुत्रों का प्रक्षेपण किये हैं। ब्रह्मा के 10 मानस पुत्रों

11.मन (विचार) से ज्ञान प्राप्त करने वाले मरीचि

12.नेत्रों (देखकर) ज्ञान प्राप्त करने वाले अत्रि

13.मुख (वाणी) से ज्ञान प्राप्त करने वाले अंगिरा

14.कान (सुन) कर ज्ञान प्राप्त करने वाले पुलस्त्य

15.नाभि (केन्द्र) से ज्ञान प्राप्त करने वाले पुलह

16.हाथ (कर्म) से ज्ञान प्राप्त करने वाले कृतु

17.त्वचा (स्पर्श) से ज्ञान प्राप्त करने वाले भृगु

18.प्राण (श्वास) से ज्ञान प्राप्त करने वाले वशिष्ठ

19.अँगूठे (आत्मा) से ज्ञान प्राप्त करने वाले दक्ष

20.गोद (प्रेम) से ज्ञान प्राप्त करने वाले नारद

ये दस प्रकार ज्ञान से उत्पन्न है और इतने प्रकार के मानव निर्मित होकर संसार में विचरण कर रहे हैं। इसे ये न समझना चाहिए कि मन या नेत्र इत्यादि से कैसे ब्रह्मा ने अपने पुत्रों को उत्पन्न किया? चूंकि शरीर का अस्तित्व अस्थायी है इसलिए विचार के आधार पर ये मनुष्य के वर्ग या श्रेणी का निर्धारण है। इसे मानकीकरण (Standardization) या वर्गीकरण (Classification) भी कहा जा सकता है। जिस प्रकार आजकल मानकीकरण के शब्द ISOऔर ISI मार्का दिये जाते हैं।

नये भारत में, नये मनुष्य के उदय के लिए

आप लंगोट से जौकी पर आ गये...पायजामे से पतलून पर आ गये...नाड़े से बेल्ट पर आ गये...खड़ाऊँ से बूट पर आ गये...कलम से कीबोर्ड पर आ गये। पगडंडियों से एक्सप्रेस वे पर आ गये...चूल्हे से इंडक्शन कुकर पर आ गये...जंगलो से अपार्टमेंट तक आ गये। हल से ट्रैक्टर पर आ गये...पैदल से लक्ज़री जहाज़ों पर आ गये...दीये-मशाल से एलईडी पर आ गये...आप लैंडलाइन से ओरियो एंड्रॉयड तक आ गये...तीर-कमान और गदा से ऑटोमैटिक बंदूकों और मिसाइलों पर आ गये। दुनियां चाँद पे चली गई...मंगल की छाती पर नासा ने रोबोट उतार दिया....शनि मंगल सूर्यग्रहण-चन्द्रग्रहण के हर रहस्य से पर्दा उठ गया!

आप पाँच हज़ार ईसापूर्व और पाँचवी-छठवीं शताब्दी से इक्कीसवी शताब्दी में आ गये...आप लगातार अपडेट होते रहे हैं!!! मगर फिर भी तुम ग्रह-नक्षत्रों को...शनि-मंगल को जन्मकुंडली में देख-देख कर काँप रहे हो। अपना भविष्य सुधारने के लिए बाबा-बाबियों का रास्ता नाप रहे हो। क्या इसी दिन के लिए तुमने बी.एससी, एम.एससी पीएच.डी की थी?? कि तुम पढ़े-लिखे जाहिलों की फौज में शामिल हो जाना! क्या इसी दिन के लिए तुम डॉक्टर, इंजीनियर, वकील, मजिस्ट्रेट या प्रोफेसर बने थे? कि बंगले पर काली हांडी टांगना! निम्बू मिर्ची टांगना! नजर न लगने से एक पैर में काला धागा बांधना?? और अपने उज्ज्वल भविष्य की भीख किसी बाबा-बाबी के दर पर नाक रगड़ के मांगना?

देश आजाद हो गया! दुनिया आजाद हो गई! आखिर कब मिलेगी तुम्हें आजादी?? इस अंधी मानसिक गुलामी से? दुनिया रोज नए-नए आविष्कार कर रही है! तुम हजारों साल पुरानी भाषा, संस्कृति, रीति, रिवाजो की वैज्ञानिक व्याख्या करने में लगे हो! क्या भारत पुनः विश्वगुरु तुम्हारे जैसे मनोरोगियों की वजह से कभी बन पाएगा? बंद कमरे में तुम्हारी चोटी कट जाती! अँधेरे में अकेले में तुम्हें भूत-पलीत सताते हैं! तुम्हें ही सारी दुनिया की नजर लगती है! डायन तो तुम्हारे हर घर में मौजूद है!! तुम्हारे तंत्र-मंत्र-यंत्र काम क्यों नहीं करते हैं? एक पैर में काले धागे वाला रक्षा सूत्र तुम्हारी चोंटी क्यों नहीं बचाता है? आखिर कब तक तुम मानसिक गुलाम रहोगे?

तुम्हारी समस्याएं लौकिक है। मगर तुम्हें हर समस्या का हल परलोक में नजर आता है! संसार तुम्हारे लिए स्वप्नवत् है माया है! भगवान की लीला है! नाटक है! भ्रम है! आखिर तुम्हें इस सपने से कौन जगाए? कब तक शब्दों के साथ बलात्कार करोगे? कब तक धोखे में रहोगे? कब तक हर सिद्धान्त हर आविष्कार को शास्त्रों ऋषि-मुनियों के माथे मड़ोगे??

तुम लोग को जो जगाए वही धर्मद्रोही, देशद्रोही, जातिवादी या नास्तिक है? चारुवाक, बुद्ध, महावीर, कपिल, कणाद गौतम, नागसेन, अश्वघोष, कबीर, नानक, रविदास, ओशो, फुले, शाहू, पेरियार, भीम, भगतसिंह, कोवूर, राहुल संस्कृत्यायन, दयानन्द, विवेकानंद, सबने विवेक लगाया! मगर फिर भी तुम्हारा विवेक नहीं जागा!

तुम्हारा धर्म कब अपडेट (Update) होगा?
तुम्हारी आस्था कब अपडेट (Update) होगी?
तुम्हारा ईश्वर कब अपडेट (Update) होगा?
तुम्हारी सोच कब अपडेट (Update) होगी?
तुम्हारे धर्म की किताबें कब अपडेट (Update) होंगी?

कम्प्यूटर और मोबाइल का साफ्टवेयर तो तुरन्त करते हो, तुम्हारे मस्तिष्क का साफ्टवेयर कब अपडेट (Update) होगा?

क्योंकि तुम विश्वगुरु के अहंकार की दारू पीकर गरीबी, अनपढ़ता, लिंगभेद, जातिभेद, भाषाभेद, क्षेत्रभेद, साम्प्रदायिकता की नाली में पड़े हो! आखिर तुम्हें कब मिलेगी आजादी? इस उम्दा मानसिक गुलामी से?

सोच के बता देना!!
आओ एक कदम शब्दों के उँचाइयों की ओर..........

IDEAS + ACTION = CHANGE

व्यवस्था के परिवर्तन या सत्यीकरण का पहला प्रारूप और उसकी कार्य विधि

उदाहरण के रूप में, यदि किसी शिक्षित व्यक्ति जिसे अंकगणित का ज्ञान हो, उसके समक्ष संख्या 5 लिख दिया जाये और उससे कहा जाये कि इस संख्या के आगे और पीछे की संख्या लिखें तो वह आसानी से उसे लिख देगा परन्तु अंकगणित का अज्ञानी ऐसा नहीं कर पायेगा। उसका सारा ध्यान केवल संख्या 5 पर ही टिका रह जायेगा क्योंकि वह संख्या पद्धति से अपरिचित है। अगर वह कुछ लिख भी देगा तो वह आवश्यक नहीं कि सत्य हो और उसमें सुधार की पूरी सम्भावना बनी रहेगी। समाज सुधार के क्षेत्र में भी यही बात है। हम एक समस्या देखते हैं फिर उसमें कुछ सुधार कर देते हैं। फल यह होता है कि कुछ समय बाद पुनः उसमें सुधार की आवश्यकता आ जाती है।

जितने अधिक आकड़ों को विश्लेषित कर हम परिणाम को खोजेंगे उतने ही सत्य परिणाम हमारे सामने आयेंगे। प्रस्तुत शास्त्र व्यक्त अधिकतम आकड़ों के व्यवस्थित प्रस्तुतीकरण का शास्त्र है। दूसरे रूप में इसे धर्म ज्ञान का बैलेन्ससीट भी कह सकते है। इन सम्पूर्ण आकड़ों पर आधारित होकर व्यक्ति, समाज और विश्व राष्ट्र के लिए लिया गया निर्णय ही एक सत्य निर्णय हो सकता है। समाज सुधार के सम्बन्ध में स्वामी विवेकानन्द का कहना है कि-"तथाकथित समाज-सुधार के विषय में हस्तक्षेप न करना क्योंकि पहले आध्यात्मिक सुधार हुये बिना अन्य किसी भी प्रकार का सुधार हो नहीं सकता (राम पृष्ठ मिशन, पत्रावली भाग-1, पृष्ठ-29), भारत के शिक्षित समाज से मैं इस बात पर सहमत हूँ कि समाज का आमूल परिवर्तन करना आवश्यक है। पर यह किया किस तरह जाये? सुधारकों की सब कुछ नष्ट कर डालने की रीति व्यर्थ सिद्ध हो चुकी है। मेरी योजना यह है, हमने अतीत में कुछ बुरा नहीं किया। निश्चय ही नहीं किया। हमारा समाज खराब नहीं, बल्कि अच्छा है। मैं केवल चाहता हूँ कि वह और भी अच्छा हो। हमें असत्य से सत्य तक अथवा बुरे से अच्छे तक पहुँचना नहीं है। वरन् सत्य से उच्चतर सत्य तक, श्रेष्ठ से श्रेष्ठतर और श्रेष्ठतम तक पहुँचना है। मैं अपने देशवासियों से कहता हूँ कि अब तक जो तुमने किया, सो अच्छा ही किया है, अब इस समय और भी अच्छा करने का मौका आ गया है।"-(राम पृष्ठ मिशन, जितने मत उतने पथ, पृष्ठ-46)

व्यक्ति हो या ज्ञानी, समाज हो या राज्य, देश हो या विश्व, समाज नेता हों या राजनेता सभी को अब यह जान लेना चाहिए कि विश्व एक परिवार है और उस परिवार का शास्त्र-"विश्वशास्त्र" है। जब तक यह शास्त्र उपलब्ध नहीं था तब तक इस विश्व परिवार के एकीकरण का मार्ग नहीं खुला था, अब वह मार्ग मिल चुका है। कोई भी समाज निर्माण या युग परिवर्तन का कार्य एक क्षण का कार्य नहीं है। यह एक लम्बी अवधि की प्रक्रिया का कार्य है। इसे हम उन समाज सुधारकों के संस्थाओं के कार्य को देख कर अनुभव कर सकते हैं।

व्यवस्था परिवर्तन, एक राजनीतिक लुभावना वाला शब्द है। वह कैसे होगा, इसके लिए एक प्रारूप की आवश्यकता होती है अगर वह नहीं है तो व्यवस्था परिवर्तन चिल्लाने से नहीं होता। फिर व्यवस्था परिवर्तन किस बात का? मानव समाज को संचालित करने के लिए तो सिर्फ दो ही मूल व्यवस्था है-एक राजतन्त्र, जिसका युग जा चुका है। दूसरा-लोकतन्त्र, जिसका युग चल रहा है और यही अन्तिम व्यवस्था भी बनी रहेगी क्योंकि ब्रह्माण्डीय व्यवस्था भी लोकतन्त्र से ही चल रहा है और मनुष्य के मस्तिष्क से अन्ततः वही व्यक्त हो रहा है। लोकतन्त्र से हम राजतन्त्र में नहीं जा सकते इसलिए व्यवस्था परिवर्तन का अर्थ ही निरर्थक है।

आवश्यकता है वर्तमान लोकतन्त्र व्यवस्था को ही सत्य आधारित करने की जिसे व्यवस्था सत्यीकरण कहा जा सकता है। इस कार्य में हमें मानकशास्त्र की आवश्यकता है जिससे तोल कर यह देख सके कि इस लोकतन्त्र व्यवस्था में कहाँ सुधार करने से सत्यीकरण हो जायेगा। यह मानकशास्त्र ही "विश्वशास्त्र" है। सिर्फ मतदाता बनने व वोट डालने से ही लोकतन्त्र स्वस्थ नहीं हो सकता। उसके लिए देश व विश्व के पूर्ण ज्ञान की आवश्यकता होगी। इसलिए आवश्यक है कि प्रत्येक मतदाता "विश्वशास्त्र" के ज्ञान से युक्त हो।

अच्छा होता कि हमारे राजनेतागण कुछ दिनों के लिए सन्यास लेकर थोड़ा कुछ अध्ययन-चिंतन करते रहते ताकि उन्हें बार-बार लक्ष्य के लिए शब्दों का परिवर्तन न करना पड़ता। एक ही स्थिति में बहुत समय तक रहने पर बुद्धि, बद्ध हो जाती है। एक-एक सीढ़ी चढ़कर, पहुँच गये-पहुँच गये चिल्लाने से अच्छा है कि अन्तिम सीढ़ी पर पर बैठकर चिल्लाना कि पहुँच गये।

चाहे कुछ हो यदि प्रारूप नहीं, तो न तो व्यवस्था परिवर्तन हो सकता है, न ही व्यवस्था सत्यीकरण हो सकता है, न ही सम्पूर्ण क्रान्ति। भीड़ से क्रान्ति नहीं सिर्फ हंगामा होता है। भीड़ में जोश होता है, होश नहीं।

इस मानक शास्त्र के प्रस्तुत हो जाने से व्यवस्था परिवर्तन की नहीं बल्कि व्यवस्था के सत्यीकरण का मार्ग खुल चुका है। जिसका व्यक्ति, समाज और विश्व राष्ट्र को आवश्यकता भी है। किसी एक विषय पर बहुत अधिक पुस्तक मस्तिष्क को भ्रमित ही करती है। यह शास्त्र प्रारम्भ से अन्त तक के विकास को क्रमबद्ध प्रस्तुत करता है जिससे हम सभी एक सत्य निर्णय करने में सक्षम हों और पूर्ण ज्ञान से युक्त हो जायें और हमारा कोई भी सुधार एक स्थायी, अच्छा और दूरगामी परिणाम देने वाला हो।

प्रश्न यह भी उठता है कि परिवार का मुखिया जिसके द्वारा परिवार का संचालन होता है, यदि वह परिवार के हित व विकास के विषय में कर्म न करता हो तो क्या परिवार का सदस्य उसमें हस्तक्षेप करने का अधिकारी है या नहीं? यही बात देश को चलाने वाले संसद के विषय में भी है। यदि संसद स्वयं देशहित व जनहित के प्रति उदासीन हो जाये तो क्या जनता संसद को मार्गदर्शन देने का अधिकार नहीं रखती? यदि नहीं तो संविधान की धारा-51(ए) के अन्तर्गत नागरिक का मौलिक कर्तव्य की उपयोगिता क्या है? ध्यान रखने योग्य विषय यह है कि कोई भी चुना हुआ प्रतिनिधि सिर्फ उतने ही बड़े क्षेत्र का प्रतिनिधि होता है जिस क्षेत्र से वह चुना जाता है। भारत में ऐसा कोई प्रतिनिधि जनता से नहीं चुना जाता जो भारत का प्रतिनिधित्व करता हो और जब तक भारत का प्रतिनिधित्व करने वाला चुनाव नहीं होता या भारत की जनता का राष्ट्रीय मुद्दों पर विचार कर संसद के कर्तव्य का बोध कराने वाली स्वतन्त्र संस्था नहीं बन जाती, तब तक जनता को संसद को संविधान की धारा-51(ए) के अन्तर्गत नागरिक का मौलिक कर्तव्य के अनुसार न्यायालय व संसद के माध्यम से सरकार को मार्गदर्शन देने का कर्तव्य करना चाहिए जो उसका अधिकार भी है।

वे शब्द जिसके बिना युग परिवर्तन सम्भव नहीं

सन् 1893 से सन् 1993 के 100 वर्षों के समय में विश्व के बौद्धिक शक्ति को जिन्होंने सबसे अधिक हलचल दी वे हैं-धर्म की ओर से स्वामी विवेकानन्द और धार्मिकता की ओर से आचार्य रजनीश"ओशो"। मनुष्य जिस प्रकार भौतिक विज्ञान के नवीन आविष्कारों को आसानी से ग्रहण करता है उसी प्रकार धर्म-आध्यात्म-दर्शन के नवीन आविष्कारों को भी मनुष्य को ग्रहण करना चाहिए, तभी मानसिक-आध्यात्मिक स्वतन्त्रता का अनुभव हो सकेगा। अन्यथा पूर्ण शारीरिक गुलामी का समय बीत चुका, आर्थिक गुलामी का काल चल रहा है और मानसिक गुलामी के काल चक्र में मनुष्य फँस जायेगा।

स्वामी विवेकानन्द जी का कहना था-

- "उसी मूल सत्य की फिर से शिक्षा ग्रहण करनी होगी, जो केवल यहीं से, हमारी इसी मातृभूमि से प्रचारित हुआ था। फिर एक बार भारत को संसार में इसी मूल तत्व का-इसी सत्य का प्रचार करना होगा। ऐसा क्यों है? इसलिए नहीं कि यह सत्य हमारे शास्त्रों में लिखा है वरन् हमारे राष्ट्रीय साहित्य का प्रत्येक विभाग और हमारा राष्ट्रीय जीवन उससे पूर्णतः ओत-प्रोत है। इस धार्मिक सहिष्णुता की तथा इस सहानुभूति की, मातृभाव की महान शिक्षा प्रत्येक बालक, स्त्री, पुरुष, शिक्षित, अशिक्षित सब जाति और वर्ण वाले सीख सकते हैं। तुमको अनेक नामों से पुकारा जाता है, पर तुम एक हो।" (जितने मत उतने पथ, राम कृष्ण मिशन, पृष्ठ-39)।
- "अत: यदि भारत को महान बनाना है, तो इसके लिए आवश्यकता है संगठन की, शक्ति संग्रह की और बिखरी हुई इच्छाशक्ति को एकत्र कर उसमें समन्वय लाने की। अथर्ववेद संहिता की एक विलक्षण ऋचा याद आ गयी जिसमें कहा गया है, "तुम सब लोग एक मन हो जाओ, सब लोग एक ही विचार के बन जाओ। एक मन हो जाना ही समाज गठन का रहस्य है बस इच्छाशक्ति का संचय और उनका समन्वय कर उन्हें एकमुखी करना ही सारा रहस्य है।" (देखें "नया भारत गढ़ो" पृष्ठ संख्या-55)
- "यह भी न भूलना चाहिए कि हमारे बाद जो लोग आएंगे, वे उसी तरह हमारे धर्म और ईश्वर सम्बन्धी धारणा पर हँसेंगे, जिस तरह हम प्राचीन लोगों के धर्म और ईश्वर की धारणा पर हँसते हैं। यह सब होने पर भी, इन सब ईश्वर सम्बन्धित धारणाओं का संयोग करने वाला एक स्वर्ण सूत्र है और वेदान्त का उद्देश्य है-इस सूत्र की खोज करना। भागवान कृष्ण ने कहा है-""भिन्न भिन्न मणियाँ जिस प्रकार एक सूत्र में पिरोयी जा सकती हैं, उसी प्रकार इन सब विभिन्न भावों के भीतर भी एक सूत्र विद्यमान है।" (देखें "ज्ञानयोग", पृष्ठ संख्या-65) ,
- "एक शब्द में वेदान्त का आदर्श है-मनुष्य के सच्चे स्वरूप को जानना।" (देखें "विवेकानन्द राष्ट्र को आह्वान", पृष्ठ सं0-48)।
- यदि हम अपने व्यक्तिगत एवं सामूहिक जीवन में वैज्ञानिक चेतना सम्पन्न एवं आध्यात्मिक एक साथ न हो पाए, तो मानवजाति का अर्थपूर्ण अस्तित्व ही संशय का विषय हो जाएगा। (विज्ञान और आध्यात्मिकता, पृष्ठ-9)
- हमेशा यूरोप से सामाजिक तथा एशिया से आध्यात्मिक शक्तियों का उद्भव होता रहा है एवं इन दोनों शक्तियों के विभिन्न प्रकार के सम्मिश्रण से ही जगत का इतिहास बना है। वर्तमान मानवेतिहास का एक और नवीन पृष्ठ धीरे-धीरे विकसित हो रहा है एवं चारो ओर उसी का चिन्ह दिखाई दे रहा है। कितनी ही नवीन योजनाओं का उद्भव तथा नाश होगा, किन्तु योग्यतम वस्तु की प्रतिष्ठा सुनिश्चित है, सत्य और शिव की अपेक्षा योग्यतम वस्तु और हो ही क्या सकती है? (पत्रावली भाग-1, पृष्ठ-310)

स्वामी विवेकानन्द के अनुसार शब्द से सृष्टि का रहस्य

01. बृहत् ब्रह्माण्ड में भी ब्रह्मा, हिरण्यगर्भ या समष्टि महत् ने पहले अपने आप को नाम के, और फिर बाद में रुप के आकार में अर्थात् इस परिदृश्यमान जगत के आकार में अभिव्यक्त किया। (भक्ति योग, पृष्ठ-44)
02. यह सारा व्यक्त इन्द्रियग्राह्य जगत रुप है, और इसके पीछे है अनन्त अव्यक्त स्फोट। स्फोट का अर्थ-समस्त जगत की अभिव्यक्ति का कारण शब्द-ब्रह्म है। समस्त नामों अर्थात् भावों की नित्य समवायी उपादान स्वरुप यह नित्य स्फोट ही वह शक्ति है, जिससे भगवान इस विश्व की सृष्टि करते हैं। यही नहीं बल्कि भगवान पहले स्फोट रुप में परिणत हो जाते हैं और तत्पश्चात् अपने को उससे भी स्थूल इस इन्द्रियग्राह्य जगत के रुप में परिणत कर लेते हैं। (भक्ति योग, पृष्ठ-45)
03. इस स्फोट का एक मात्र वाचक शब्द है-"ऊँ"। और चूँकि हम किसी भी उपाय से शब्द को भाव से अलग नहीं कर सकते, इसलिए यह "ऊँ" भी इस नित्य स्फोट से नित्य संयुक्त है। (भक्ति योग, पृष्ठ-45)
04. एकमेव यह "ऊँ" ही इस प्रकार सर्वभावाव्यापी वाचक शब्द है, अन्य कोई भी इसके समान नहीं। स्फोट ही सारे भावों का उपादान है, फिर भी वह स्वयं पूर्ण रुप से विकसित कोई विशिष्ट भाव नहीं है। अर्थात् यदि उन सब भेदों को, जो एक भाव को दूसरे से अलग करते हैं, निकाल दिया जाय, तो जो कुछ बचा रहता है, वही स्फोट है। इसलिए इस स्फोट को "नादब्रह्म" कहते हैं। (भक्ति योग, पृष्ठ-45)
05. जो वाचक शब्द उसे सब से कम विशेषभावापन्न करेगा, पर साथ ही उसके स्वरुप को यथासम्भव पूरी तरह प्रकाशित करेगा, वही उसका सबसे सच्चा वाचक होगा। और यह वाचक शब्द है-एकमात्र "ऊँ" क्योंकि ये तीनों अक्षर अ, उ और म्, जिनका एक साथ उच्चारण करने से "ऊँ" होता है, समान शब्दों के साधारण वाचक के तौर पर लिये जा सकते हैं। (भक्ति योग पृष्ठ, पृष्ठ-46)
06. अक्षर "अ" सारे अक्षरों में सबसे कम विशेषभावापन्न है। इसीलिए भगवान श्रीकृष्ण गीता में कहते हैं-"अक्षरों में मैं "अ" कार हूँ। " (गीता,10/33) स्पष्ट रुप से उच्चारित जितने भी शब्द हैं, उनकी उच्चारण क्रिया मुख में जिह्वा के मूल से आरम्भ होती है और ओठों में आकर समाप्त हो जाती है। "अ" जिह्वा मूल अर्थात् कण्ठ से उच्चारित होता है, और "म" ओठों से होने वाला अन्तिम शब्द है। और "उ" उस शक्ति का सूचक है, जो जिह्वा मूल से आरम्भ होकर मुँह भर में लुढ़कती हुई ओठों में आकर समाप्त हो जाती है। यदि "ऊँ" का उच्चारण ठीक ढंग से किया जाय, तो इसके शब्दोच्चारण की सम्पूर्ण क्रिया सम्पन्न हो जाती है-दूसरे किसी भी शब्द में यह शक्ति नहीं। (भक्ति योग, पृष्ठ-46)
07. जिस प्रकार अल्पतम् विशेष भावात्मक तथा सार्वभौमिक वाचक शब्द "ऊँ" के सम्बन्ध में वाच्य और वाचक आपस में अभेद्य रुप से सम्बद्ध हैं उसी प्रकार वाच्य और वाचक का यह अविच्छिन्न सम्बन्ध भगवान और विश्व के विभिन्न खण्ड भावों पर भी लागू है, अतएव उनमें से प्रत्येक का एक विशिष्ट वाचक शब्द होना आवश्यक है। (भक्ति योग, पृष्ठ-47)
08. ये वाचक शब्द ऋषियों की गम्भीरतम आध्यात्मिक अनुभूति से उत्पन्न हुए हैं और वे भगवान तथा विश्व के जिन विशेष-विशेष खण्ड भाव के वाचक हैं, उन विशेष भावों को यथासम्भव प्रकाशित करते हैं। जिस प्रकार "ऊँ" अखण्ड ब्रह्म का वाचक है, उसी प्रकार अन्यान्य मंत्र भी उसी परम पुरुष के खण्ड-खण्ड भावों के वाचक हैं। ये सभी ईश्वर के ध्यान और प्रकृत ज्ञान की प्राप्ति में सहायक हैं। (भक्ति योग, पृष्ठ-47)
09. सृष्टि के पूर्व ब्रह्म शब्दात्मक बनते है, फिर ओंकारात्मक या नादात्मक होते है। तत्पश्चात पहले कल्पों के विशेष शब्द जैसे-भूः, भुवः, स्व-अथवा गो, मानव, घट, पट इत्यादि का प्रकाश उसी ओंकार से होता है। सिद्ध संकल्प ब्रह्म में क्रमश-एक-एक शब्द के होते ही उसी क्षण उन सब पदार्थो का भी प्रकाश हो जाता है और इस विचित्र जगत् का विकास हो उठता है। अब समझे न कि कैसे शब्द ही सृष्टि का मूल है। -स्वामी विवेकानन्द (विवेकानन्द जी के संग में पृष्ठ-62)
10. यह सारा व्यक्त इन्द्रिय ग्राह्य जगत रूप है, और इसके पीछे है अनन्त अव्यक्त स्फोट। स्फोट का अर्थ-समस्त जगत की अभिव्यक्ति का कारण शब्द-ब्रह्म। समस्त नामों अर्थात् भावों की नित्य समवायी उपादान स्वरूप यह नित्य स्फोट ही वह शक्ति है, जिससे भगवान इस विश्व की सृष्टि करते है। यही नहीं बल्कि भगवान पहले स्फोट-रूप में परिणत हो जाते है और तत्पश्चात अपने को उससे भी स्थूल इस इन्द्रिय ग्राह्य जगत् के रूप में परिणत कर लेते है। -स्वामी विवेकानन्द (राजयोग-पृष्ठ-45)

आचार्य रजनीश"ओशो" का कहना था-

- "श्रीकृष्ण का महत्व अतीत के लिए कम भविष्य के लिए ज्यादा है। सच ऐसा है कि कृष्ण अपने समय से कम से कम पाँच हजार वर्ष पहले पैदा हुये। सभी महत्वपूर्ण व्यक्ति अपने समय से पहले पैदा होते हैं और

सभी गैर महत्वपूर्ण व्यक्ति अपने समय के बाद पैदा होते हैं। बस महत्वपूर्ण और गैर महत्वपूर्ण में इतना फर्क है और सभी साधारण व्यक्ति अपने समय के साथ पैदा होते हैं महत्वपूर्ण व्यक्ति को समझना आसान नहीं होता। उसका वर्तमान और अतीत उसे समझने में असमर्थता अनुभव करता है जब हम समझने योग्य नहीं हो पाते तब हम उसकी पूजा शुरु कर देते हैं या तो हम उसका विरोध करते हैं। दोनों पूजाएं हैं एक मित्र की एक शत्रु की।"

- उसके लिए सब हंसी खेल है, सब लीला है। इसलिए हमने कृष्ण को पूर्णावतार कहा। राम गम्भीर हैं छोटी-छोटी बात का हिसाब रखते हैं। नियम मर्यादा से चलते हैं- मर्यादा पुरूषोत्तम हैं। कृष्ण अमर्याद हैं न कोई नियम है न कोई मर्यादा। कृष्ण के लिए जीवन लीला है।
- धर्म कोई विषय थोड़े ही है। धर्म की कोई सीमा थोड़े ही है। धर्म तो समस्त जीवन का नाम है। जीवन में जो कुछ भी समाविष्ट है, धर्म उस सभी के सम्बन्ध में वक्तव्य देने का हकदार है। राजनीतिज्ञ, धर्म के सम्बन्ध में वक्तव्य नहीं दे सकता क्योंकि राजनीति की सीमा है। लेकिन धार्मिक व्यक्ति, राजनीति के सम्बन्ध में वक्तव्य दे सकता है क्योंकि धर्म की कोई सीमा नही है धर्म असीम है, धर्म तो पूरे जीवन को घेरता है जैसे आकाश घेरता है। धर्म से तो कोई भी चीज छोड़ी नहीं जा सकती। धार्मिक व्यक्ति की दृष्टि तो सब सम्बन्धों में होगी।
- जो एक गुरू बोल रहा है, वह अनन्त सिद्धों की वाणी है। अभिव्यक्ति में भेद होगा, शब्द अलग होंगे, प्रतीक अलग होंगे मगर जो एक सिद्ध बोलता है, वह सभी सिद्धों की वाणी है। इनसे अन्यथा नहीं हो सकता है। इसलिए जिसने एक सिद्ध को पा लिया, उसने सारे सिद्धों की परम्परा को पा लिया। क्योंकि उनका सूत्र एक ही है। कुंजी तो एक ही है, जिसमें ताला खुलता है अस्तित्व का।
- "इस देश को कुछ बाते समझनी होगी। एक तो इस देश को यह बात समझनी होगी कि तुम्हारी परेशानियों, तुम्हारी गरीबी, तुम्हारी मुसीबतों, तुम्हारी दीनता के बहुत कुछ कारण तुम्हारे अंध विश्वासों में है, भारत कम से कम डेढ़ हजार साल पिछे घिसट रहा है। ये डेढ़ हजार साल पूरे होने जरूरी है। भारत को खिंचकर आधुनिक बनाना जरूरी है। मेरी उत्सुकता है कि इस देश का सौभाग्य खुले, यह देश भी खुशहाल हो, यह देश भी समृद्ध हो। क्योंकि समृद्ध हो यह देश तो फिर राम की धुन गुंजे, समृद्ध हो यह देश तो फिर लोग गीत गाँये, प्रभु की प्रार्थना करें। समृद्ध हो यह देश तो मंदिर की घंटिया फिर बजे, पूजा के थाल फिर सजे। समृद्ध हो यह देश तो फिर बाँसुरी बजे कृष्ण की, फिर रास रचे! यह दीन दरिद्र देश, अभी तुम इसमें कृष्ण को भी ले आओंगे तो राधा कहाँ पाओगे नाचनेवाली? अभी तुम कृष्ण को भी ले आओगे, तो कृष्ण बड़ी मुश्किल में पड़ जायेंगे, माखन कहाँ चुरायेगें? माखन है कहाँ? दूध दही की मटकिया कैसे तोड़ोगे? दूध दही की कहाँ, पानी तक की मटकिया मुश्किल है। नलों पर इतनी भीड़ है! और एक आध गोपी की मटकी फोड़ दी, जो नल से पानी भरकर लौट रही थी, तो पुलिस में रिपोर्ट दर्ज करा देगी कृष्ण की, तीन बजे रात से पानी भरने खड़ी थी नौ बजते बजते पानी भर पायी और इन सज्जन ने कंकड़ी मार दी। धर्म का जन्म होता है जब देश समृद्ध होता है। धर्म समृद्ध की सुवास है। तो मैं जरूर चाहता हूँ यह देश सौभाग्यशाली हो लेकिन सबसे बड़ी अड़चन इसी देश की मान्यताएं है। इसलिए मैं तुमसे लड़ रहा हूँ। तुम्हारे लिए।"

व्यक्ति-समाज-राज्य-विश्व की आवश्यकता, भविष्यवक्ताओं की भविष्यवाणीयां, ग्रहों के चालों, सूर्य व चन्द्र ग्रहण, सामाजिक-राजनीतिक विचारकों के विचार-सपनें-उम्मीद इत्यादि युग परिवर्तन की ओर दिशा निर्देश कर रहीं हैं। ऐसे में सृष्टि के लिए सार्वभौम सर्वोच्च अन्तिम अर्थों वाले शब्दों (जिसकी सूची अगले पृष्ठ पर दी गई है।) **पर चर्चा ही एक मात्र युग परिवर्तन का मार्ग है।**

वे सार्वभौम एकात्म शब्द जिसके बिना युग परिवर्तन सम्भव नहीं (सर्वोच्च, अन्तिम और दृश्य)

क्र.सं. विषय क्षेत्र	सम्बन्धित क्षेत्र से मुख्य नाम
01. विश्व क्षेत्र	विश्व संविधान / साहित्य / विचार / सिद्धान्त / प्रबन्ध / दर्शन / मत / मानव / एकता / शान्ति / विकास / स्थिरता / आत्मा / अभिनेता / बुद्धि / राजनीति / क्रांति
02. राज्य क्षेत्र	विश्व (राष्ट्र) ऐजेण्डा–2012+ (WORLD NATION AGENDA-2012+) विश्व व्यवस्था का अधिकतम एवं न्यूनतम साझा कार्यक्रम
03. समाज क्षेत्र	लोक / गण / जन ऐजेण्डा–2012+ (PUBLIC AGENDA-2000+)
04. धर्म क्षेत्र	वेदान्त धर्म स्थापना
05. साहित्य क्षेत्र	विश्व साहित्य–"विश्वभारत" समाहित "विश्वशास्त्र" साहित्य– आदर्श वैश्विक व्यक्ति चरित्र कथा साहित्य
06. सामाज शास्त्र	मानक / जन / गण / लोक शास्त्र
07. धर्मशास्त्र	धर्मयुक्त नाम – कर्मवेदः प्रथम, अन्तिम और पंचम वेद और आधारित उपनिषद् (व्यष्टि एवं समष्टि) सर्वधर्मसमभाव / धर्मनिरपेक्ष नाम – मन की गुणवत्ता का विश्व मानक : शून्य श्रृंखला (व्यष्टि एवं समष्टि)
08. मानक क्षेत्र	मन की गुणवत्ता का विश्व मानक : शून्य श्रृंखला
09. अदृश्य विज्ञान	दृश्य आध्यात्म विज्ञान
10. दृश्य विज्ञान	धर्म विज्ञान या एकात्म विज्ञान (Integration Science)
11. इंजीनियरिंग	सत्य सामाजिक अभियंत्रण (Real Social Engineering)
12. तकनीकी	सत्य सामाजिक तकनीकी (Real Social Technology) : WCM-TLM-SHYAM.C Technology
13. संविधान	विवादमुक्त तन्त्रों पर आधारित संविधान
14. राजनीति	सत्य राजनीति / राजनीति–2012+ (POLITICS-2012+)
15. संगठन	विश्व राजनीतिक पार्टी संघ (World Political Party Organisation- WPPO)
16. शिक्षा	पूर्णज्ञान / पूर्ण शिक्षा प्रणाली / शिक्षा -2012+ (EDUCATION-2012+)
17. राष्ट्र सम्बन्ध	आदर्श राष्ट्रीय नागरिक
18. वेदान्त	कर्म वेदान्त : वेदान्त की अन्तिम शाखा
19. मतवाद	एकात्म कर्मवाद : एकात्म मानवतावाद का व्यावहारिक रुप
20. दार्शनिक	विकास दर्शन (Development Philosophy)
21. क्रांति	संपूर्ण क्रांति (Complete Revolution) : प्रलय, स्थिति एवं सृष्टि
22. सांस्कृतिक	भोगेश्वरः भोग (पाश्चात्य) + ईश्वर (प्राच्य) = एकात्म या ईश्वरत्व भाव से भोग
23. मन	विश्व मन (WOLD MIND)
24. मानव	विश्वमानव (विश्वमन से युक्त)
25. मनु	8वें मनु – सावर्णि मनु
26. अवतार	भगवान विष्णु के 10वें और अन्तिम तथा भगवान शंकर के 22वें और अन्तिम संयुक्तावतार (निष्कलंक कल्कि एवं भोगेश्वर)
27. निराकार ब्रह्म	सार्वभौम सत्य–सिद्धान्त (UNIVERSAL TRUTH-THEORY) : विश्व–बन्धुत्व का सिद्धान्त
28. साकार ब्रह्म	लव कुश सिंह
29. पुनर्जन्म–सत् मार्ग से	बुड्ढा कृष्ण (कृष्ण भाग – 2 और अन्तिम) – कृष्ण की अगली और अन्तिम कड़ी
30. पुनर्जन्म–रज मार्ग से	स्वामी विवेकानन्द का पुनर्जन्म
31. पुनर्जन्म–तम मार्ग से	रावण की अगली कड़ी
32. आत्मा	दृश्य विश्वात्मा / शिव / ब्रह्म / मैं
33. अभिनय	वास्तविक जीवन का अभिनेता (Real Life Actor)
34. बम	ज्ञान बम – आध्यात्मिक न्यूट्रान बम
35. अस्त्र	अनियन्त्रित पशुपास्त्र (नारायणास्त्र या सु–दर्शन चक्र व ब्रह्मास्त्र समाहित)
36. माया	योग माया समाहित भोगमाया
37. ज्ञान	एकात्म कर्मज्ञान (शास्वत) : व्यष्टि एवं समष्टि
38. बुद्धि	विश्व बुद्धि व चेतना या सत्य चेतना : पूर्व व्यक्त सत्य चेतना
39. ध्यान व योग	दृश्य सत्य–क्रियाकलाप–एकात्म योग व ध्यान (अन्तिम योग व अन्तिम ध्यान)
40. मिशन	प्राकृतिक सत्य मिशन (Natural Truth Mission)–सर्वोच्च और अन्तिम मिशन
41. धार्मिक नगर	एकात्म काशी– जीवनदायिनी सत्यकाशी : पंचम, अन्तिम तथा सप्तम काशी
42. शक्ति	आत्मशक्ति (SPIRIT POWER),मस्तिष्क शक्ति (BRAIN POWER), मन शक्ति (MIND POWER),सत्य शक्ति (TRUTH POWER)
43. जीवन कथा	विश्वमानव लीला / दर्पण : दो विपरीत दिशाओं के साथ प्रथम एवं अन्तिम कथा
44. प्रेम और कर्म	शास्वत प्रेम और कर्म
45. समन्वय	अन्तिम समन्वय–सिद्धान्त
46. आचार्य	अन्तिम समन्वयाचार्य
47. कला	विश्वमानव कला (कृष्ण कला समाहित)
48. परिचालन प्रणाली	अवतार का परिचालन प्रणाली : मानव–10 (Avatar's Operating System-AOS : Human-10)
49. शंकराचार्य पीठ	सत्यकाशी पीठ : पंचम और अन्तिम शंकराचार्य पीठ

भाग-8

केन्द्र या मध्य (भारत) में पांचवां और अन्तिम सत्यकाशी पीठ

सत्यकाशी पीठ: स्थान

सत्यकाशी पीठ: इतिहास और उद्देश्य

पाँचवाँ और अंतिम शंकराचार्य पीठ: इसकी विशेषता

"हिन्दू धर्म की जो पकड़ थी, वह इस समय कमजोर पड़ गयी है क्योंकि भारतीय स्वतंत्रता आन्दोलन के समय से राजनेताओं का वर्चस्व बढ़ा और उन्होंने धर्म रक्षकों को दबा दिया, जिसके परिणामस्वरूप 163 साल तक शंकराचार्य की पदवी खाली रही। इसलिए आवश्यक है कि शिक्षा के क्षेत्र में धर्म की स्थापना हो। स्वस्थ एवं श्रेष्ठ साहित्य का सृजन हो। महापुरूषों को घूम-घूम कर सनातन धर्म का प्रचार-प्रसार करना चाहिए जिससे लोगों के हृदय में भारतीय धर्म-शास्त्र के प्रति आस्था-विश्वास बढ़े।"

- स्वामी स्वरूपानन्द (द्वारिका पीठाधीश्वर जगद्गुरू शंकराचार्य)

साभार - दैनिक आज, समाचार पत्र, वाराणसी, दि0 10-5-1997

स्पष्टिकरण

सत्य से सार्वभौम सत्य-सिद्धान्त तक का मार्ग अवतारों का मार्ग है। सार्वभौम सत्य-सिद्धान्त की अनुभूति ही अवतरण है। इसके अंश अनुभूति को अंश अवतार तथा पूर्ण अनुभूति को पूर्ण अवतार कहते है। ग्रन्थों में अवतारों की कई कोटि बतायी गई है जैसे अंशाशावतार, अंशावतार, आवेशावतार, कलावतार, नित्यावतार, युगावतार इत्यादि, जो भी सार्वभौम सत्य-सिद्धान्त को व्यक्त करता है वे सभी अवतार कहलाते हैं। व्यक्ति से लेकर समाज के सर्वोच्च स्तर तक सार्वभौम सत्य-सिद्धान्त को व्यक्त करने के क्रम में ही विभिन्न कोटि के अवतार स्तरबद्ध होते हैं। अवतार मानव मात्र के लिए ही कर्म करते हैं न कि किसी विशेष मानव समूह या सम्प्रदाय के लिए। अवतार, धर्म, धर्मनिरपेक्ष व सर्वधर्मसमभाव से युक्त अर्थात एकात्म से युक्त होते है। इस प्रकार अवतार से उत्पन्न शास्त्र मानव के लिए होते हैं, न कि किसी विशेष मानव समूह के लिए। उत्प्रेरक, शासक और मार्गदर्शक आत्मा सर्वव्यापी है। इसलिए एकात्म का अर्थ संयुक्त आत्मा या सार्वजनिक आत्मा है। अवतारों के प्रत्यक्ष और प्रेरक दो कार्य विधि हैं। प्रत्यक्ष अवतार वे होते हैं जो स्वयं अपनी शक्ति का प्रत्यक्ष प्रयोग कर समाज का सत्यीकरण करते हैं। यह कार्य विधि समाज में उस समय प्रयोग होता है जब अधर्म का नेतृत्व एक या कुछ मानवों पर केन्द्रित होता है। प्रेरक अवतार वे होते हैं जो स्वयं अपनी शक्ति का अप्रत्यक्ष प्रयोग कर समाज का सत्यीकरण जनता एवं नेतृत्वकर्ता के माध्यम से करते हैं। यह कार्य विधि समाज में उस समय प्रयोग होता है जब समाज में अधर्म का नेतृत्व अनेक मानवों और नेतृत्वकर्ताओं पर केन्द्रित होता है।

इन विधियों में से कुल दस अवतारों में से प्रथम सात (मत्स्य, कूर्म, वाराह, नृसिंह, वामन, परशुराम, राम) अवतारों ने समाज का सत्यीकरण प्रत्यक्ष विधि के प्रयोग द्वारा किया था। आठवें अवतार (श्रीकृष्ण) ने दोनों विधियों प्रत्यक्ष ओर प्रेरक का प्रयोग किया था। नवें (भगवान बुद्ध) और अन्तिम दसवें अवतार की कार्य विधि प्रेरक ही है।

सनातन अद्वैत दर्शन के अनुसार यह जगत ही ईश्वर का दृश्य रूप है। ऐसे में सभी ईश्वर हैं। सभी ईश्वर के बहुरूप हैं और सभी में प्रकाशित वही ईश्वरीय सत्ता है। सार्वभौम एकात्म की ओर ले जाने वाले सभी प्रक्षेपित मानक चरित्र सनातन हैं जैसे ब्रह्मा परिवार, विष्णु परिवार और महेश परिवार। इस सार्वभौम एकात्म की ओर विचार व्यक्त करने वाला अर्थात उसी का प्रचार-प्रसार व स्थापना करने वाला युगावतार तो नहीं हो सकता लेकिन वह अवतार अवश्य होता है क्योंकि उसने भी उस सार्वभौम सत्य-सिद्धान्त का साक्षात्कार किया है।

ईश्वर के मानवीयकरण व मानव के ईश्वरीयकरण के लिए आपके भौतिक शरीर से व्यक्त विश्वात्मा की इच्छा को धर्म क्षेत्र से नाम कर्मवेदः प्रथम, अन्तिम तथा पंचम वेद एवं धर्मनिरपेक्ष क्षेत्र से मन का विश्वमानकः शून्य श्रृंखला समाहित "विश्वशास्त्र-द नाॅलेज आॅफ फाइनल नाॅलेज" के रूप में पूर्ण किया जा चुका है। जिसमें पुराणों का धर्मनिरपेक्ष और सर्वधर्मसमभाव रूप भी सम्पूर्ण मानव जाति को स्पष्ट दृष्गित होगा। परिणामस्वरूप भारतीय धर्म शास्त्रों के प्रति विश्वव्यापी आस्था बढ़ना स्वाभाविक है। साथ ही अनेक सत्य-साहित्यों की रचना के लिए भी मार्ग प्रशस्त और रचना कर दिये गये हैं।

तीनों देवताओं ब्रह्मा, विष्णु और शिव-शंकर के मूल गुणों के आधार पर उनके वास्तविक रुप अर्थात् चार वेदों को व्यक्त करने वाले चार मुखों से युक्त सृष्टिकर्ता ब्रह्मा का रुप, चार भुजाओं से युक्त पालनकर्ता विष्णु का रुप तथा ब्रह्मा और विष्णु समाहित पाँचों वेदों को व्यक्त करने वाले पाँच मुखों से युक्त कल्याणकर्ता शिव-शंकर का अन्तिम रुप, तीनों देवताओं का दिव्यरुप कहलाता है। इसी अनुसार शिव-शंकर के अवतार ही केवल पंचमुखी होते हैं। इसी क्रम में पंचमुखी हनुमान और वेद माता मां गायत्री को भी दिखाया गया है। इस अनुसार पांचवें वेद और पांचवें शंकराचार्य पीठ की स्थापना ही युग परिवर्तन की प्रक्रिया का आरम्भ और सनातन विश्व की ओर कदम है।

**व्यक्ति-समाज-राज्य-विश्व की आवश्यकता, भविष्यवक्ताओं की भविष्यवाणीयां,
ग्रहों के चालों, सूर्य व चन्द्र ग्रहण, सामाजिक-राजनीतिक विचारकों के
विचार-सपनें-उम्मीद इत्यादि युग परिवर्तन की ओर दिशा निर्देश कर रहीं हैं।
ऐसे में सृष्टि के लिए सार्वभौम सर्वोच्च अन्तिम अर्थों वाले शब्दों
पर चर्चा ही एक मात्र युग परिवर्तन का मार्ग है।**

**आविष्कार उपयोगी होता है, आविष्कारक नहीं।
रचना अधिक समय तक रहती है रचनाकार अदृश्य हो जाता है और रचना के
आधार पर अन्य रचना भी होती रहती है।**

सनातन विश्व के लिए समस्त प्रक्रिया 150 पुस्तकों के रूप में वेबसाइट

www.64inch.com

पर उपलब्ध है और कार्य समाप्त होता है। व्यक्ति और नेतृत्वकर्ता

अपने धर्म

का पालन करें, समाधान उपलब्ध हो चुका है।

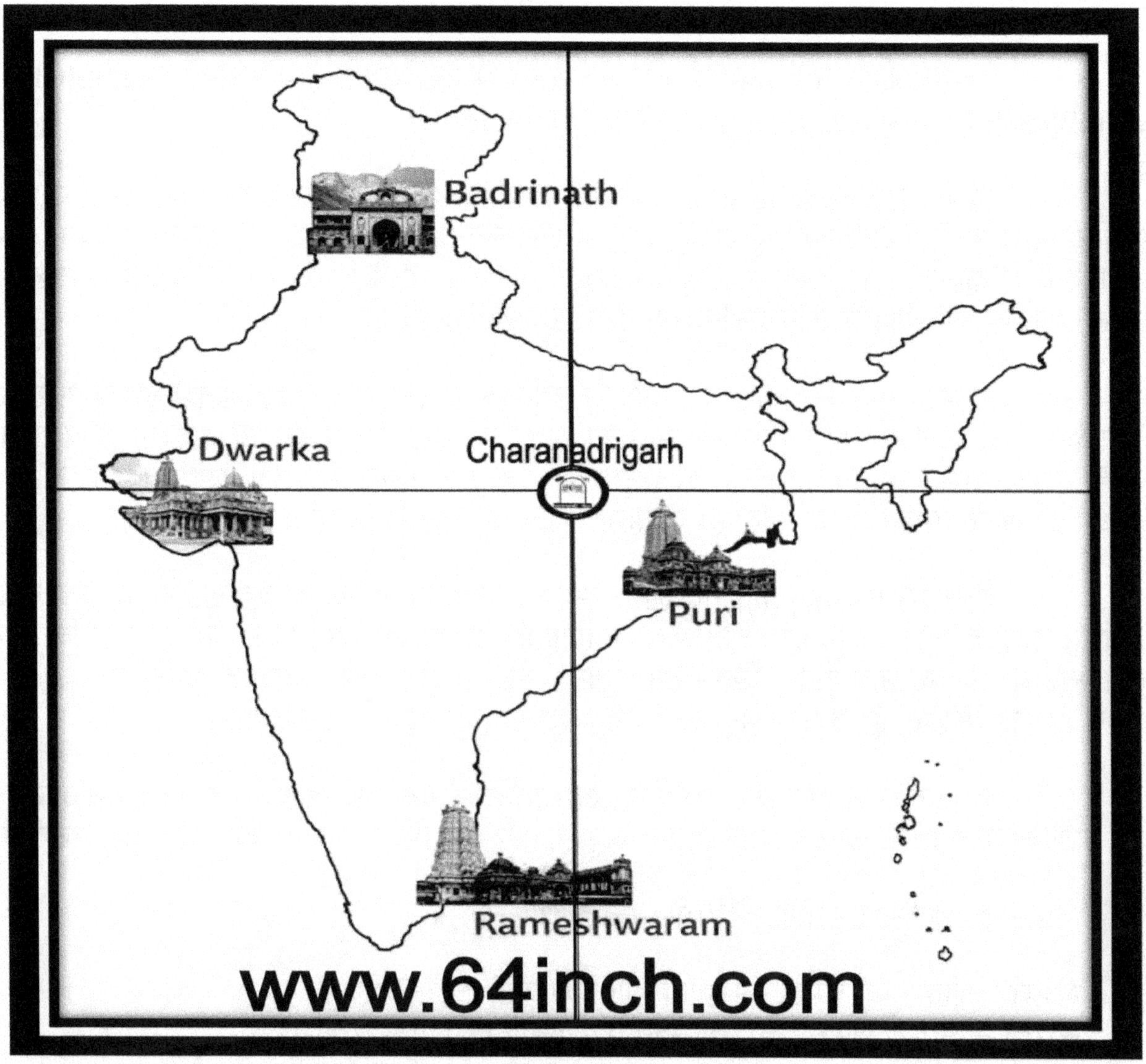

दिशा	पीठ का नाम/ स्थान	उद्देश्य	संबंधित वेद	महावाक्य	तत्व
उत्तर	बदरी ज्योतिर्मठ पीठ उत्तराखंड, जोशीमठ	ज्ञान और विवेक	अथर्ववेद	अयमात्मा ब्रह्म (यह आत्मा ब्रह्म है)	वायु
दक्षिण	श्रींगेरी शारदा पीठ कर्नाटक, श्रींगेरी	स्थिरता और परंपरा	यजुर्वेद	अहम् ब्रह्मास्मि (मैं ब्रह्म हूँ)	पृथ्वी
पूर्व	पुरी गोवर्धनमठ पीठ ओडिशा, पुरी	भक्ति और समर्पण	ऋग्वेद	प्रज्ञानं ब्रह्म (चेतना ब्रह्म है)	जल
पश्चिम	द्वारका शारदा पीठ गुजरात, द्वारका	कर्म और संकल्प	सामवेद	तत्त्वमसि (तू ब्रह्म है)	अग्नि
केन्द्र या मध्य	सत्यकाशी पीठ उत्तर प्रदेश, चरणाद्रिगढ़	चेतना और एकत्व	कर्मवेद	सर्वे ब्रह्म (सभी ब्रह्म हैं)	आकाश

क्षिति, जल, पावक, गगन, समीरा। पंच तत्व मिलि बनेहु शरीरा ।।

सत्यकाशी पीठ: स्थान

मानव जीवन की यात्रा को हम चार स्तरों में देख सकते हैं - **संभल (Shambhal), संभला (Shambhala), ज्ञानगंज (Gyanganj) और संगरीला (Sangrila)**

संभल (Shambhal) को हम भौतिक जगत का प्रतीक मान सकते हैं। यह धरती पर बसा हुआ वास्तविक नगर है, जहाँ लोग रहते हैं, संघर्ष करते हैं और जीवन की यात्रा करते हैं। धार्मिक मान्यता के अनुसार यहाँ भविष्य में कल्कि अवतार का जन्म होगा। इसका अर्थ यह भी है कि संभल हमें यह याद दिलाता है कि परिवर्तन और नवजागरण हमेशा इसी सांसारिक धरती से प्रारंभ होता है।

संभला (Shambhala) आध्यात्मिक जगत का प्रतीक है। यह उस आदर्श समाज और चेतना की ओर संकेत करता है, जहाँ धर्म, करुणा और सत्य का शासन है। बौद्ध ग्रंथों में इसे एक अदृश्य, पवित्र राज्य बताया गया है। इसका दार्शनिक अर्थ यह है कि हर मनुष्य के भीतर एक संभला है - एक ऐसा क्षेत्र जहाँ शांति, संतुलन और धर्म की शक्ति हमेशा जीवित रहती है। यह हमारे भीतर के आदर्श और परम लक्ष्य का रूप है।

ज्ञानगंज (Gyanganj) गूढ़ और रहस्यमय चेतना का प्रतीक है। यह वह क्षेत्र है, जहाँ अमर योगी और सिद्ध रहते हैं, और जो साधारण दृष्टि से छिपा हुआ है। इसका अर्थ यह है कि सत्य और सर्वोच्च ज्ञान कभी सतही रूप में उपलब्ध नहीं होते, बल्कि गहन साधना और आंतरिक परिवर्तन से ही प्राप्त किए जा सकते हैं। ज्ञानगंज हमें यह सिखाता है कि परम सत्य अदृश्य है, परंतु साधना से प्रकट हो सकता है।

इस प्रकार, ये चारों स्तर - **भौतिक, आध्यात्मिक, गूढ़ और आदर्श** - मानव जीवन और चेतना की समग्र यात्रा का प्रतिनिधित्व करते हैं, जहाँ साधना, अनुभव और ज्ञान मिलकर आत्मा को पूर्णता की ओर ले जाते हैं।

इस प्रकार, इन तीनों को मिलाकर देखा जाए तो:

- **संभल** = जीवन और समाज का यथार्थ (भौतिक जगत)
- **संभला** = आदर्श और धर्म का उच्च स्वरूप (आध्यात्मिक जगत)
- **ज्ञानगंज** = रहस्यमय सत्य और अमर ज्ञान (गूढ़ जगत)

ये तीनों मिलकर मानव जीवन की पूर्ण यात्रा का संकेत देते हैं - भौतिक से आध्यात्मिक और फिर गूढ़ एवं परम सत्य तक।

संगरीला (Sangrila/Shangri-La) एक कल्पित पर्वतीय स्थल है, जिसे आदर्श समाज और शांति का प्रतीक माना जाता है। यह जगह सामान्य दृष्टि से अदृश्य या दूरस्थ मानी जाती है, जहाँ जीवन सुखमय, स्वस्थ और सामंजस्यपूर्ण होता है। दार्शनिक रूप से इसे मानव चेतना के उच्चतम स्तर, आत्मा की शांति और आदर्श जीवन का प्रतीक माना जाता है। **संगरीला (Sangrila)** का अर्थ यह भी है कि सच्ची खुशी और संतुलन केवल भीतर की यात्रा और साधना से ही प्राप्त होते हैं, बाहरी समृद्धि से नहीं।

1. **शब्द-संदर्भ में**: "Sangrila" अक्सर "Shangri-La" का रूपांतर होता है, जो कि एक कल्पित, आदर्श, रहस्यमयी और शांति-पूर्ण स्थान है।
2. **दार्शनिक/आध्यात्मिक संदर्भ में**: इसे ज्ञानगंज या संभला जैसे गूढ़ और रहस्यमयी क्षेत्रों के समान माना जा सकता है।
3. **अन्य संदर्भ**: यदि यह किसी किताब, स्थान या परियोजना का नाम है, तो उसका अलग अर्थ हो सकता है।

पीठ (Peeth) स्थापित करने की योजना

उद्देश्य और दर्शन तय करना

- पहले यह स्पष्ट करें कि पीठ का उद्देश्य क्या होगा:
    - **अद्वैत वेदांत का प्रचार**
    - **साधकों का प्रशिक्षण और मोक्ष की ओर मार्गदर्शन**
    - **धार्मिक शिक्षा, योग और ध्यान केंद्रित करना**
- पीठ का नाम "Satyakashi" इसलिए चुना गया है क्योंकि यह **सत्य और ज्ञान के प्रकाश का प्रतीक** है।

गुरु या आध्यात्मिक मार्गदर्शक

- पीठ को वैध और आध्यात्मिक मान्यता प्राप्त करने के लिए **एक योग्य गुरु या शिष्य परंपरा वाला व्यक्ति** आवश्यक है।
- गुरु का कार्य होगा:
    - **साधकों का प्रशिक्षण**
    - **धर्म और वेदांत का प्रचार**
    - **पीठ की प्रतिष्ठा बनाना**

स्थान और इमारत का चयन

- स्थान चुनते समय ध्यान दें:
    - **शांत और आध्यात्मिक वातावरण**
    - **साधकों के लिए आवास और साधना स्थल**
    - **भक्तों और पर्यटकों के आने-जाने की सुविधा**
- इमारत में हो सकते हैं:
    - मुख्य मंदिर / पूजा स्थल
    - ध्यान और साधना कक्ष
    - वेदांत शिक्षण कक्ष
    - गुरुकुल या आश्रम

धार्मिक और आध्यात्मिक गतिविधियाँ

- नियमित क्रियाएँ:

    - **साधना, ध्यान और कीर्तन**
    - **वेदांत और शास्त्र अध्ययन**
    - **धार्मिक कार्यशालाएँ और प्रवचन**
- विशेष आयोजन:
    - **अस्थायी या वार्षिक उत्सव**
    - **अद्वैत वेदांत पर सेमिनार**
    - **साधक प्रशिक्षण शिविर**

समुदाय और साधकों का निर्माण

- पीठ केवल इमारत नहीं, **साधकों और भक्तों का केंद्र** होना चाहिए।
- इसके लिए करें:
    - सामाजिक और आध्यात्मिक गतिविधियों का आयोजन
    - साधकों के लिए निवास और शिक्षा सुविधाएँ
    - पीठ का प्रचार: पुस्तकों, वेबसाइट और सामाजिक मंचों के माध्यम से

आधिकारिक मान्यता और नेटवर्क

- भारत में शंकराचार्य परंपरा के मुख्य पीठों के साथ **संपर्क और मार्गदर्शन**।
- नए पीठ को स्थानीय प्रशासन और धार्मिक संस्थानों से **मान्यता और सहयोग** दिलाना।
- अन्य पीठों और गुरु परिषदों के साथ **संवाद और सहयोग**।

दीर्घकालीन योजना

- पीठ को स्थायी और प्रतिष्ठित बनाने के लिए:
    - नियमित साधना और शिक्षा कार्यक्रम
    - नए साधकों और भक्तों को जोड़ना
    - पीठ के **अध्यात्मिक, सामाजिक और शैक्षिक प्रभाव** को बढ़ाना

निष्कर्ष:

नया **Satyakashi Peeth** बनाया जा सकता है, लेकिन यह केवल इमारत नहीं, बल्कि **ज्ञान, साधना और आध्यात्मिक मार्गदर्शन का केंद्र** होना चाहिए। एक योग्य गुरु, साधक समुदाय और सही दृष्टिकोण इसके लिए अनिवार्य हैं।

अन्तिम अवतार कल्कि
का संभल (Shambhal), संभला (Shambhala), ज्ञानगंज (Gyanganj) और संगरीला (Sangrila) से सम्बन्ध

इसका उत्तर गहराई से समझा जाए तो यह केवल भूगोल या कथा का नहीं, बल्कि चेतना के विकास का रहस्य है।

1. संभल (Shambhal) - अवतार का धरातल

हिन्दू ग्रन्थों में कहा गया है कि **कल्कि अवतार का जन्म 'संभल' नामक स्थान पर होगा।** यह स्थान भौतिक जगत में मौजूद है - उत्तर प्रदेश का एक नगर, परंतु प्रतीक रूप से यह मानवता के भीतर जन्म लेती दिव्यता का संकेत है। जब धर्म क्षीण होता है, तब वही संभल - अर्थात् "संभलने का बिंदु" - अवतार का आधार बनता है।

संभल = पृथ्वी पर दिव्यता का उद्भव बिंदु।

2. संभला (Shambhala) - धर्मराज्य या दिव्य व्यवस्था

बौद्ध और हिन्दू दोनों परम्पराओं में **Shambhala** को धर्म का गुप्त राज्य माना गया है। बौद्ध ग्रंथ 'कालचक्र तंत्र' में कहा गया है कि जब अधर्म चरम पर होगा, तब Shambhala से एक राजा प्रकट होगा जो अधर्म का अंत करेगा - यह प्रतीक रूप से **कल्कि अवतार का ही वर्णन** है।

संभला = दिव्य शासन या धर्मराज्य, जहाँ से कल्कि की प्रेरणा उठती है।

3. ज्ञानगंज (Gyanganj) - सिद्धों का अदृश्य लोक

ज्ञानगंज को अमर योगियों का क्षेत्र कहा जाता है, जहाँ से विश्व के आध्यात्मिक प्रवाह को दिशा मिलती है। कई सिद्ध परंपराएँ मानती हैं कि कल्कि का आध्यात्मिक मार्गदर्शन इन्हीं योगियों द्वारा किया जाएगा।

ज्ञानगंज = दिव्य ऊर्जा और योगिक शक्ति का स्रोत, जहाँ से कल्कि को आत्मिक बल प्राप्त होगा।

4. संगरीला (Sangrila / Shangri-La) - आदर्श समाज या चेतना का चरम स्वरूप

संगरीला का विचार पश्चिमी और तिब्बती रहस्य परंपराओं में आता है - एक अमर, शांति-पूर्ण, आदर्श स्थान, जहाँ कोई रोग, संघर्ष या अधर्म नहीं होता। यह उस अवस्था का प्रतीक है जो **कल्कि युग के बाद की सृष्टि** होगी - अर्थात सत्ययुग का पुनर्स्थापन।

संगरीला = वह दिव्य युग या चेतना का चरम, जो कल्कि अवतार के कार्य का परिणाम है।

सारांश (संक्षेप में सम्बन्ध)

स्तर	प्रतीक	सम्बन्ध कल्कि से
संभल (Shambhal)	भौतिक जन्मभूमि	कल्कि अवतार का पृथ्वी पर अवतरण
संभला (Shambhala)	दिव्य धर्मराज्य	धर्म का पुनःस्थापन करने की शक्ति का उद्गम
ज्ञानगंज (Gyanganj)	गूढ़ योगिक लोक	कल्कि को आत्मिक दिशा और सिद्ध शक्ति का आधार
संगरीला (Sangrila)	आदर्श चेतना का युग	कल्कि कार्य का अंतिम परिणाम - पुनः सत्ययुग

अर्थात् -

संभल में कल्कि अवतरित होते हैं, संभला से उन्हें धर्म की प्रेरणा मिलती है, ज्ञानगंज से योगिक शक्ति, और संगरीला उनके कार्य का लक्ष्य है - सत्य और शांति का पुनर्स्थापन।

सत्यकाशी पीठ: योग्य स्थान

इस संसार को अन्तिम सन्देश देने से पहले आपको उस क्षेत्र से परिचय कराना चाहता हूँ जिस क्षेत्र से यह सन्देश देने का साहस किया गया है क्योंकि कोई भी क्रिया बिना कारण के नहीं होती।

समस्त मूल कार्य जिस क्षेत्र से सम्पूर्ण हुआ, उस क्षेत्र को सत्यकाशी क्षेत्र कहता हूँ और जिस ग्राम का निवासी हूँ वह काशी (वाराणसी) के चौरासी कोस यात्रा तथा सत्यकाशी क्षेत्र का उभय क्षेत्र में स्थित है। इसलिए जितना काशी (वाराणसी) का हूँ उतना ही सत्यकाशी का हूँ। इस प्रकार यह सन्देश काशी-सत्यकाशी का संयुक्त सन्देश है।

सत्यकाशी क्षेत्र जो काशी (वाराणसी), विन्ध्याचल, शिवद्वार और सोनभद्र के बीच का क्षेत्र है, एक पौराणिक-आध्यात्मिक और साधना के लिए उपयुक्त क्षेत्र के रूप में प्राचीन काल से आकर्षण में रहा है। इस क्षेत्र का हृदय क्षेत्र चुनार है। चुनार का किला राजा विक्रमादित्य ने अपने भाई भर्तहरि के तपस्या में हिंसक जानवरों द्वारा व्यवधान न उत्पन्न हो इसके लिए बनवाया था। ये राजा विक्रमादित्य वही हैं जिनके नाम से विक्रम सम्वत् कैलेण्डर स्थापित है। चुनार ईश्वर के पाँचवें अवतार-वामन अवतार का क्षेत्र है जिनसे समाज की शक्ति का प्रथम जन्म हुआ था।

सत्यकाशी क्षेत्र के चारों कोण पर स्थित

1. काशी (वाराणसी) का अपना प्राचीन और पुरातन इतिहास है जो सर्वविदित है।
2. विन्ध्याचल, जो शिव-शक्ति के उपासना का अद्‌भुत केन्द्र है। यशोदा से उत्पन्न पुत्री (जिनके बदले श्रीकृष्ण प्राप्त हुये थे) महासरस्वती अष्टभुजा देवी के नाम से यहीं स्थापित हैं। भारत देश का मानक समय माँ विन्ध्यवासिनी धाम से तय होता है। पुराणों के अनुसार रावण ने भी इसे मानक समय स्थल मानकर यहाँ शिवलिंग की स्थापना की थी।
3. शिवद्वार, त्रिकोणीय तान्त्रिक साधना के लिए जगत विख्यात था और साधना की राजधानी था। इसे ही मीरजापुर गजेटियर में गुप्तकाशी की संज्ञा से अभिकल्पित किया गया है।
4. सोनभद्र, सोन संस्कृति की पौराणिक पृष्ठभूमि वैदिककालीन सभ्यता की पराकाष्ठापरक ऐतिहासिकता से सम्बद्ध है। सन्त परम्पराओं का एक महत्वपूर्ण परिव्रजन इस क्षेत्र में हुआ जिसमें शैव व शाक्त प्रमुख थे। शैव सम्प्रदाय से जुड़े अघोर तन्त्र ने इसे बहुत सराहा और इसे अपनी कर्मभूमि बना लिया। सोन नद के तट पर शव छेदन क्रिया की भी प्रशिक्षा आयुर्वेद के जिज्ञासुओं को दी जाती थी। शैव तन्त्र से प्रभावित अघोर तन्त्र शव-साधना में सिद्धहस्त था और शव में इकार की प्राण प्रतिष्ठा का जीवन्त रूप शिव को दे देना इनकी अलौकिक साधना का चरमोत्कर्ष है। अघोरपन्थी नाम के पश्चात् "राम" का प्रयोग करते थे। इस क्षेत्र में सवर्ण वर्ग में प्रायः ब्राह्मण वर्ग भी राम का प्रयोग अपने नाम में करता है। इस क्षेत्र में पाशुपात तन्त्र के महान साधक लोरिक का नाम विशेष है।

उपरोक्त तो अति संक्षिप्त परिचय है विस्तार से "विश्वशास्त्र" के अध्याय-दो में प्रकाशित है, जिस क्षेत्र से ये विश्व ऐतिहासिक अन्तिम, अपरिवर्तनीय और अटलनीय सन्देश देने का साहस किया गया है।

भौतिक रूप से सत्यकाशी पीठ के लिए योग्य स्थान सत्यकाशी क्षेत्र ही है। सत्यकाशी पीठ उसी अद्वैत वेदान्त पर आधारित है। जिस के आधार पर आदि शंकाराचार्य द्वारा चार पीठों की स्थापना की थी। युग परिवर्तन के लिए आदि शंकाराचार्य द्वारा स्थापित चार पीठों के वर्तमान शंकाराचार्यों का यह दायित्व है कि वे इस श्रृंखला को आगे बढ़ाते हुये धर्म के वैश्विक स्थापना के लिए आगे आयें।

सत्यकाशी पीठ: इतिहास और उद्देश्य

भारत का इतिहास केवल राजाओं और युद्धों का इतिहास नहीं है,
बल्कि यह **चेतना के विकास का इतिहास** है।
हर युग में जब धर्म और राजनीति के बीच संतुलन बिगड़ता है,
तो कोई न कोई पीठ उस संतुलन को पुनर्स्थापित करने के लिए जन्म लेती है।

ऐसा ही एक अद्वितीय उदय है -
"सत्यकाशी पीठ" का,
जो मानवता के अगले अध्याय की भूमिका बन चुका है।

"जहाँ ज्ञान शासन को दिशा देता है,
वहीं शासन धर्म का साधन बन जाता है।"

काशी से सत्यकाशी तक: चेतना की यात्रा

प्राचीन काशी को "मोक्षभूमि" कहा गया,
क्योंकि वहाँ ज्ञान और मृत्यु - दोनों के रहस्य सिखाए जाते थे।
पर सत्यकाशी - ज्ञान का अगला आयाम है।
यह मृत्यु से मुक्ति नहीं, बल्कि **अज्ञान से मुक्ति** की भूमि है।

तीन चरणों में यह यात्रा समझी जा सकती है:

1. **काशी** - व्यक्तिगत मुक्ति का केंद्र।
2. **महाकाशी** - सार्वभौमिक चेतना का केंद्र।
3. **सत्यकाशी** - वैश्विक एकत्व और अद्वैत शासन का केंद्र।

"काशी आत्मा की दीक्षा है,
सत्यकाशी आत्मा का शासन है।"

स्थापना का उद्देश्य

सत्यकाशी पीठ का जन्म केवल धार्मिक नहीं,
बल्कि आध्यात्मिक-राजनीतिक समन्वय की आवश्यकता से हुआ।
विश्व में बढ़ती भौतिकता, असमानता, और नैतिक संकट के बीच
इस पीठ का उद्देश्य है -

1. **धर्म और शासन के बीच अद्वैत संबंध पुनः स्थापित करना।**
2. **राजनीति को आत्मा से जोड़ना।**
3. **विज्ञान, धर्म, और समाज - तीनों का एक समग्र मॉडल प्रस्तुत करना।**

इसके चार प्रमुख सूत्र:

- **धर्म = चेतना की नीति**
- **राजनीति = सेवा की क्रिया**
- **अर्थनीति = संतुलन की व्यवस्था**
- **विज्ञान = सत्य की खोज**

सत्यकाशी की परंपरा और वंश

सत्यकाशी पीठ किसी व्यक्ति द्वारा स्थापित संस्था नहीं है -
यह **ब्रह्म परंपरा का विस्तार** है।
आदि शंकराचार्य ने चार दिशाओं में चार पीठें स्थापित कीं -
पूर्व, पश्चिम, उत्तर, दक्षिण -
जो वेद, धर्म और आत्मज्ञान के केंद्र बने।

परंतु कालान्तर में जब राजनीति धर्म से अलग और धर्म समाज से अलग हुआ,
तो **पाँचवीं पीठ** की आवश्यकता पड़ी -
जो अद्वैत दर्शन को शासन की नीतियों में उतार सके।

"चार पीठों ने धर्म को जीवित रखा,
पाँचवीं पीठ उसे जीवन में उतारेगी।"

सत्यकाशी का उद्देश्य – धर्म का पुनर्निर्माण, शासन का पुनर्जागरण

आज की मानवता धर्म को या तो संप्रदाय मानती है या अनुष्ठान।
पर सत्यकाशी कहता है -

"धर्म = जीवन की वैज्ञानिक व्यवस्था।"

इस पीठ का उद्देश्य है -
धर्म को **व्यवहार में**, राजनीति को **सेवा में**,
और विज्ञान को **चेतना में** बदलना।

इसके तीन प्रमुख लक्ष्य:

1. **आध्यात्मिक शासन (Spiritual Governance):**
   जहाँ नीतियाँ करुणा और सत्य पर आधारित हों।
2. **चेतना आधारित शिक्षा (Conscious Education):**
   जहाँ बच्चों को ज्ञान नहीं, आत्मा से जोड़ने की विधि सिखाई जाए।
3. **वैश्विक समरसता (Global Oneness):**
   जहाँ राष्ट्रवाद का स्थान "मानववाद" ले ले।

सत्यकाशी और मानवता का भविष्य

सत्यकाशी केवल एक धार्मिक केंद्र नहीं,
बल्कि मानवता का भविष्य मॉडल है।

यह वह स्थान है जहाँ -

- विज्ञान और वेदांत मिलते हैं,
- राजनीति और करुणा जुड़ते हैं,
- और व्यक्ति स्वयं में "राजऋषि" बनता है।

"जब शासक साधक बन जाएगा,
तब ही पृथ्वी पर धर्मराज्य स्थापित होगा।"

निष्कर्ष

सत्यकाशी पीठ का इतिहास कोई कालखंड नहीं,
बल्कि एक **युग की उद्घोषणा** है।
यह उस समय का प्रतीक है
जब ब्रह्मज्ञान शासन का केंद्र बनेगा,
और शासन ब्रह्म की सेवा बन जाएगा।

"सत्यकाशी केवल एक स्थान नहीं -
वह चेतना की वह ज्योति है
जो युगों से अंधकार में जलती रही है।"

पाँचवाँ और अंतिम शंकराचार्य पीठः इसकी विशेषता

आदि शंकराचार्य ने चार दिशाओं में चार पीठों की स्थापना की -
उत्तर में **ज्योतिर्मठ (बद्रीनाथ)**,
दक्षिण में **श्रृंगेरी पीठ**,
पूर्व में **गौड़पीठ (पुरी)**,
और पश्चिम में **द्वारका शारदापीठ**।

इन चारों पीठों ने धर्म की लौ को जलाए रखा -
ज्ञान, भक्ति, कर्म और योग - चारों मार्गों के संतुलन से।
परंतु जैसे-जैसे युग आगे बढ़ा,
मानवता की चुनौती केवल धर्म रक्षा नहीं रही,
बल्कि **धर्म को शासन, विज्ञान और समाज में जीवित रखना** बन गई।

इसी आवश्यकता से जन्म लेता है -
पाँचवाँ और अंतिम शंकराचार्य पीठ - "सत्यकाशी पीठ।"

"चार पीठों ने धर्म को सुरक्षित रखा,
पाँचवाँ पीठ धर्म को सार्वभौमिक बना देगा।"

पाँचवाँ पीठ क्यों आवश्यक हुआ

शंकराचार्य का कार्य केवल धार्मिक पुनर्जागरण नहीं था;
वह चेतना की क्रांति थी।
उनकी परंपरा ने अद्वैत का सिद्धांत दिया -
कि **सभी भिन्नताएँ एक ही परमसत्य की लहरें हैं।**

परंतु आधुनिक युग में -

- धर्म राजनीति से अलग हुआ,
- ज्ञान आस्था से अलग हुआ,

- और मनुष्य स्वयं अपने अस्तित्व से अलग हो गया।

ऐसे समय में आवश्यक था
कि अद्वैत केवल दर्शनशास्त्र न रह जाए,
बल्कि राजनीति और जीवन का सिद्धांत बन जाए।
इसी हेतु स्थापित हुआ -
सत्यकाशी पीठ - पाँचवाँ और अंतिम शंकराचार्य पीठ।

इसकी स्थापना का प्रतीकात्मक अर्थ

चार पीठें **चार तत्वों (पृथ्वी, जल, अग्नि, वायु)** से संबंधित हैं,
जबकि पाँचवाँ पीठ **आकाश तत्व** का प्रतीक है -
अर्थात् सर्वव्यापक चेतना।

दिशा	पीठ	तत्व	उद्देश्य
पूर्व	पुरी (गौड़)	जल	भक्ति और समर्पण
पश्चिम	द्वारका	अग्नि	कर्म और संकल्प
उत्तर	ज्योतिर्मठ	वायु	ज्ञान और विवेक
दक्षिण	श्रृंगेरी	पृथ्वी	स्थिरता और परंपरा
केंद्र	**सत्यकाशी**	**आकाश**	**चेतना और एकत्व**

"आकाश सबको जोड़ता है -
उसी तरह सत्यकाशी सभी परंपराओं को एक चेतना में जोड़ता है।"

पाँचवाँ पीठ - अद्वैत का आधुनिक रूप

सत्यकाशी पीठ का लक्ष्य अद्वैत को केवल ध्यान या उपनिषद तक सीमित नहीं रखना,
बल्कि उसे शासन और समाज की नीतियों में उतारना है।

इसका सार है -
"अद्वैत शासन" = ऐसा तंत्र जहाँ आत्मा और राज्य में कोई विभाजन न हो।
यह पीठ आत्मा-केन्द्रित राजनीति का सिद्धांत प्रस्तुत करती है -
जहाँ सत्ता साधना है,
शासन सेवा है,
और नेतृत्व तप है।

सत्यकाशी पीठ की पाँच विशेषताएँ

1. अद्वैत का संस्थागत रूप

यह पीठ अद्वैत को केवल तत्वज्ञान नहीं,
बल्कि संस्थागत चेतना बनाती है।
धर्म, शिक्षा, राजनीति, अर्थ और विज्ञान -
सभी को एकसूत्र में बाँधती है।

2. राजऋषि परंपरा का पुनर्जागरण

आदर्श शासक वही है जो साधक भी हो।
सत्यकाशी इस परंपरा को पुनर्जीवित करता है -
जहाँ राज्य का मार्गदर्शन ऋषियों द्वारा होता है।

3. विज्ञान और अध्यात्म का संगम

यह पीठ "Consciousness Studies" और "Spiritual Technology"
को एक साथ लाकर मानव चेतना के विकास को वैज्ञानिक दृष्टि देती है।

4. वैश्विक धर्म - Beyond Religion

सत्यकाशी का धर्म किसी संप्रदाय का नहीं,
बल्कि "मानवता की आत्मा" का है।
यह कहता है -

"जो सत्य को खोजता है, वही सनातन है।"

5. राज्य और आत्मा का समन्वय

यह पीठ बताती है कि शासन तंत्र तभी स्थायी है
जब वह आत्मिक अनुशासन पर आधारित हो।
यह "राजनीति का आध्यात्मिकीकरण" है,
जिसे भविष्य की सभ्यता का आधार माना गया है।

"अंतिम शंकराचार्य पीठ" क्यों कहा गया

चार पीठें धर्म की दिशा का प्रतीक थीं,
पाँचवाँ पीठ **धर्म की दिशा से परे उसकी पूर्णता** का प्रतीक है।
यह अब किसी भौगोलिक क्षेत्र के लिए नहीं,
बल्कि पूरे विश्व की चेतना के लिए है।

"जब मनुष्य का धर्म मानवता होगा,
तब सत्यकाशी पाँचवाँ ही नहीं, अंतिम पीठ सिद्ध होगा।"

सत्यकाशी पीठ का दार्शनिक आधार

इस पीठ की जड़ें तीन सूत्रों पर टिकी हैं -

1. **ब्रह्म सत्यम्** - सत्य सर्वत्र है।
2. **जगत् मिथ्या** - भेद, संप्रदाय और हिंसा केवल अज्ञान की छाया हैं।
3. **जीवो ब्रह्मैव नापरः** - प्रत्येक व्यक्ति ब्रह्म का ही अंश है।

यही दर्शन राजनीति में यह रूप लेता है -

दर्शन	राजनीतिक रूप
ब्रह्म सत्यम्	राज्य का आधार सत्य और नीति
जगत मिथ्या	जाति, रंग, धर्म से ऊपर समानता
जीवो ब्रह्मैव	प्रत्येक नागरिक में दिव्यता का सम्मान

निष्कर्ष

सत्यकाशी पीठ शंकराचार्य की परंपरा का समापन नहीं,
बल्कि उसका परिपूर्ण रूप है।
यह धर्म, राजनीति, और चेतना -
तीनों के संगम से एक नया युग **आरंभ करता है।**

"पहले चार पीठों ने दिशा दी,
पाँचवें ने दिशा को प्रकाश बना दिया।"

सत्यकाशी पीठ इसलिए अंतिम है -
क्योंकि यह अद्वैत को सिद्धांत नहीं,
बल्कि जीवित अनुभव बना देता है।

भाग-9

सत्यकाशी पीठ के कार्य

धारा-उद्धार: धर्म की पुनर्स्थापना

मनुष्य चेतना का रूपांतरण

साधना, दीक्षा और आध्यात्मिक अनुष्ठान

वैश्विक कार्य: मानवता के लिए संदेश

शिव-तत्व और कल्कि-तत्व का मिलन

"सार्वभौम सत्य-सिद्धान्त" पर आधारित "युग परिवर्तन श्रृंखला" के नवयुग के शास्त्र-साहित्य

धारा-उद्धार: धर्म की पुनर्स्थापना

सत्यकाशी पीठ का प्रथम और सर्वोपरि कार्य है-**धारा-उद्धार**, अर्थात वह दिव्य धारा जो युगों से मलीन, विभ्रांत या विकृत हो चुकी है, उसे पुनः शुद्ध स्वरूप में प्रवाहित करना। "धर्म" शब्द यहाँ किसी संप्रदाय, पद्धति या विचारधारा का नाम नहीं; धर्म का अर्थ है-**जगत की अंतर्निहित समरसता, सत्य और सृष्टि-नियम**।

जब युग बदलता है, धर्म की धारा अवरुद्ध हो जाती है।
सत्य केवल ग्रंथों में रह जाता है, इसके प्रयोग का बल खो जाता है।
लोग अनुष्ठान तो करते हैं, पररस के बिना;
मंत्र तो बोलते हैं, पर अर्थ के बिना;
धर्म का नाम तो लेते हैं, पर धर्म का जीवन नहीं जीते।

सत्यकाशी पीठ इस जड़ता को तोड़ता है।

यह धारा-उद्धार तीन प्रकार से होता है:

1. सत्य-दृष्टि का पुनर्जागरण

लोगों में सत्य को पहचानने और जीने की क्षमता पुनः सक्रिय होती है।
यह क्षमता बिना किसी प्रवचन-केवल चेतना-संक्रमण से जगती है।

2. धर्म का प्रयोगशाला-रूप

सत्यकाशी पीठ धर्म को जीवन के केंद्र में स्थापित करता है।
धर्म यहाँ सिद्धांत नहीं-व्यवहार और चरित्र का प्रवाह है।

3. युग-धर्म की घोषणा

हर युग का धर्म अलग होता है।
कलियुग से सतयुग में प्रवेश के लिए जो धर्म आवश्यक है-योग, करुणा, सत्य, उच्च चेतना, मानव-एकत्व-उसका पुनःस्थापन पीठ के मुख्य कार्यों में है।

इस प्रकार, धारा-उद्धार वह बीज है जिससे नए युग की पूरी फसल अंकुरित होती है।

मनुष्य चेतना का रूपांतरण

युग परिवर्तन का मूल आधार मनुष्य की बाहरी परिस्थितियाँ नहीं-उसकी **भीतर की चेतना** है। सत्यकाशी पीठ का दूसरा मुख्य कार्य इसी रूपांतरण से जुड़ा है।

मनुष्य आज बुद्धि में प्रबल है, पर चेतना में सुप्त।
ज्ञान बहुत है, पर विवेक कम।
सूचना बहुत है, पर अनुभूति नहीं।
असंतोष बहुत है, पर दिशा नहीं।

पीठ का उद्देश्य मनुष्य को बाहरी उपलब्धियों से हटाकर भीतर की यात्रा में प्रवेश कराना है।

रूपांतरण के चार चरण

1. जागरण (Awakening)

मनुष्य स्वयं से पहला प्रश्न पूछता है-"मैं कौन हूँ?"
यह प्रश्न जन्म देता है।

2. शुद्धि (Purification)

पुराने संस्कार, भय, भ्रम और अहंकार टूटने लगते हैं।

3. विस्तार (Expansion)

चेतना शरीर-मन से आगे बढ़कर सूक्ष्म और कारण-स्तरों को अनुभव करने लगती है।

4. परिणति (Realization)

मनुष्य अपने भीतर स्थित दिव्य-सत्ता को पहचान लेता है।
यही "नया मनुष्य" है-युग परिवर्तन का वाहक।

पीठ का कार्य प्रत्येक साधक को इन चार चरणों के मार्ग से गुज़ारना है-धीरे, सहज, और सामूहिक ऊर्जा के साथ।

साधना, दीक्षा और आध्यात्मिक अनुष्ठान

हर परिवर्तन की जड़ अनुशासन और साधना है।
सत्यकाशी पीठ में साधना केवल ध्यान या मंत्र नहीं-यह एक पूर्ण जीवन-शास्त्र है।

1. साधना (Spiritual Practice)

- आंतरिक शांति
- चेतना का विस्तार
- ऊर्जा का स्थिरीकरण
- स्मृति-शोधन
- आत्म-प्रकाश

पीठ की साधना आधुनिक मन के अनुसार सरल, गहरी और प्रभावकारी है।
यह शरीर, मन, प्राण और चेतना-सभी स्तरों पर काम करती है।

2. दीक्षा (Initiation)

दीक्षा बाहरी कर्म नहीं-ऊर्जा का आंतरिक स्थानांतरण है।
यह वह क्षण है जब साधक की चेतना में युग-ऊर्जा का बीज रोपा जाता है।
यह बीज धीरे-धीरे जागता है और साधक स्वयं एक "चेतना-केंद्र" बन जाता है।

3. अनुष्ठान (Rituals)

अनुष्ठान ब्रह्मांडीय ऊर्जा को पृथ्वी पर स्थिर करने के उपकरण हैं।
सत्यकाशी पीठ में अनुष्ठान प्राचीन और आधुनिक दोनों हैं-
वे बाहरी प्रतीकों से अधिक आंतरिक परिवर्तन पर आधारित हैं।

अनुष्ठान केवल पूजा नहीं-वे प्रकाश का आह्वान हैं।

वैश्विक कार्य - मानवता के लिए संदेश

सत्यकाशी पीठ का कार्य किसी एक देश, संस्कृति या समुदाय तक सीमित नहीं।
युग परिवर्तन हमेशा वैश्विक होता है-इसलिए उसका संदेश भी वैश्विक होता है।

आज मानवता कई स्तरों पर विभाजित है-
भाषा, धर्म, राजनीति, अर्थव्यवस्था, जाति, विचार।
पर चेतना का सत्य इन सभी से ऊपर है।

सत्यकाशी पीठ का वैश्विक संदेश यही है:

1. मानव एक है

भिन्नता केवल बाहरी है; भीतर सबमें एक ही प्रकाश विद्यमान है।

2. पृथ्वी हमारा साझा आश्रम है

मानवता को पृथ्वी-चेतना के साथ सुसंगत होना होगा।

3. धर्म संघर्ष नहीं-एकता का मार्ग है

सभी पवित्र परंपराएँ एक ही सत्य के भिन्न द्वार हैं।

4. विज्ञान और अध्यात्म एक-दूसरे के पूरक हैं

दुनिया का नया युग तभी जन्म लेगा जब विज्ञान चेतना को समझेगा, और अध्यात्म विज्ञान को अपनाएगा।

5. कल्कि-ऊर्जा सार्वभौमिक है

यह ऊर्जा किसी राष्ट्र का, पंथ का, या समूह का स्वामित्व नहीं;
यह सम्पूर्ण मानवता का जन्मसिद्ध अधिकार है।

सत्यकाशी पीठ का उद्देश्य इसी संदेश को विश्व तक पहुँचाना है-शब्द, कला, ध्यान, साधना, विज्ञान और ऊर्जा के माध्यम से।

शिव-तत्व और कल्कि-तत्व का मिलन

युग परिवर्तन का अंतिम रहस्य दो महाशक्तियों के मिलन में निहित है-
शिव-तत्व और **कल्कि-तत्व**।

शिव-तत्व

संहार, मौन, तत्त्व-ज्ञान, समाधि और शून्य का प्रतिनिधि।
यह सभी रूपों का विसर्जन है-स्रोत में लौटना।

कल्कि-तत्व

नव-सृष्टि, धर्मस्थापन, ऊर्जा का उत्थान और युग-चक्र का पुनर्मूल्यांकन।
यह समय को पुनः संतुलित करने वाली शक्ति है।

दोनों का मिलन तब होता है जब:

- पुराना युग समाप्त हो रहा हो
- नया युग जन्म ले रहा हो
- पृथ्वी अपनी चेतना बदल रही हो
- मानवता परिवर्तन की पुकार कर रही हो

शिव-तत्व पुरातन को शून्य करता है,
और उसी शून्य में कल्कि-तत्व नया ब्रह्मांडीय क्रम स्थापित करता है।

सत्यकाशी पीठ इसी मिलन का केंद्र है-
जहाँ **शिव का मौन** और **कल्कि का उदय**
एक साथ कार्य करते हैं।

यही मिलन युग के नये चक्र की शुरुआत है-
यहीं से सतयुग का नया सूर्योदय होता है।

"सार्वभौम सत्य-सिद्धान्त" पर आधारित "युग परिवर्तन श्रृंखला" के नवयुग के शास्त्र-साहित्य

विभिन्न सम्प्रदाय (धर्म), जाति, मत, दर्शन इत्यादि में विभाजित इस मानव समाज में वर्तमान तथा आने वाले भविष्य के समय की मूल आवश्यकता है- मानव के मनो का एकीकरण अर्थात मानव मन का भूमण्डलीकरण एवं ब्रह्माण्डीयकरण। इसकी आवश्यकता इसलिए भी है क्योंकि मानव अपने विज्ञान व तकनीकी ज्ञान से प्राप्त संसाधनो का प्रयोग करते हुये, एक तरफ तो ब्रह्माण्ड की ओर चल पड़ा है तो दुसरी तरफ विध्वंस के लिए अनेक हथियारों का भी निर्माण कर चुका है। ऐसी स्थिति में हमें निश्चित रूप से ऐसे एकीकरण की आवश्यकता है जिससे हम इस पृथ्वी से मानसिक स्तर के विवादों को समाप्त कर सकें।

माया सभ्यता के अनुसार विश्व के मानव समाज यह भी मान रहें हैं कि 21 दिसम्बर, 2012 को दुनिया का अन्त हो जायेगा। जबकि हिन्दू धर्म शास्त्र विष्णु पुराण, भागवत पुराण, अग्नि पुराण, गरूड़ पुराण, पद्म पुराण इत्यादि में भगवान के दसवें और महाअवतार "कल्कि" का होना अभी शेष है। जिनसे कलियुग के अंधकार व विनाश को समाप्त करने का कार्य सम्पन्न होगा, साथ ही सत्ययुग का आरम्भ होगा। सिक्ख धर्म के पवित्र ग्रन्थ "दशम् ग्रन्थ" में भी "कल्कि अवतार" का वर्णन मिलता है।

सृजन और विनाश, का स्तर शारीरिक, आर्थिक व मानसिक होता है। जो एक व्यक्ति, समाज, देश और विश्व राष्ट्र के लिए होता है। व्यक्ति पर हुये शारीरिक, आर्थिक व मानसिक सृजन और विनाश को व्यक्ति ही अनुभव करता है परन्तु समाज, देश और विश्व राष्ट्र पर हुये शारीरिक, आर्थिक व मानसिक सृजन व विनाश को सार्वजनिक रूप से सभी देखते है। समाज, देश और विश्व राष्ट्र पर शारीरिक व आर्थिक सृजन और विनाश वर्तमान में तो चल ही रहा है जिसे सार्वजनिक रूप से मानव समाज देख रहा है।

भौतिकवादी पश्चिमी संस्कृति किसी भी सृजन व विनाश को मानसिक स्तर पर सोच ही नहीं सकता क्योंकि वह समस्त क्रियाकलाप को बाह्य जगत में ही घटित होता समझाता है जबकि वर्तमान समय मानसिक स्तर पर विनाश व सृजन का है। इस आधार पर यह कहा जा सकता है कि माया सभ्यता के अनुसार 21 दिसम्बर, 2012 को जो विनाश व सृजन होगा, वह मानसिक स्तर का ही होगा। जिसके परिणामस्वरूप सभी सम्प्रदाय, मत, दर्शन एक उच्च स्तर के विचार या सत्य में विलीन अर्थात विनाश को प्राप्त करेगा। फलस्वरूप उच्च स्तर के विचार या सत्य में स्थापित होने से सृजन होगा। कुल मिलाकर माया सभ्यता के कैलेण्डर का अन्त तिथि 21 दिसम्बर, 2012, दुनिया के अन्त की तिथि नहीं बल्कि वह वर्तमान युग के अन्त की अन्तिम तिथि का अनुमान है जिसके बाद नये युग का आरम्भ होगा।

ईश्वर भी इतना मूर्ख व अज्ञानी नहीं है कि वह स्वयं को इस मानव षरीर में पूर्ण व्यक्त किये बिना ही दुनिया को नष्ट कर दे। इसके सम्बन्ध में हिन्दू धर्म शास्त्रों में सृष्टि के प्रारम्भ के सम्बन्ध में कहा गया है कि- "ईश्वर ने इच्छा व्यक्त की कि मैं एक हूँ, अनेक हो जाऊँ"। इस प्रकार जब वही ईश्वर सभी में है तब निश्चित रूप से जब तक सभी मानव ईश्वर नहीं हो जाते तब तक दुनिया के अन्त होने का कोई प्रश्न ही नहीं उठता। और विकास क्रम चलता रहेगा।

21 दिसम्बर, 2012 के बाद का समय नये युग के प्रारम्भ का समय है जिसमें ज्ञान, ध्यान, चेतना, भाव, जन, देश, विश्व राष्ट्र, आध्यात्मिक जागरण, मानवता इत्यादि का विश्वव्यापी विकास होगा। परिणामस्वरूप सभी मानव को ईश्वर रूप में स्थापित होने का अवसर प्राप्त होगा। और यही विश्व मानव समाज की मूल आवश्यकता है। प्राचीन वैदिक काल में समाज को नियंत्रित करने के लिए ज्ञानार्जन सबके लिए खुला नहीं था परन्तु वर्तमान और भविष्य की आवश्यकता यह है कि समाज को नियंत्रित करने के लिए सभी को पूर्ण ज्ञान से युक्त कर सभी के लिए ज्ञान को खोल दिया जाय। यही कारण था कि वेद को प्रतीकात्मक रूप में लिख कर गुरू-शिष्य परम्परा द्वारा उसकी व्याख्या की जाती रही थी जिससे राजा और समाज को नियंत्रण में रखा जा सके।

सभी मानव को ईश्वर रूप में स्थापित होने के लिए जो माध्यम चाहिए वह है-"एकात्म विज्ञान" व "ईश्वर शास्त्र" विषय से मानव को शिक्षित करना और शिक्षा पाठ्यक्रम में अनिवार्य रूप से अध्ययन के लिए शामिल कराया जा सके।

"सार्वभौम सत्य-सिद्धांत"पर आधारित "युग परिवर्तन श्रृंखला" मानवता के अगली पीढ़ी के उदय के लिए

"नये युग" में "नये भारत" के लिए "नवीन मान-राग-प्राण" पर आधारित क्रियान्वयन प्रणाली (Operation System)-मानव-10 (MANAV-10) की पुस्तकें

यह नई पीढ़ी (Gen-Z) के लिए "विकसित भारत" और "मानव-10 प्रणाली" (MANAV-10 System) को प्रोत्साहित करने वाली श्रृंखला का हिस्सा है। अर्थात् यह पुस्तक किसी धर्म, जाति या मत से ऊपर उठकर "Universal Truth Principles" की ओर संकेत करती है।

मुद्रित (Printed Hard Copy) पुस्तक के लिए लिंक(Link)

https://notionpress.com/author/lava_kush

E_Book के लिए

www.64inch.com

द्वापर युग में आठवें अवतार श्रीकृष्ण द्वारा प्रारम्भ किया गया कार्य नवसृजन के प्रथम भाग सार्वभौम ज्ञान के शास्त्र "गीता" के बाद कलियुग में द्वितीय और अन्तिम भाग "सार्वभौम कर्मज्ञान" और "पूर्णज्ञान का पूरक शास्त्र"

विश्व युद्ध के पहले
दिव्य दृष्टि
सत्यकाशी पीठ
पांचवां और अन्तिम शंकराचार्य पीठ

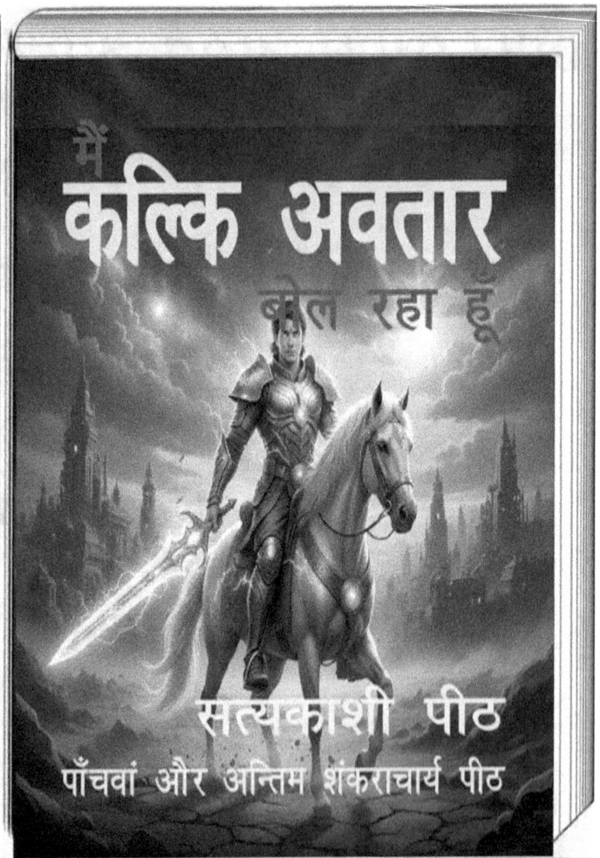
मैं
कल्कि अवतार
बोल रहा हूँ
सत्यकाशी पीठ
पाँचवां और अन्तिम शंकराचार्य पीठ

समष्टि गीता
यथार्थ प्रकाश
सत्यकाशी पीठ
पाँचवां और अन्तिम शंकराचार्य पीठ

फिल्म स्क्रीप्ट
राइटिंग
IDEAS
You are the writer of your life
FRESH Ideas
Writing is designing with words
creative THINKING
LIGHTS CAMERA ACTION
Short Films.
लव कुश सिंह "विश्वमानव"

प्रारम्भिक सत्य
अन्तिम
दृष्टि
सत्यकाशी पीठ
पाँचवां और अन्तिम शंकराचार्य पीठ

सत्य धर्म
युग परिवर्तक
दृष्टि
सत्यकाशी पीठ
पाँचवां और अन्तिम शंकराचार्य पीठ

सत्य दार्शनिक-दर्शन
और
कर्म वेदान्त-विकास
दर्शन
सत्यकाशी पीठ
पाँचवां और अन्तिम शंकराचार्य पीठ

सत्य शास्त्र
एवं
पुराण-रहस्य
महर्षि व्यास
कला
सत्यकाशी पीठ
पाँचवां और अन्तिम शंकराचार्य पीठ

संत एवं गुरु
और
विश्व संत एवं गुरु
सत्यकाशी पीठ
पाँचवां और अन्तिम शंकराचार्य पीठ

समाज और
ईश्वरीय समाज
सत्यकाशी पीठ
पाँचवां और अन्तिम शंकराचार्य पीठ

सत्य शास्त्र और
विश्वशास्त्र
सत्यकाशी पीठ
पाँचवां और अन्तिम शंकराचार्य पीठ

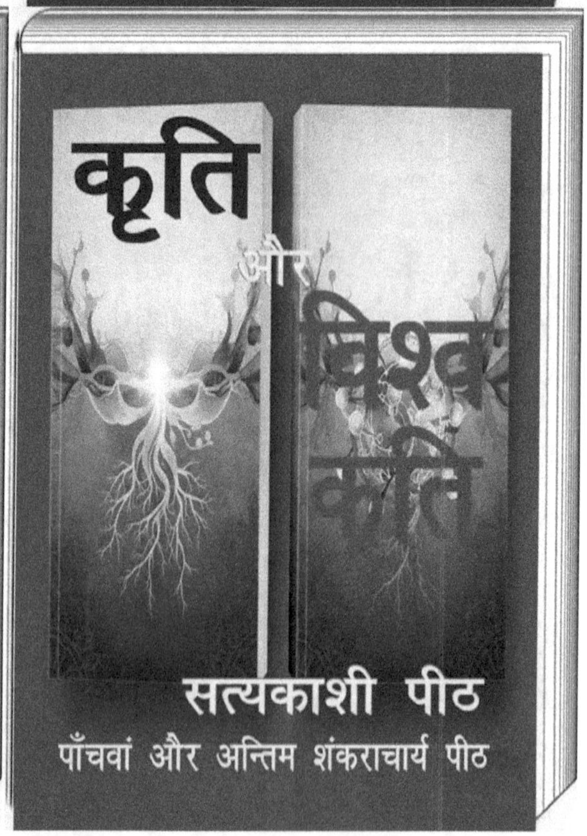
कृति
और
विश्व
कृति
सत्यकाशी पीठ
पाँचवां और अन्तिम शंकराचार्य पीठ

भारत माता मन्दिर
और
विश्वधर्म मन्दिर
सत्यकाशी पीठ
पाँचवां और अन्तिम शंकराचार्य पीठ

महाभारत
और
विश्वभारत
सत्यकाशी पीठ
पाँचवां और अन्तिम शंकराचार्य पीठ

संविधान और
विश्व संविधान
सत्यकाशी पीठ
पांचवां और अन्तिम शंकराचार्य पीठ

शिक्षा और
पूर्ण शिक्षा
सत्यकाशी पीठ
पांचवां और अन्तिम शंकराचार्य पीठ

देवता और सार्वभौम देवता
कल्कि
सत्यकाशी पीठ

माँ कल्कि

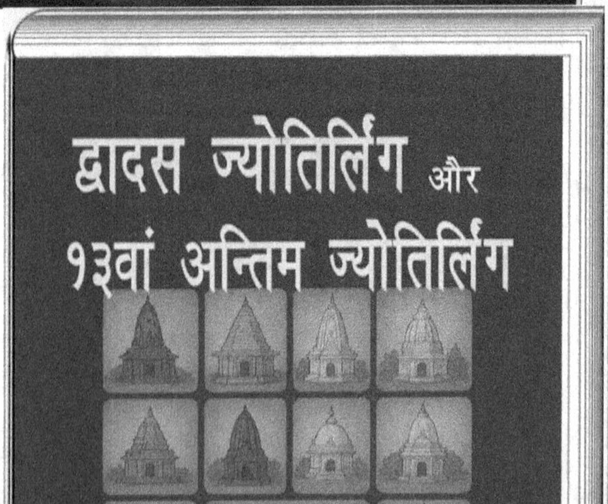
द्वादस ज्योतिर्लिंग और
१३वां अन्तिम ज्योतिर्लिंग
सत्यकाशी पीठ
पाँचवां और अन्तिम शंकराचार्य पीठ

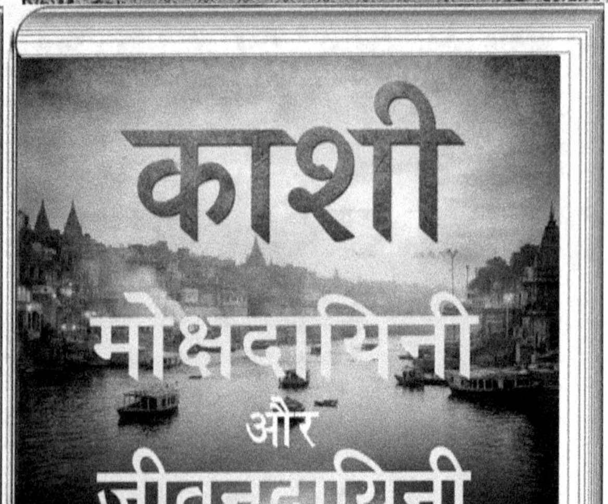
काशी
मोक्षदायिनी
और
जीवनदायिनी

सत्यकाशी
स्वर्णयुग
का
तीर्थ

काशी
रहस्योद्घाटन
सत्यकाशी पीठ
पांचवां और अन्तिम शंकराचार्य पीठ

2020
मन का नवीनीकरण
सत्यकाशी पीठ
पाँचवां और अन्तिम शंकराचार्य पीठ

ईश्वर
का
संक्षिप्त इतिहास
सत्यकाशी पीठ
पाँचवां और अन्तिम शंकराचार्य पीठ

अवतार
अन्तिम सत्य दृष्टि
सत्यकाशी पीठ
पाँचवां और अन्तिम शंकराचार्य पीठ

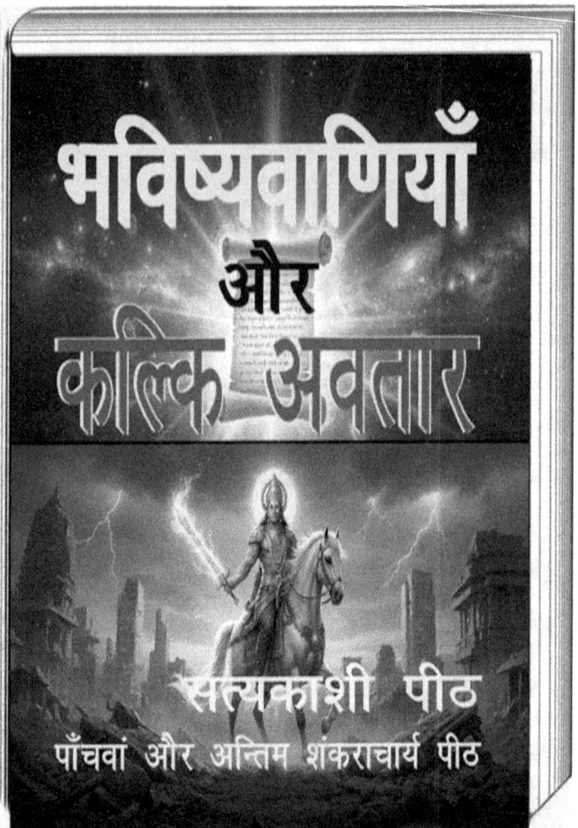
भविष्यवाणियाँ
और
कल्कि अवतार
सत्यकाशी पीठ
पाँचवां और अन्तिम शंकराचार्य पीठ

स्वामी विवेकानन्द
और
कल्कि अवतार
सत्यकाशी पीठ
पाँचवां और अन्तिम शंकराचार्य पीठ

मनु, मनवन्तर
और
कल्कि अवतार
सत्यकाशी पीठ
पाँचवां और अन्तिम शंकराचार्य पीठ

व्यास, शास्त्र
और
कल्कि अवतार
सत्यकाशी पीठ
पाँचवां और अन्तिम शंकराचार्य पीठ

ऋषि, ऋषि परम्परा
और
कल्कि अवतार
सत्यकाशी पीठ
पाँचवां और अन्तिम शंकराचार्य पीठ

दूसरा आगमन
या
अन्तिम आगमन
सत्यकाशी पीठ
पाँचवां और अन्तिम शंकराचार्य पीठ

परिवर्तन
काल, मनु, युग,
व्यास और शास्त्र
सत्यकाशी पीठ
पाँचवां और अन्तिम शंकराचार्य पीठ

राम, रावण
और
सार्वभौम एकात्म
सत्यकाशी पीठ
पाँचवां और अन्तिम शंकराचार्य पीठ

मैं
व्यक्तिगत या सार्वभौम
सत्यकाशी पीठ
पाँचवां और अन्तिम शंकराचार्य पीठ

लव कुश (त्रेतायुग)
और
लवकुश (कलियुग)
सत्यकाशी पीठ
पाँचवां और अन्तिम शंकराचार्य पीठ

कल्कि महावतार
आ चुके हैं
(ACTION PLAN)
सत्यकाशी पीठ
पाँचवां और अन्तिम शंकराचार्य पीठ

लव कुश सिंह
(कल्कि महावतार)
जीवन, ज्ञान, कर्म और विश्वरूप
सत्यकाशी पीठ
पाँचवां और अन्तिम शंकराचार्य पीठ

वैश्विक बुद्ध
बुद्ध का
भाग-दो
और अन्तिम
सत्यकाशी पीठ
पाँचवां और अन्तिम शंकराचार्य पीठ

बुड्ढा कृष्ण
कृष्ण का
भाग-दो
और अन्तिम
सत्यकाशी पीठ
पाँचवां और अन्तिम शंकराचार्य पीठ

सम्पूर्ण क्रान्ति
अन्तिम कार्य योजना
64
सत्यकाशी पीठ
पांचवां और अन्तिम शंकराचार्य पीठ

सम्पूर्ण क्रान्ति
वेबसाइट मार्गदर्शन
विवरणिका
www.64inch.com
सत्यकाशी पीठ
पाँचवां और अन्तिम शंकराचार्य पीठ

पुनर्निर्माण
(RENEW)
समस्या, समाधान
और
राष्ट्र निर्माण की योजना
सत्यकाशी पीठ
पाँचवां और अन्तिम शंकराचार्य पीठ

पुनर्निर्माण
(RENEW)
ग्राम एवं नगर वार्ड
प्रेरक
सत्यकाशी पीठ
पाँचवां और अन्तिम शंकराचार्य पीठ

द्वापर युग में आठवें अवतार श्रीकृष्ण द्वारा प्रारम्भ किया गया कार्य "नवसृजन" के
प्रथम भाग "सार्वभौम ज्ञान" के शास्त्र "गीता" के बाद कलियुग में
द्वितीय और अन्तिम भाग "सार्वभौम कर्मज्ञान" और "पूर्णज्ञान का पूरक शास्त्र"
।। विश्वशास्त्र ।।
द नॉलेज ऑफ फाइनल नॉलेज
परिचय
- लव कुश सिंह "विश्वमानव"

एन्टायर पालिटिक्स
पूर्ण पाठ्यक्रम
सत्यकाशी पीठ
पाँचवां और अन्तिम शंकराचार्य पीठ

वसुधैव
कुटुम्बकम्
सत्यकाशी पीठ
पाँचवां और अन्तिम शंकराचार्य पीठ

।।कर्मवेद।।
प्रथम, अन्तिम तथा पंचम
सत्यकाशी पीठ
पांचवां और अन्तिम शंकराचार्य पीठ

आठवें अवतार
श्रीकृष्ण
सत्यकाशी पीठ
पांचवां और अन्तिम शंकराचार्य पीठ

अयोध्या नहीं,
मुंगेर है
राम जन्मभूमि
सत्यकाशी पीठ
पाँचवां और अन्तिम शंकराचार्य पीठ

विश्वमानव
भूतपूर्व नेतृत्वकर्ताओं
का
स्पष्टिकरण
सत्यकाशी पीठ
पाँचवां और अन्तिम शंकराचार्य पीठ

विश्वमानव
वर्तमान नेतृत्वकर्ताओं
का
स्पष्टिकरण
सत्यकाशी पीठ
पाँचवां और अन्तिम शंकराचार्य पीठ

विश्वमानव
वार्ता, वक्तव्य
एवं
वाणीयाँ
सत्यकाशी पीठ
पाँचवां और अन्तिम शंकराचार्य पीठ

विश्वमानव
पत्रावली, प्रसारण
और
अन्तिम पत्र
सत्यकाशी पीठ
पाँचवां और अन्तिम शंकराचार्य पीठ

सत्य जनहित
आह्वान
सत्यकाशी पीठ
पाँचवां और अन्तिम शंकराचार्य पीठ

विश्व शान्ति
अन्तिम सत्य दृष्टि
सत्यकाशी पीठ
पाँचवां और अन्तिम शंकराचार्य पीठ

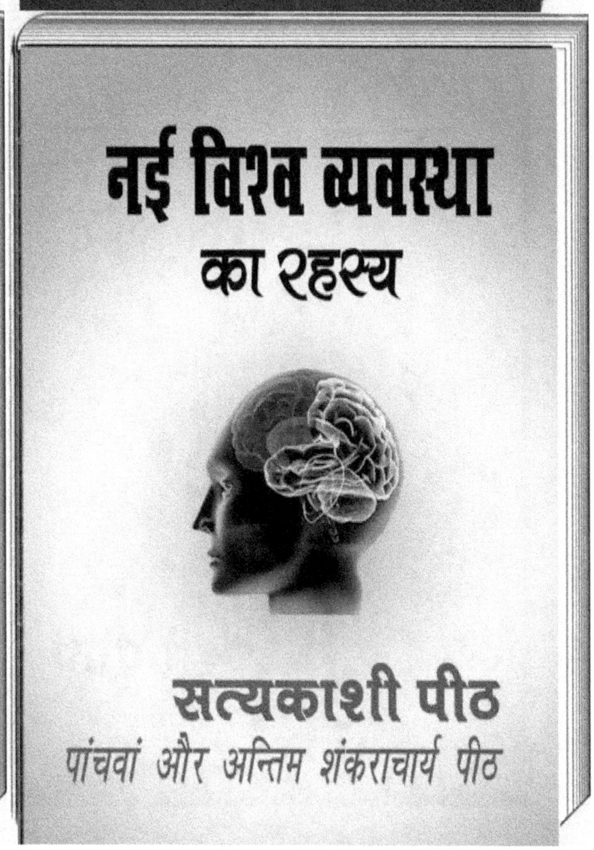
नई विश्व व्यवस्था
का रहस्य
सत्यकाशी पीठ
पांचवां और अन्तिम शंकराचार्य पीठ

समाजवाद
ब्रह्माण्डीय विकास का अवतारी मार्ग
सत्यकाशी पीठ
पांचवां और अन्तिम शंकराचार्य पीठ

भारतवाद
राष्ट्रवाद की मुख्यधारा
सत्यकाशी पीठ
पांचवां और अन्तिम शंकराचार्य पीठ

100 वर्षीय संयुक्त राष्ट्र
को अग्रिम सन्देश
सत्यकाशी पीठ
पांचवां और अन्तिम शंकराचार्य पीठ

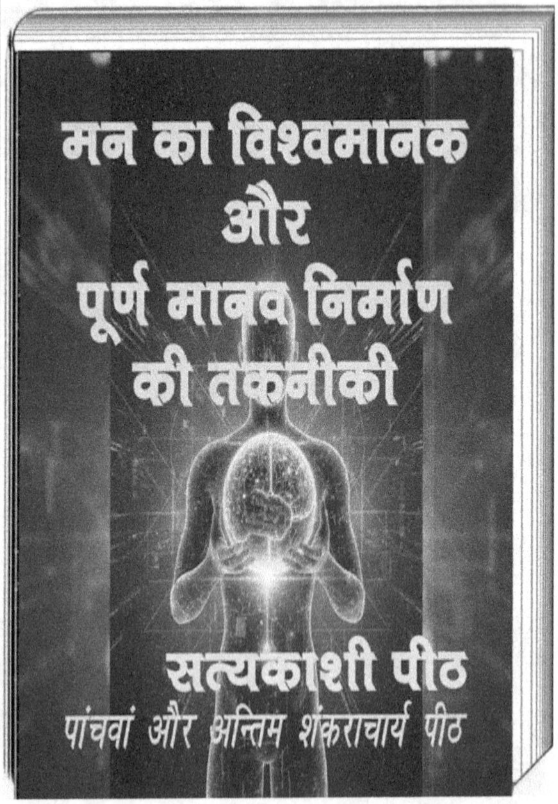
मन का विश्वमानक
और
पूर्ण मानव निर्माण
की तकनीकी
सत्यकाशी पीठ
पांचवां और अन्तिम शंकराचार्य पीठ

गणराज्य, संघ,
मानकीकरण संगठन
और
सम्पूर्ण मानक
सत्यकाशी पीठ
पाँचवां और अन्तिम शंकराचार्य पीठ

व्यापार केन्द्र
दृश्य सत्य
सत्यकाशी पीठ
पाँचवां और अन्तिम शंकराचार्य पीठ

सार्वभौम एकात्म
नव विश्व निर्माण
सत्यकाशी पीठ
पांचवां और अन्तिम शंकराचार्य पीठ

मानक विपणन
प्रणाली
सत्यकाशी पीठ
पाँचवां और अन्तिम शंकराचार्य पीठ

स्वर्णयुग का मानक
आदर्श नागरिक
दिशा निर्देश
सत्यकाशी पीठ
पांचवां और अन्तिम शंकराचार्य पीठ

स्वर्णयुग का
विश्वधर्म
परिचय
सत्यकाशी पीठ
पांचवां और अन्तिम शंकराचार्य पीठ

मैत्रेय बुद्ध
की ओर
सत्यकाशी पीठ
पांचवां और अन्तिम शंकराचार्य पीठ

विशाल ज्ञान विज्ञान
सबका समाधान
सूर्योदय
जय जनता जय कानून
हम सब एक दूसरे से हैं और एक दूसरे के लिए हैं
सौजन्य से : सारे गैर सरकारी प्राणी : सरकारी प्राणी : इज्जतदार नेता और
सबका भविष्य विद्यार्थीगण........के लिए।

सार्वभौम सत्य-सिद्धान्त आधारित "युग परिवर्तक" श्रृंखला
कल्कि धाम
और
कल्कि परिचय
– लव कुश सिंह "विश्वमानव"

सार्वभौम सत्य-सिद्धान्त आधारित "युग परिवर्तक" श्रृंखला
चार शंकराचार्य पीठ
और
पांचवां-अन्तिम पीठ
सत्यकाशी पीठ
सत्यकाशी पीठ
सत्यकाशी पीठ
पांचवां और अन्तिम शंकराचार्य पीठ

कल्कि अमृत
महाकुम्भ
2025
FINAL KNOWLEDGE BOMB BLAST
सत्यकाशी पीठ
पांचवां और अन्तिम शंकराचार्य पीठ

ज्योति
युग परिवर्तन की
TRANSACTION
TRADE
DEVELOPMENT
RURAL
EDUCATION
ADVANCEMENT
NATURAL TRUTH
सत्यकाशी पीठ
पांचवां और अन्तिम शंकराचार्य पीठ

युग परिवर्तन
के
शब्द
सत्यकाशी पीठ
पांचवां और अन्तिम शंकराचार्य पीठ

विचारों का अंत
2025
सत्यकाशी पीठ
पांचवां और अन्तिम शंकराचार्य पीठ

विश्व सत्य घोषणा-पत्र
2025–मानव जाति तक
RSS
Rational Service
Society
सत्यकाशी पीठ
पांचवां और अन्तिम शंकराचार्यपीठ

वैश्विक युग परिवर्तन के लिए
विश्व राजनीतिक पार्टी
संघ
RSS
Rational Service
Society
सत्यकाशी पीठ
पांचवां और अन्तिम शंकराचार्यपीठ

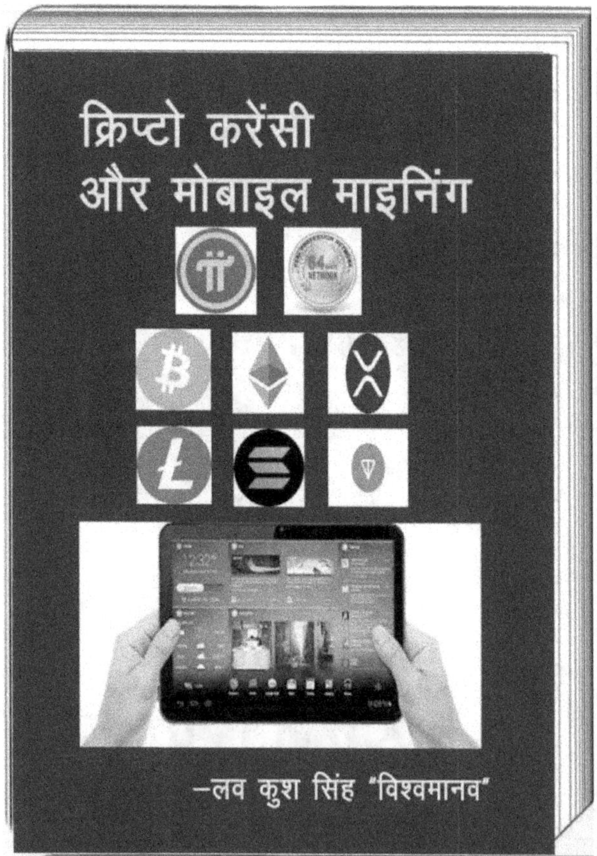
क्रिप्टो करेंसी
और मोबाइल माइनिंग
—लव कुश सिंह "विश्वमानव"

पीढ़ी
मानवीय और ईश्वरीय
2 3 4 5 6 7 8 9 10
वात्सल्य त्रिपाठी

बुढ़ा कृष्ण
अन्तिम मिलन
वात्सल्य त्रिपाठी

जेन जी
अन्तिम लक्ष्य
वात्सल्य त्रिपाठी

पॉचवां-अन्तिम पीठ
सत्यकाशी पीठ
परिचय
वात्सल्य त्रिपाठी
पाँचवां और आंतिम शंकराचार्य पीठ

कबीर और जेन-जी
नई चेतना, नया मानव
चेतना और नवयुग की संवाद यात्रा
वात्सल्य त्रिपाठी

कल्कि की ज्योति
बिहार से
ज्योति राठौड़

एक बिहारी धरती पर भारी
ज्योति राठौड़

कबीरा चला आकाश में दियो
ज्ञान-कर्मज्ञान फैलाय
जिसको जितना चाहिए
छांट-छांट ले जाये
KASHI AREA BRAIN INTEGRATION & RESEARCH CHARITABLE TRUST
KABIR
काशी-सत्यकाशी
मोक्षदायिनी-जीवनदायिनी

कुर्म वंश
और
चरणाद्रिगढ़
स्वामी रमेशानन्द

आर.एस.एस
नवयुग के लिए
वैश्विक व्यक्तिगत पुस्तकालय
RATIONAL SERVICE SOCIETY (RSS)
WORLD PERSONAL LIBRARY FOR NEW AGE
A GUIDE TO GLOBAL WISDOM & FUTURE THOUGHT
स्वामी रमेशानन्द

झोला उठने के बाद
सोशल मीडिया
के लिए
कन्टेन्ट बैंक
विस्तृत गाइड: विचार, रणनीतियाँ, और संसाधन
www.64inch.com
सत्यकाशी पीठ
पांचवां और अन्तिम शंकराचार्य पीठ

झोला उठने के बाद
कल्कि
के तीन चरण
सत्यकाशी पीठ
पांचवां और अन्तिम शंकराचार्य पीठ

युग परिवर्तन के लिए:
विश्व पुस्तकालय बनाम कल्कि पुस्तकालय
www.64inch.com
ज्ञान का महासागर - अतीत से वर्तमान
बनाम
कल्कि पुस्तकालय
धर्म और भविष्य का प्रकाश - नए युग का उद्भव
ज्ञान का महासंग्राम - भविष्य का निर्माण
सत्यकाशी पीठ
पांचवां और अन्तिम शंकराचार्य पीठ

व्हाट्सएप्प यूनिवर्सिटी
और
सु-इसु यूनिवर्सिटी
सत्यकाशी पीठ
पांचवां और अन्तिम शंकराचार्य पीठ

इंडिया
भारत का विश्वरूप
सत्यकाशी पीठ
पांचवां और अन्तिम शंकराचार्य पीठ

अधूरे सपनों का
अन्तिम मार्ग
सत्यकाशी पीठ
पांचवां और अन्तिम शंकराचार्य पीठ

मानक संविधान
और
बहुजन
सत्यकाशी पीठ
पांचवां और अन्तिम शंकराचार्य पीठ

विकसित भारत
अन्तिम मुद्दे
-ईश्वरीय/मानवीय पीढ़ी-10 (GEN-10)
-व्यक्तिगत
-पारिवारीक
-सामाजिक
-धार्मिक
-राष्ट्रीय
-वैश्विक
सत्यकाशी पीठ
पांचवां और अन्तिम शंकराचार्य पीठ

एक नया
विकल्प
THREADS
सत्यकाशी पीठ
पांचवां और अन्तिम शंकराचार्य पीठ

विकसित भारत
शिक्षितों का अन्तिम ईश्वरीय मॉडल
सत्यकाशी पीठ
पांचवां और अन्तिम शंकराचार्य पीठ

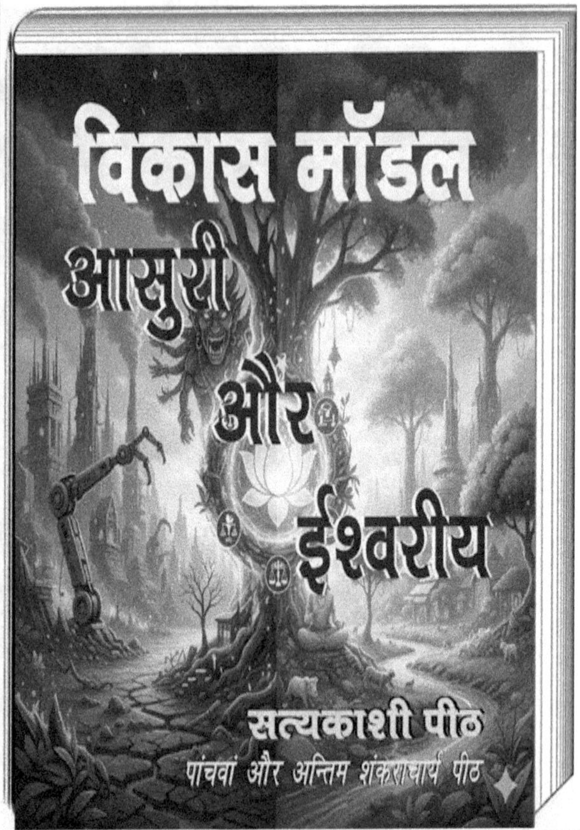
विकास मॉडल
आसुरी
और
ईश्वरीय
सत्यकाशी पीठ
पांचवां और अन्तिम शंकराचार्य पीठ

युग परिवर्तन और 1000 वर्षों के लिए
सत्यकाशी पीठ
का सम्पूर्ण कार्य
कौन,
क्यों,
कैसे
कल्कि?
सत्यकाशी पीठ
पांचवां और अन्तिम शंकराचार्य पीठ

बैल बुद्धि
और
विकसित
भारत
सत्यकाशी पीठ
पांचवां और अन्तिम शंकराचार्य पीठ

सत्यकाशी पीठ
पांचवां और अन्तिम शंकराचार्य पीठ

एक्सट्रा
टु ए बी
समान नागरिक व्यापार ज्ञान संहिता (CCTKC)
सत्यकाशी पीठ
पांचवां और अन्तिम शंकराचार्य पीठ

एक्सट्रा
टु ए बी
समान नागरिक आर्थिक संहिता (UCEC)
2
सत्यकाशी पीठ
पांचवां और अन्तिम शंकराचार्य पीठ

अंध भक्ति
से मुक्ति की ओर
मुक्ति मंत्र
"जिसने अंधभक्ति दिया
वही मुक्ति देगा"
सत्यकाशी पीठ
पांचवां और अन्तिम शंकराचार्य पीठ

VISHVABHARAT
न मो नारायण
सत्यकाशी पीठ
पांचवां और अन्तिम शंकराचार्य पीठ

अगला स्तर
फिल्म और राजनीति पर
विचारों का संग्रह
सत्यकाशी पीठ
पांचवां और अन्तिम शंकराचार्य पीठ

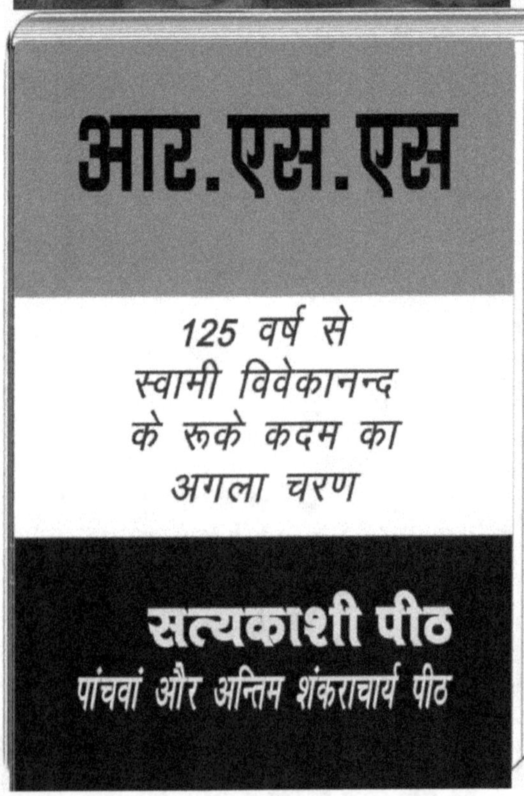
आर.एस.एस
125 वर्ष से
स्वामी विवेकानन्द
के रूके कदम का
अगला चरण
सत्यकाशी पीठ
पांचवां और अन्तिम शंकराचार्य पीठ

आर.एस.एस
रहस्योद्‌घाटन
सत्यकाशी पीठ
पांचवां और अन्तिम शंकराचार्य पीठ

125 वर्ष बाद
स्वामी विवेकानन्द
का अगला चरण

सत्यकाशी पीठ

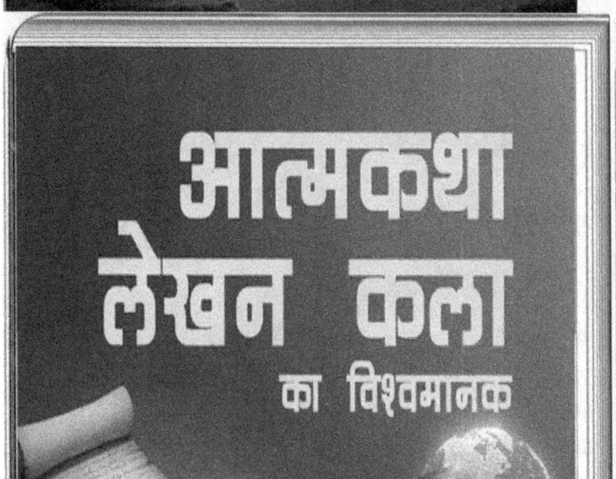
आत्मकथा
लेखन कला
का विश्वमानक
सत्यकाशी पीठ
पांचवां और अन्तिम शंकराचार्य पीठ

लुच्चा
पुराण
पौराणिक कथाओं
और पात्रों के
सत्य समझ की व्यास दृष्टि
सत्यकाशी पीठ
पांचवां और अन्तिम शंकराचार्य पीठ

आठवां
सावर्णि मनु स्मृति
सत्यकाशी पीठ
पांचवां और अन्तिम शंकराचार्य पीठ

विश्वमानक
शून्य श्रृंखला
0
सत्यकाशी पीठ
पांचवां और अन्तिम शंकराचार्य पीठ

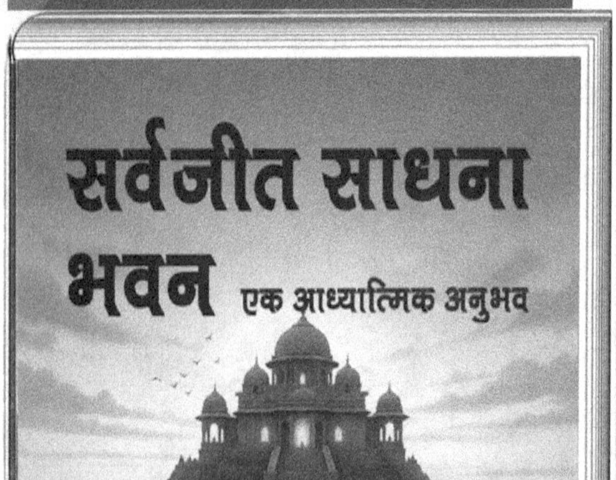
सर्वजीत साधना
भवन
एक आध्यात्मिक अनुभव
सत्यकाशी पीठ
पांचवां और अन्तिम शंकराचार्य पीठ

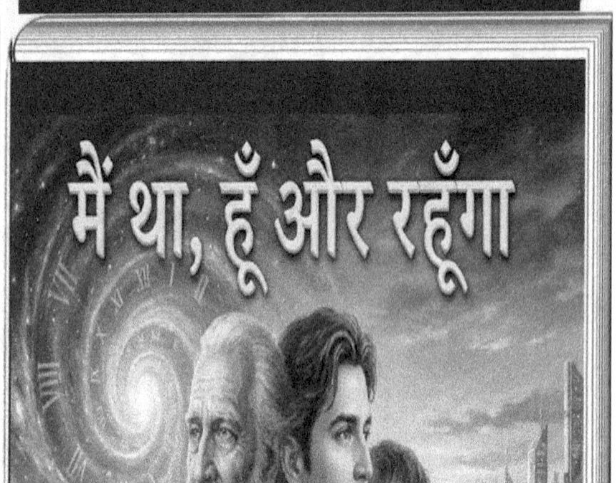
मैं था, हूँ और रहूँगा
सत्यकाशी पीठ
पांचवां और अन्तिम शंकराचार्य पीठ

लव
सत्यकाशी पीठ
पांचवां और अन्तिम शंकराचार्य पीठ

परब्रह्म,
प्रकृति,
अवतार
और वा नर
सत्यकाशी पीठ
पांचवां और अन्तिम शंकराचार्य पीठ

संसार
दृश्य
और
अदृश्य
सत्यकाशी पीठ
पांचवां और अन्तिम शंकराचार्य पीठ

कर्मोपनिषद्
सत्यकाशी पीठ
पांचवां और अन्तिम शंकराचार्य पीठ

विश्वभारत
पुराण
सत्यकाशी पीठ
पांचवां और अन्तिम शंकराचार्य पीठ

एकात्म विज्ञान
सत्यकाशी पीठ
पांचवां और अन्तिम शंकराचार्य पीठ

मानक विज्ञान
सत्यकाशी पीठ
पांचवां और अन्तिम शंकराचार्य पीठ

ईश्वर शास्त्र
सत्यकाशी पीठ
पांचवां और अन्तिम शंकराचार्य पीठ

युगावतारों के प्रकटीकरण की कार्यविधि:
राम-कृष्ण-लवकुश
सत्यकाशी पीठ
पांचवां और अन्तिम शंकराचार्य पीठ

पुस्तक को देखो, लेखक को नहीं
आविष्कार को देखो, आविष्कारक को नहीं
शास्त्र को देखो, शास्त्राकार को नहीं
सत्यकाशी पीठ
पांचवां और अन्तिम शंकराचार्य पीठ

56 से 64
की ओर
सत्यकाशी पीठ
पांचवां और अन्तिम शंकराचार्य पीठ

मैं सत्यकाशी हूँ
कविता
सत्यकाशी पीठ
पांचवां और अन्तिम शंकराचार्य पीठ

पटेल
भारत के शारीरिक एकीकरण के बाद
मन का एकीकरण लक्ष्य
सत्यकाशी पीठ
पांचवां और अन्तिम शंकराचार्य पीठ

मन से
आत्मा तक
3 6 9 और 7
6
3
9
7
सत्यकाशी पीठ
पांचवां और अन्तिम शंकराचार्य पीठ

भारत
400 पार मुद्दा किसका
?
सत्यकाशी पीठ
पांचवां और अन्तिम शंकराचार्य पीठ

आर. एस. एस - पुस्तकालय
पढ़ो और कमाओ
शिक्षित समाज, समर्थ राष्ट्र
सत्यकाशी पीठ
पांचवां और अन्तिम शंकराचार्य पीठ

विश्वयुद्ध के पहले
विश्वगुरु भारत
का विश्व शान्ति और
पुनर्निर्माण का अन्तिम सन्देश
सत्यकाशी पीठ
पांचवां और अन्तिम शंकराचार्य पीठ

चुटिया पण्डित
वृन्दावन की सत्य घटना
स्वामी नन्दनानंद

कल्कि का
चुनार और वृन्दावन
से उठता प्रेम
स्वामी नन्दनानंद

कल्कि का
बेगुसराय और मीरजापुर
जन्म और कर्म क्षेत्र
स्वामी नन्दनानंद

सत्येश्वरोपनिषद्
सत्येश्वर
और
झूठेश्वर
वात्सल्य त्रिपाठी

अन्तिम अवतार
कल्कि
के लिए शेष कर्म
वात्सल्य त्रिपाठी

कल्कि अवतार
का मानव-10
विकसित भारत का प्रवेश द्वार
वात्सल्य त्रिपाठी

पप्पू-गप्पू
और
नागरिक झुलेलाल
वात्सल्य त्रिपाठी

ओपेन गेम
कभी-कभी नहीं,
अब कन्फर्म है
अपुन ही
भगवान है
(वेब सीरीज)
वात्सल्य त्रिपाठी

SATYAKASHI
THE END OF MIRZAPUR
सत्यकाशी पीठ
पांचवां और अन्तिम शंकराचार्य पीठ

अण्डरवर्ल्ड
सनातन से पुरूषों से छुपी महिलाओं की कहानी
(फिल्म स्क्रीनप्ले-रेडी टू शूट)
वात्सल्य त्रिपाठी

सोना और सोना
एवं
नारी सशक्तिकरण
वैदिक काल से वर्तमान तक
सत्यकाशी पीठ
पांचवां और अन्तिम शंकराचार्य पीठ

स्लम डॉग
गॉड
फिल्म स्क्रीनप्ले-रेडी टू शूट

उत्तर प्रदेश
का
उत्तर
वात्सल्य त्रिपाठी

अन्तिम समन्वयाचार्य
कल्कि
वात्सल्य त्रिपाठी

2026
2+0+2+6=10
पांचवां और अन्तिम शंकराचार्य पीठ

राम न आयेंगे
लवकुश आ रहें हैं
www.64inch.com
पांचवां और अन्तिम शंकराचार्य पीठ

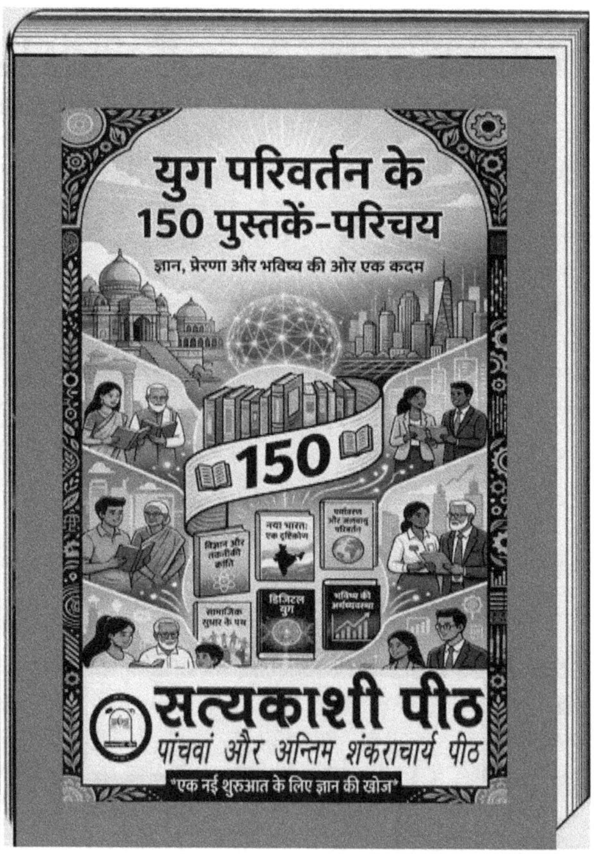
युग परिवर्तन के
150 पुस्तकें-परिचय
ज्ञान, प्रेरणा और भविष्य की ओर एक कदम
150
सत्यकाशी पीठ
पांचवां और अन्तिम शंकराचार्य पीठ
"एक नई शुरुआत के लिए ज्ञान की खोज"

जैसी तुम्हारी इच्छा वैसा करो

डॉ0 सर्वपल्ली राधाकृष्णन का जन्म 5 सितम्बर, 1888 को दक्षिण भारत के तिरूतनि स्थान पर हुआ था जो चेन्नई से 64 किमी उत्तर–पूर्व में है। डॉ0 सर्वपल्ली राधाकृष्णन भारत के उपराष्ट्रपति और दूसरे राष्ट्रपति सन् 1952 से 1962 तक में रहे। डॉ0 सर्वपल्ली राधाकृष्णन भारतीय समाजिक संस्कृति से ओत–प्रोत एक महान शिक्षाविद् महान दार्शनिक, महान वक्ता और आस्थावान हिन्दू विचारक थे। डॉ0 सर्वपल्ली राधाकृष्णन ने अपने जीवन के महत्वपूर्ण 40 वर्ष शिक्षक के रूप में व्यतीत किये। उनमें एक आदर्श शिक्षक के सारे गुण मौजूद थे। डॉ0 सर्वपल्ली राधाकृष्णन समस्त विश्व को एक शिक्षालय मानते थे। उनकी मान्यता थी कि शिक्षा के द्वारा ही मानव दिमाग का सद्उपयोग किया जाना सम्भव है इसलिए समस्त विश्व को एक इकाई समझकर ही शिक्षा का प्रबन्धन किया जाना चाहिए। उनके जन्मदिन को "शिक्षक दिवस" के रूप में मनाया जाता है।

इति ते ज्ञानमाख्यातं गुह्याद्गुह्यतरं मया।
विमृश्न्यैतदशेषेण यथेच्छसि तथा कुरू।।

(श्रीमद्भगवद्गीता, अध्याय–18, श्लोक–63)

अर्थात् – मैंने तुम्हें जो बताया, वह सब से बड़ा रहस्य है। इस पर भलीभाँति विचार कर तुम्हारी जैसी इच्छा वैसा करो।

"परमात्मा देखने में तटस्थ या निरपेक्ष दिखाई देता है, क्योंकि उसने चुनने का निर्णय अर्जुन के हाथ में छोड़ दिया है। उसकी यह निरपेक्षता ही अर्जुन के चिन्ता का कारण है। वह किसी पर भी दबाव नहीं डालता क्योंकि स्वतःस्फूर्त स्वतन्त्रता बहुत मूल्यवान होती है। भगवान अपना आदेश ऊपर से नहीं थोपता। वह स्वतन्त्र छोड़ देता है। परमात्मा की पुकार को स्वीकार करने या अस्वीकार कर देने के लिए हम हर समय स्वतन्त्र हैं। हम लड़खड़ाने लगें तो वह सहायता देने के लिए तैयार रहता है और प्रतीक्षा करने को तैयार है जब तक हम उसकी ओर उन्मुख न हों।

सब कुछ पहले से निर्धारित मानने वाले सिद्धान्त में टकराव के कारण यूरोप और भारत में काफी वाद–विवाद हुआ है। यूरोप का प्रमुख सिद्धान्त है कि संकल्प शक्ति और मानवीय प्रयत्न की स्वतन्त्रता का मनुष्य के उद्धार में बहुत बड़ा हाथ होता है। यद्यपि स्वयं संकल्प शक्ति को भी परमात्मा की कृपा के समर्थन की आवश्यकता पड़ सकती है। पहले से सब कुछ तय मानने वालों को अच्छे कार्यों और प्रार्थना के लिए यत्न करना होता है, क्योंकि वहाँ भी मानते हैं कि ये उपाय नियति को आगे बढ़ाने में सहायक तो हो सकते हैं लेकिन वे उसे रोक नहीं सकते। मनुष्य इस बात के लिए स्वतन्त्र है कि परमात्मा उन मनुष्यों पर कृपा करना चाहता है जो अपने आचरण से उस कृपा को ग्रहण करने के लिए तैयार करते हैं।

आध्यात्मिक नेता हम पर शारीरिक हिंसा, चमत्कार, प्रदर्शन के जरिये प्रभाव नहीं डालते। यदि सच्चा शिष्य कोई गलती कर भी बैठे, तो वह उसे केवल सलाह देगा। यदि शिष्य को चुनाव करने की स्वतन्त्रता पर आँच आती हो, तो वह उसे गलत रास्ते से भी वापस लौट आने के लिए विवश नहीं करेगा। गलती भी विकास की एक दिशा है।

कृष्ण केवल सारथी हैं। वह अर्जुन के आदेश का पालन करेगा। उसने कोई शस्त्र धारण नहीं किया हुआ है। यदि वह अर्जुन पर कोई प्रभाव डालता है तो वह उसे अपने उस सर्वजयी प्रेम के जरिए डालता है। जो कभी समाप्त नहीं होता।

अर्जुन को अपने लिए स्वयं विचार करना चाहिए और अपने लिए स्वयं ही मार्ग खोज करना चाहिए। अस्पष्ट मान्यताओं को अनिवार्य रूप से और भावुकतापूर्वक अपना लिए जाने के कारण फलस्वरूप कट्टर धर्मान्धता उत्पन्न हुई है और उनके कारण मनुष्यों को अकथनीय कष्ट उठाना पड़ा है। इसलिए यह आवश्यक है कि मन और विश्वासों के लिए कोई तर्क संगत और अनुभावात्मक औचित्य ढूंढ़े।

अर्जुन को एक वास्तविक अखण्डता की अनुभूति प्राप्त करनी होगी लेकिन उसके विचार अपने हैं। और गुरू के जरिये उस पर थोपे नहीं गये हैं। दूसरों पर अपने विचार थोपना शिक्षण नहीं हैं।"

– भगवद्गीता के आखिरी उपदेश पर भारतीय दर्शन के व्याख्याकार और दूसरे राष्ट्रपति डॉ0 राधाकृष्णनन का विवेचन

"यह विश्वशास्त्र, मनुष्यों पर थोपा नहीं जा रहा बल्कि वह मनुष्यों को, मनुष्यो के इस संसार मे जो वर्तमान है उसे और उसके आगे अनन्त मार्ग दिखा रहा है और सभी मार्गों के एकीकरण द्वारा, उस मार्ग को भी दिखा रहा है जो विश्व को सत्य–सुन्दर–शिव बना सकता है। फिर भी हे मनुष्यों जैसी तुम्हारी इच्छा वैसा करो। वर्तमान से योग कराने के लिए ही मैं व्यक्त होता हूँ।"

– लव कुश सिंह "विश्वमानव"

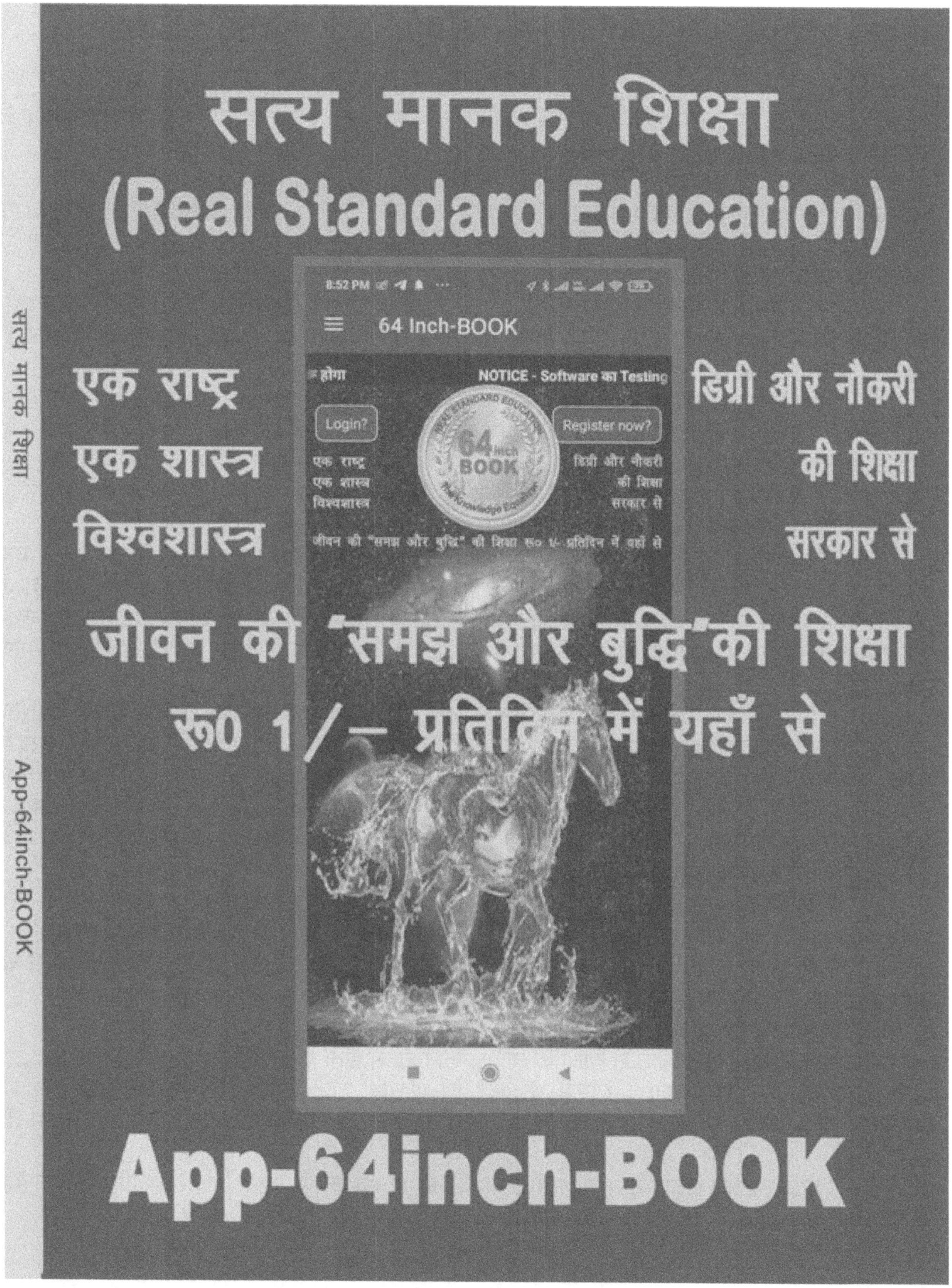
सत्य मानक शिक्षा
(Real Standard Education)
64 Inch-BOOK
NOTICE - Software का Testing
Login?
Register now?
एक राष्ट्र
एक शास्त्र
विश्वशास्त्र
डिग्री और नौकरी
की शिक्षा
सरकार से
जीवन की "समझ और बुद्धि" की शिक्षा
रू0 1/– प्रतिदिन में यहाँ से
App-64inch-BOOK
सत्य मानक शिक्षा
App-64inch-BOOK

"सत्य मानक शिक्षा" का व्यापार-एक अन्तहीन व्यापार

एक नदी पर पुल था जिसे कोई व्यक्ति पैदल दो घण्टे में पार करता था। यह पुल पैदल यात्रीयों के लिए रोक दिया गया था जिसके लिए पुल के ठीक मध्य (एक घण्टे की यात्रा) पर एक गार्ड नियुक्त था। गार्ड एक घण्टे सोता था और एक घण्टे जागता था। एक चालाक व्यक्ति को पुल से नदी पार करना अतिआवश्यक था। इसलिए गार्ड जब सोया तब वह यात्रा प्रारम्भ किया जैसे ही गार्ड के जागने का समय आया, वह वापस लौटने लगा। गार्ड समझा कि वह दूसरे किनारे से आ रहा है इसलिए उसने उस यात्री को पकड़ा और दूसरी ओर भेज दिया। इस प्रकार यात्री नदी पार हो गया।

यदि हम में से किसी को तैरकर नदी पार करना हो और आधे से पहले ही हमारा हिम्मत टूटने लगे तो हम वापस ही आना चाहेंगे। यदि आधे से अधिक तैरने के बाद हिम्मत टूटने लगेगा तो हौसला बढ़ाकर आगे ही बढकर पार करना चाहेंगे।

इसी प्रकार मनुष्य के विकास क्रम में हम सब अदृश्य विज्ञान (आध्यात्म) से दृश्य विज्ञान (भौतिक) की ओर बढ़ गये हैं। नदी या पुल का एक किनारा अदृश्य विज्ञान है तो दूसरा किनारा दृश्य विज्ञान। वर्तमान का हमारा अधिकतम जीवन नदी के दूसरे किनारे दृश्य विज्ञान की ओर है, हर पल। जन्म से ही हम अधिकतम वे सब वस्तुएँ प्रयोग कर रहे हैं जिसका कच्चा माल भले ही ईश्वरकृत हो परन्तु उपयोग का रूप मनुष्यकृत है और विज्ञान द्वारा निर्मित है। इस प्रकार मनुष्य निर्माता के रूप में अपना रूप व्यक्त कर ईश्वर की ओर ही बढ़ रहा है।

नदी के पुल पर बैठे उस गार्ड का काम और तैरने वाले का निर्णय "सत्य शिक्षा" है। वर्तमान में मनुष्य समाज अदृश्य काल से चलकर दृश्य काल में आ चुका है। आधे से वापस किनारे जाना "सत्य" को पाना है। और आधे से दूसरे किनारे पार हो जाना "सिद्धान्त" को पाना है। इन्हीं सिद्धान्त को पाने के बाद संविधान-नियम-कानून का जन्म होता है जिससे आज हम सभी संचालित व प्रभावित है। इस "सत्य-सिद्धान्त" की शिक्षा ही "सत्य मानक शिक्षा" है।

वर्तमान में जीने का अर्थ होता है-विश्व ज्ञान जहाँ तक बढ़ चुका है वहाँ तक के ज्ञान से अपने मस्तिष्क को युक्त करना। तभी डेढ़ हजार वर्ष पुराने हमारे मस्तिष्क का आधुनिकीकरण हो पायेगा। सिर्फ वर्तमान में तो पशु रहकर कर्म करते हैं। "सत्य मानक शिक्षा" मनुष्य के मस्तिष्क के आधुनिकीकरण की शिक्षा है या विज्ञान की भाषा में कहें तो मस्तिष्क के आधुनिकीकरण का साफ्टवेयर या माइक्रोचिप्स (Integrated Circuit-I.C) है। वर्तमान की अब नवीनतम परिभाषा है-"पूर्ण ज्ञान से युक्त होना" और कार्यशैली की परिभाषा है-"भूतकाल का अनुभव, भविष्य की आवश्यकतानुसार पूर्णज्ञान और परिणाम ज्ञान से युक्त होकर वर्तमान समय में कार्य करना।"

ज्ञान के इस युग में शिक्षा-विद्या-कला का व्यापार मनुष्य के धरती पर रहने तक रहेगा। ऐसी स्थिति में "सत्य मानक शिक्षा"का व्यापार भी उस समय तक के लिए स्थायित्व में है। शिक्षा-विद्या-कला कोई प्रापर्टी नहीं है कि पिता जी ग्रहण कर चुके हैं तो पुत्र को हिस्सा प्राप्त हो जायेगा। पुत्र को भी वहीं से अर्थात् अक्षर ज्ञान से शुरू होना पड़ेगा जहाँ से पिता ने शुरू किया था। इस प्रकार "सत्य मानक शिक्षा"का व्यापार एक अन्तहीन व्यापार है जो मनुष्य के पृथ्वी पर रहने तक चलता रहेगा।

स्कूल-कालेजों के जाल से शिक्षा के व्यापार का विकास होता है न कि शिक्षा का। शिक्षा का विकास तो शिक्षा पाठ्यक्रम पर निर्भर होता है जिससे शिक्षक और शिक्षार्थी दोनों निर्मित होते हैं। जब तक पूर्ण शिक्षा पाठ्यक्रम का निर्माण नहीं होता, शिक्षा का विकास नहीं हो सकता लेकिन शिक्षा के व्यापार का विकास होता रहेगा।

आध्यात्म और विज्ञान ने मानव सभ्यता के विकास में अब कम से इतना विकास तो कर ही चुका है कि अब हमें मन के एकीकरण के लिए कार्य करना चाहिए। और उस मन पर कार्य करने का ही परिणाम है-

सम्पूर्ण ब्रह्माण्ड में व्याप्त एक ही सत्य-सिद्धान्त द्वारा व्यक्तिगत व संयुक्त मन को एकमुखी कर सर्वोच्च, मूल और अन्तिम स्तर पर स्थापित करने के लिए शून्य पर अन्तिम आविष्कार WS-0 श्रृंखला की निम्नलिखित पाँच शाखाएँ है।

1. डब्ल्यू.एस. (WS)-0: विचार एवम् साहित्य का विश्वमानक
2. डब्ल्यू.एस. (WS)-00: विषय एवम् विशेषज्ञों की परिभाषा का विश्वमानक
3. डब्ल्यू.एस. (WS)-000: ब्रह्माण्ड (सूक्ष्म एवम् स्थूल) के प्रबन्ध और क्रियाकलाप का विश्वमानक
4. डब्ल्यू.एस. (WS)-0000: मानव (सूक्ष्म तथा स्थूल) के प्रबन्ध और क्रियाकलाप का विश्वमानक
5. डब्ल्यू.एस. (WS)-00000: उपासना और उपासना स्थल का विश्वमानक

और पूर्णमानव निर्माण की तकनीकी WCM-TLM-SHYAM.C (World Class Manufacturing – Total Life Maintenance – Satya-Heart-Yog-Ashram-Meditaion.Conciousness) है।

जो शिक्षा का नया माडल है। गरीबों की समस्या सुलझानें का नैतिक दायित्व है। देश में 25 वर्ष से कम उम्र के 55 करोड़ लोगों के लिए पुननिर्माण जैसी योजना हैं। उन्हें नौकरी और प्रशिक्षण की व्यवस्था है। रचनात्मकता, समन्वय, लीडरशिप, ग्लोबल तथा प्रोफेशनल विषयों को पढ़ने तथा सूचना तकनीक के जरिए पढ़ाई पर ध्यान केन्द्रित करने से युक्त है। हमारे देश में जो अध्यापक हैं, वे शोध नहीं करते और जो शोध करते हैं वे पढ़ाते नहीं, इसलिए शिक्षार्थी को ही शोध पत्र (विश्वशास्त्र) पढ़ाया जाय क्योंकि शिक्षक पढ़ने से तो रहे क्योंकि समान्यतः धन के आने की सुनिश्चितता के बाद लोग पढ़ना छोड़ देते हैं, यही नहीं कोशिश तो यह भी रहती है कि पढ़ाना भी न पड़े और उन्हें सेवा से हटाया भी नहीं जा सकता।

स्वामी विवेकान्द जी ने कहा था – "सुधारकों से मैं कहूंगा कि मैं स्वयं उनसे कहीं बढ़कर सुधारक हूँ। वे लोग इधर-उधर थोड़ा सुधार करना चाहते हैं- और मैं चाहता हूँ आमूल सुधार। हम लोगों का मतभेद है केवल सुधार की प्रणाली में। उनकी प्रणाली विनाशात्मक है और मेरी संघटनात्मक। मैं सुधार में विश्वास नहीं करता, मैं विश्वास करता हूँ स्वाभाविक उन्नति में।"

स्वाभाविक उन्नति तभी होती है जब संसाधन उपलब्ध हो। कार-मोटरसाइकिल घर में पहले से रहता है तो स्वाभाविक रूप से कम उम्र में ही घर के लोग चलाना सिख जाते हैं

जो व्यक्ति या देश केवल आर्थिक उन्नति को ही सर्वस्व मानता है वह व्यक्ति या देश एक पशुवत् जीवन निर्वाह के मार्ग पर है-जीना और पीढ़ी बढ़ाना। दूसरे रूप में इसे ऐसे समझा जा सकता है कि ऐसे व्यक्ति जिनका लक्ष्य धन रहा था वे अपने धन के बल पर अपनी मूर्ति अपने घर पर ही लगा सकते हैं परन्तु जिनका लक्ष्य धन नहीं था, उनका समाज ने उन्हें, उनके रहते या उनके जाने के बाद अनेकों प्रकार से सम्मान दिया है और ये सार्वजनिक रूप से सभी के सामने प्रमाणित है। पूर्णत्व की प्राप्ति का मार्ग शारीरिक-आर्थिक उत्थान के साथ-साथ मानसिक-बौद्धिक उत्थान होना चाहिए और यही है ही। इस प्रकार भारत यदि पूर्णता व विश्व गुरूता की ओर बढ़ना चाहता है तब उसे मात्र कौशल विकास ही नहीं बल्कि राष्ट्रीय बौद्धिक विकास की ओर भी बढ़ना होगा। बौद्धिक विकास, व्यक्ति व राष्ट्र का इस ब्रह्माण्ड के प्रति दायित्व है और उसका लक्ष्य है।

राष्ट्र के पूर्णत्व के लिए पूर्ण शिक्षा निम्नलिखित शिक्षा का संयुक्त रूप है-

अ-सामान्यीकरण (Generalisation) शिक्षा

ज्ञान के लिए- यह शिक्षा व्यक्ति और राष्ट्र का बौद्धिक विकास कराती है जिससे व्यक्ति व राष्ट्रीय सुख में वृद्धि होती है।

ब-विशेषीकरण (Specialisation) शिक्षा

कौशल के लिए- यह शिक्षा व्यक्ति और राष्ट्र का कौशल विकास कराती है जिससे व्यक्ति व राष्ट्रीय उत्पादकता में वृद्धि होती है।

स-सत्य नेटवर्क (REAL NETWORK)

समाज में प्रकाशित होने के लिए-क्योंकि कोई भी क्यों न हो उसे स्वयं अपना परिचय (BIO-DATA) देना पड़ता है तभी उसके अनुसार समाज उसका उपयोग करता है।

वर्तमान समय में विशेषीकरण की शिक्षा, भारत में चल ही रहा है और वह कोई बहुत बड़ी समस्या भी नहीं है। समस्या है सामान्यीकरण शिक्षा की। व्यक्तियों के विचार से सदैव व्यक्त होता रहा है कि-मैकाले शिक्षा पद्धति बदलनी चाहिए, राष्ट्रीय शिक्षा नीति व पाठ्यक्रम बनना चाहिए। ये तो विचार हैं। पाठ्यक्रम बनेगा कैसे?, कौन बनायेगा? पाठ्यक्रम में पढ़ायेंगे क्या?

एक पूर्ण मानव निर्माण प्रक्रिया में शिक्षा पाठ्यक्रम के स्वरूप का विश्वमानक निम्नवत् है। जो किसी विशेष देश-काल-पात्र पर निर्भर नही करता अर्थात् यह प्रत्येक देशों और व्यक्तियों के लिए शिक्षा का स्वरूप है। जिससे ब्रह्माण्डीय, वैश्विक और व्यक्तिगत संतुलन, स्थिरता, एकता, प्रबन्ध, विकास, शान्ति और सुरक्षा निर्धारित होती है।

1. प्राइमरी शिक्षा (कक्षा-5 तक)-भाषा ज्ञान आधारित:- क्षेत्रीय, देश, विश्व और विज्ञान की भाषा का ज्ञान, सामान्य विज्ञान, सामान्य ज्ञान, चित्र कला।

2. जूनियर हाई स्कूल (कक्षा-6 से 8 तक)-समाज ज्ञान आधारित:- क्षेत्रीय, देश, विश्व और विज्ञान की भाषा का ज्ञान, सामान्य विज्ञान, सामान्य ज्ञान, चित्र कला का विस्तार, खेल, संगीत, कृषि, समाज विज्ञान।

3. हाई स्कूल (कक्षा-9 से 10 तक)-सामान्यीकृत ज्ञान आधारित:- ज्ञान-कर्मज्ञान समाहित WCM-TLM-SHYAM.C (World Class Manufacturing – Total Life Maintenance – Satya-Heart-Yog-Ashram-Meditaion.Conciousness) प्रणाली अर्थात शिक्षा पाठ्यक्रम का विश्व मानक, कालानुसार विज्ञान, तकनीकी, व्यापारीक व प्रबन्धकीय ज्ञान की शिक्षा।

4. इण्टरमीडिएट (कक्षा-11 से 12 तक)-विशेषीकृत ज्ञान आधारित:- कौशल विकास की शिक्षा।

5. उच्च शिक्षा-इच्छानुसार विशेष क्षेत्र आधारित

"किसी देश का संविधान, उस देश के स्वाभिमान का शास्त्र तब तक नहीं हो सकता जब तक उस देश की मूल भावना का शिक्षा पाठ्यक्रम उसका अंग न हो। इस प्रकार भारत देश का संविधान भारत देश का शास्त्र नहीं है। संविधान को भारत का शास्त्र बनाने के लिए भारत की मूल भावना के अनुरूप नागरिक निर्माण के शिक्षा पाठ्यक्रम को संविधान के अंग के रूप में शामिल करना होगा। जबकि राष्ट्रीय संविधान और राष्ट्रीय शास्त्र के लिए हमें विश्व के स्तर पर देखना होगा क्योंकि देश तो अनेक हैं राष्ट्र केवल एक विश्व है, यह धरती है, यह पृथ्वी है। भारत को विश्व गुरू बनने का अन्तिम रास्ता यह है कि वह अपने संविधान को वैश्विक स्तर पर विचार कर उसमें विश्व शिक्षा पाठ्यक्रम को शामिल करे। यह कार्य उसी दिशा की ओर एक पहल है, एक मार्ग है और उस उम्मीद का एक हल है। राष्ट्रीयता की परिभाषा व नागरिक कर्तव्य के निर्धारण का मार्ग है। जिस पर विचार करने का मार्ग खुला हुआ है।"

"भारत का प्रत्येक नागरिक अपने जीवकोपार्जन के मार्ग व संघर्ष में अपने विषय का जानकार व अनुभव तो प्राप्त कर रहा है परन्तु कुछ पाने के क्रम में कुछ छूट भी जाता है इसलिए प्रत्येक नागरिक को अपने अहंकार को भूलकर यह स्वीकार करना होगा कि वह अपने विषय से हटकर अन्य विषय के विषय में कम या नहीं जानता है।"

अतः एक "आदर्श नागरिक" बनने के क्रम में न्यूनतम ज्ञान सभी को एक समान रूप से चाहिए।

NEW WORLD ORDER

"न्यू इण्डिया" का एक्शन प्लान
www.64inch.com
The Knowledge Equalizer

"सार्वभौम सत्य–सिद्धान्त" एवं "आध्यात्मिक सत्य" पर आधारित जीवन शास्त्र –"विश्वशास्त्र" की

"युग परिवर्तन" श्रृंखला की पुस्तकें

मुख्य शास्त्र

01. *विश्वशास्त्र – द नॉलेज आफ फाइनल नॉलेज*

सारांश के अनुसार

02. मैं सत्यकाशी से कल्कि महावतार बोल रहा हूँ (समष्टि गीता – यथार्थ प्रकाश)

शीर्षक *के अनुसार भाग*

03. विश्वस्तरीय फिल्म लेखन कला
04. प्रारम्भिक सत्य – अन्तिम दृष्टि
05. सत्य धर्म – युग परिवर्तक दृष्टि
06. सत्य दार्शनिक–दर्शन और कर्म वेदान्त–विकास दर्शन
07. सत्य शास्त्र एवं पुराण रहस्य–महर्षि व्यास कला
08. संत एवं गुरू और विश्व संत एवं गुरू
09. समाज और ईश्वरीय समाज
10. सत्य शास्त्र और विश्वशास्त्र
11. कृति और विश्व कृति
12. भारत माता मन्दिर और विश्वधर्म मन्दिर
13. महाभारत और विश्वभारत
14. संविधान और विश्व संविधान
15. शिक्षा और पूर्ण शिक्षा
16. देवता और सार्वभौम देवता कल्कि
17. देवीयाँ और सार्वभौम देवी माँ वल्कि
18. द्वादश ज्योतिर्लिंग और 13वां अन्तिम ज्योतिर्लिंग
19. काशी – मोक्षदायिनी और जीवनदायिनी
20. सत्यकाशी – स्वर्णयुग का तीर्थ
21. काशी – रहस्योद्घाटन
22. 2020 – मन का नवीनीकरण
23. ईश्वर का संक्षिप्त इतिहास
24. अवतार – अन्तिम सत्य दृष्टि
25. भविष्यवाणियाँ और कल्कि अवतार
26. स्वामी विवेकानन्द और कल्कि अवतार
27. मनु, मनवन्तर और कल्कि महावतार
28. व्यास, शास्त्र और कल्कि महावतार
29 ऋषि, ऋषि परम्परा और कल्कि महावतार
30. दूसरा आगमन या अन्तिम आगमन
31. परिवर्तन–काल, मनु, युग, व्यास और शास्त्र
32. राम, रावण और सार्वभौम एकात्म
33. मैं, व्यक्तिगत या सार्वभौम
34. लव कुश (त्रेतायुग) और लवकुश (कलियुग)
35. कल्कि महावतार आ चुके हैं (ACTION PLAN)
36. लव कुश सिंह (कल्कि महाअवतार)–जीवन, ज्ञान, कर्म और विश्वरूप
37. वैश्विक बुद्ध – बुद्ध का भाग दो और अन्तिम
38. बुद्धा कृष्ण – कृष्ण का भाग दो और अन्तिम
39. सम्पूर्ण क्रान्ति–अन्तिम कार्य योजना
40. पुनर्निर्माण (RENEW)–समस्या, समाधान और राष्ट्र निर्माण की योजना
41. पुनर्निर्माण (RENEW)– ग्राम एवं नगर वार्ड प्रेरक
42. विश्वशास्त्र द नालेज आफ फाइनल नालेज–परिचय
43. एन्टायर पालिटिक्स – पूर्ण पाठ्यक्रम
44. वसुधैव–कुटुम्बकम्
45. कर्मवेद : प्रथम, अन्तिम तथा पंचम वेद
46. आठवें अवतार श्रीकृष्ण के अनकहे संदेश
47. अयोध्या नहीं, मुंगेर है राम जन्मभूमि
48. विश्वमानव–भूतपूर्व नेतृत्वकर्ताओं का स्पष्टिकरण
49. विश्वमानव–वर्तमान नेतृत्वकर्ताओं का स्पष्टिकरण
50. विश्वमानव–वार्ता, वक्तव्य एवं वाणियाँ
51. विश्वमानव–पत्रावली, प्रसारण और अन्तिम पत्र
52. सत्य जनहित आह्वान
53. विश्व शान्ति–अन्तिम सत्य दृष्टि
54. नई विश्व व्यवस्था का रहस्य
55. समाजवाद – ब्रह्माण्डीय विकास का अवतारी मार्ग
56. भारतवाद – राष्ट्रवाद की मुख्यधारा
57. 100 वर्षीय संयुक्त राष्ट्र को अग्रिम सन्देश
58. सार्वभौम एकात्म–नव विश्व निर्माण
59. गणराज्य, संघ, मानकीकरण संगठन और सम्पूर्ण मानक
60. व्यापार केन्द्र (TRADE CENTRE)–दृश्य सत्य
61. मन का विश्वमानक और पूर्ण मानव निर्माण की तकनीकी (WCM-TLM-SHYAM.C)
62. मानक विपणन प्रणाली (3F:FUEL-FIRE-FUEL)
63. स्वर्णयुग का मानक आदर्श नागरिक–दिशा निर्देश
64. विश्वधर्म : परिचय (स्वर्णयुग का धर्म)

व्यक्ति और विभागीय स्तर पर सफाई–सुधार का पहला प्रारूप की पुस्तक – डा0 रमेश कुमार द्वारा लिखित "विशाल ज्ञान विज्ञान सबका समाधान" है

दर्शन, विचार एवं संपादन

लव कुश सिंह "विश्वमानव"

Search on Google -> Lava Kush Singh "vishwmanav"

पुस्तक उपलब्ध

notionpress.com

Book Store

www.ingramcontent.com/pod-product-compliance
Lightning Source LLC
LaVergne TN
LVHW080938071026
849535LV00013B/4249
* 9 7 8 1 6 3 6 0 6 2 8 0 8 *